根据本书改编的电影《斯诺登》，被导演奥利弗·斯通称作“一部高智商惊悚片”，由约瑟夫·高登-莱维特（中文昵称“囧瑟夫”）饰演斯诺登。为追求更好的神似效果，约瑟夫几次同导演一起去莫斯科私会斯诺登，充分了解所要扮演的角色。片中，他故意模仿了斯诺登的声音特点，据说获得了后者亲友的首肯。

谢琳·伍德蕾在担纲《分歧者》系列电影后，知名度大增，为此次与国际大导演斯通的合作打下良好基础。她在本片中饰演斯诺登的女友琳赛·米尔斯，这一角色分量不轻，戏份不少。

斯通一向擅长执导政治题材的电影，也凭此特长蜚声国际。拍摄现场，他童心萌发，与大家一起玩起搞怪自拍。看似轻松的背后，其实是困难重重：被美国多家电影投资商拒绝，只得远走欧洲寻求资金；为追求更好的特效和合适的发行商，档期一再推迟……他说，这部电影让他“九死一生”。

尼古拉斯·凯奇饰演的角色是斯诺登的上司之一，戏份不多。他正在与后者交流，指导如何在互联网上发现恐怖分子。

在“斯诺登事件”中，全球第一个面对面采访斯诺登的是《卫报》派出的国际报道团队。这家报纸勇敢、坚毅和高效的作风，对事件的发展起到关键作用，后来也因此获得2014年“普利策奖”。片中，饰演该团队成员的要么是世界影坛的“黄金配角”，要么是好莱坞的后起之秀。

在香港的酒店房间里，斯诺登看上去轻松、愉快。他刚刚导演了美国（及英国）历史上最严重的情报泄密事件，揭露了先前不为人知的政府大规模监控项目。© Ewen MacAskill/ *Guardian*

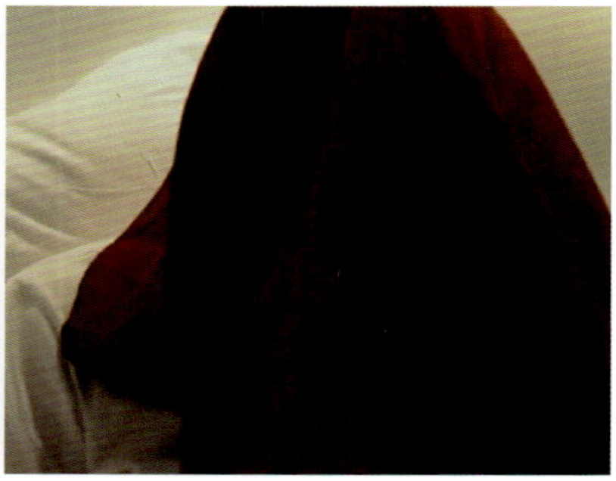

斯诺登在给存有机密文件的U盘输入密码时，用红布罩住自己的脑袋和电脑。这一细节充分体现了他在信息安全方面的极高职业素养。书中这类细节描写很多，使它比其他同类书籍更具可看性。

斯诺登在劳拉·珀特阿斯拍摄的采访视频中现身。他尚不习惯面对媒体，但表现平静，给人印象深刻。该视频是《卫报》历史上被观看次数最多的新闻作品。© *Guardian*

斯诺登把自己在夏威夷的生活描绘成“天堂”。他和长期交往的女友米尔斯曾生活在该太平洋岛屿上的这座房子里。对于斯诺登泄露美国国安局的秘密计划，女友似乎毫不知情。斯诺登在她的博客中被称作“E”。© Associated Press

詹姆斯·克拉珀，掌管美国所有间谍机构、四面楚歌的国家情报总监。2013年3月，他被控误导国会。当被问及政府是否搜集了美国普通公民的数据时，他说：“没有，先生。没有刻意这么干。”© Michael Reynolds/EPA

基斯·亚历山大将军，美国国安局局长，历史上权力最大的间谍头目。国安局的大规模监控行动，以及对德国总理默克尔等盟友的监听引起广泛争议，斯诺登泄密案迫使亚历山大为此辩护。© *Guardian*

与斯诺登见面的3名记者在香港拍照留念。在推出一系列重大独家新闻后，他们非常疲惫但精神不错。从左到右分别是：《卫报》记者埃文·马卡斯基尔、美国专栏作家格伦·格林沃尔德和纪录片制作人劳拉·珀特阿斯。© David Blishen/*Guardian*

艾伦·拉斯布里杰，时任《卫报》总编辑，手中是根据英国政府命令销毁手提电脑后的残片。由于刊登斯诺登泄密的文件，拉斯布里杰持续受到英国议员的恶意攻击。一名议员问他：“你爱国吗？” © Graeme Robertson/*Guardian*

格伦·格林沃尔德（右）与巴西籍伴侣大卫·米兰达在里约热内卢的家中。英国警方动用饱受争议的反恐权力在希思罗机场扣押了米兰达，如此一来他就登上了“斯诺登事件”的舞台中心。被扣留时，他持有加密的斯诺登文件。© Janine Gibson/*Guardian*

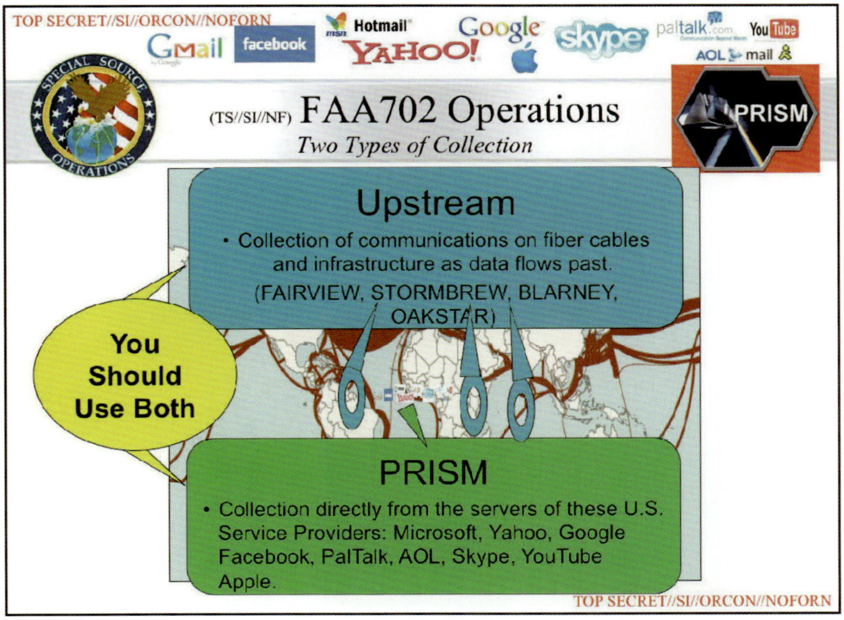

被披露的美国国安局绝密项目“棱镜”引发了轩然大波。一张幻灯片称，该机构可以“直接进入”硅谷各大企业的服务器。谷歌、雅虎和Facebook都愤怒地对此予以反驳。后来情况表明，国安局侵入了谷歌和雅虎的数据中心。© *Guardian*

英国3位情报负责人走到台前，首次向议会情报和安全委员会提供公开证据。从左至右分别是：安德鲁·帕克（军情五局）、约翰·索沃斯爵士（军情六局）和伊恩·洛班爵士（政府通信总部）。© EPA

Exclusive

The whistleblower

I can't allow the US government to destroy privacy and basic liberties

theguardian

guardian.co.uk

● Edward Snowden, 29, emerges from hiding in Hong Kong

● IT contractor says his concerns were ignored and he had to go public

Glenn Greenwald and Ewen MacAskill Hong Kong
Julian Borger

The whistleblower behind the most significant US intelligence leak in modern times broke cover last night, saying he had decided to leave his position as a National Security Agency (NSA) contractor because he believed its unconstrained collection of electronic intelligence was destroying civil liberties and creating the conditions for tyranny.

course of a normal person's career, you'd only see one or two of these instances," Snowden said. "I certainly had the authorities to wiretap anyone: you, your accountant, a federal judge, even the president if I had a personal email."

He argued that NSA surveillance was not being effectively constrained by administration policy and would continue to grow as the technology improved.

Snowden warned that if there was no greater awareness of what US intelligence was doing and not much greater oversight, the "surveillance state" would outrun the

PRISM

He also sounded a warning to other nations that the US intelligence establishment does not view international treaties as binding constraints on its operations. "Even our agreements with other sovereign governments, we consider that to be a stipulation of policy rather than a stipulation of law," he said. "And because of that, a new leader will be elected, they'll say that because of the 'crisis', some new and unpredicted threat, we need more authority, we need more power."

He insisted his intention was not to harm US security and pointed out that he had access to a huge amount of information that could have crippled US intelligence collection, but had not given it away. He said that he had raised his concerns at work, but they had been shrugged off, so he felt he had little choice but to go public.

Booz Allen is one of America's biggest security contractors and a significant part of the revolving door between the intelligence establishment and the private sector. The director of national intelligence,

2013年6月5日，《卫报》发表了“斯诺登事件”的第一篇报道，披露美国威瑞森电话公司私相授受客户数据。5天后，斯诺登本人在香港由藏匿状态转而公开露面——并登上报纸头版，令人印象深刻。

新闻史上最离奇的插曲之一。在政府通信总部两名技术人员的严格监督下，英国政府强迫《卫报》把该报的电脑砸个粉碎。© Sarah Lee/*Guardian*

在巴尔的摩和华盛顿特区的中途，美国国安局总部及其各种雷达罩、碟形卫星信号接收器、防护围墙，构成了一座庞大的间谍城。国安局目前陷入了它自20世纪70年代以来最严重的危机。© EPA

北康沃尔海岸边的英国间谍站不容小觑。英美间谍就是在这里开始测试TEMPORA——这是“管控互联网”的绝密项目。该项目使分析人员可以捕获并存储数十亿份私人电子信件和元数据。© Getty

杰里米·海伍德爵士，英国最有权势的隐形人。英国时任首相卡梅伦曾派遣内阁秘书长海伍德去说服《卫报》，要求其交还斯诺登掌握的材料。卡梅伦的新闻秘书克雷格·奥利弗曾对该报说：“你们已经玩够了。”© Steve Back

克雷西达·迪克，伦敦苏格兰场助理总监。2013年末，迪克确认她正在调查是否有人犯下与泄密材料相关的罪行。英国似乎是世界上唯一试图给报道“斯诺登事件”的行为定罪的国家。© Getty

“斯诺登事件”的世界影响

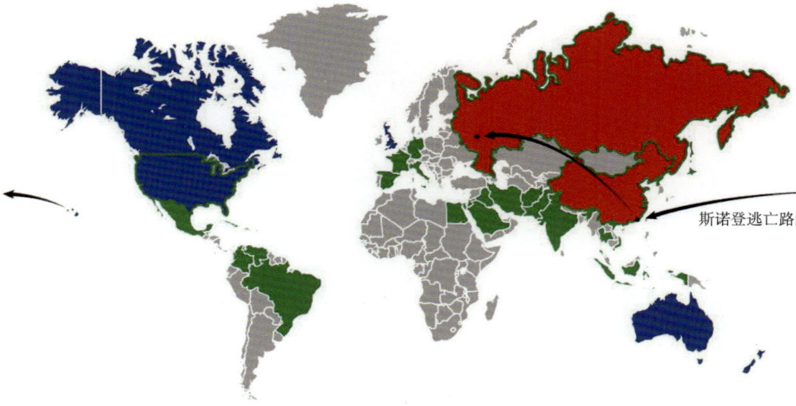

“斯诺登事件”大事表

美国

2007年，斯诺登在日内瓦担任中情局的技术人员。

2009年，他开始为戴尔公司工作，担任国安局的承包商。

珀特阿斯　格林沃尔德

2013年1月，据说斯诺登开始尝试与劳拉·珀特阿斯接触。

2013年3月，为了偷偷获取国安局的机密文件，斯诺登在博思艾伦公司找到一份工作。珀特阿斯说，这年4月她邀请《卫报》专栏作家格伦·格林沃尔德一起加入这场历险。

中国

2013年5月20日，斯诺登离开了博思艾伦公司在夏威夷的办公地，携带国安局的机密文件逃至中国香港。

2013年6月初，他与珀特阿斯、格林沃尔德和《卫报》资深记者埃文·马卡斯基尔一起会面。

2013年6月10日，《卫报》公开了斯诺登作为美国国安局线人的身份，随后他就转入地下。

维基解密

2013年6月中旬，维基解密的萨拉·哈里森开始义务为在香港的斯诺登提供咨询服务。

2013年6月23日，斯诺登和哈里森一起飞往莫斯科。

俄罗斯

2013年7月12日，斯诺登雇佣了律师阿纳托利·库齐利纳，而后者被认为是为俄罗斯联邦安全局（FSB）工作。

2013年8月1日，俄罗斯批准了斯诺登的避难申请。

2013年8月31日，斯诺登与德国议会绿党人士汉斯·克里斯琴·斯特罗贝里会面。随后，德国情报专家们向德国《世界报》断定，这次会面是由俄罗斯联邦安全局精心导演的。

在莫斯科谢列梅捷沃机场滞留1个多月后，俄罗斯最终允许斯诺登离开机场，并向他提供了为期1年的避难身份。照片显示，斯诺登正乘船在莫斯科河观光，而不远处则是救世主大教堂的金色穹顶。© Associated Press/Rossia 24

2013年10月，4名美国揭发者在莫斯科探访斯诺登。他们搭乘一辆深色玻璃窗面包车，前往一处秘密地点。他们发现斯诺登精神状态良好，对自己泄露数十万份英美秘密文件的决定泰然处之。（由左至右）科琳·罗利、托马斯·德雷克、杰西琳·拉达克、维基解密记者莎拉·哈里森和雷伊·麦克高文。© Getty

据《卫报》报道，纪录片《第四公民》称，2014年7月，相恋多年的女友米尔斯已来莫斯科与斯诺登团聚。这是他们一起在公寓做晚饭的情景。

据媒体披露，斯诺登和女友米尔斯在莫斯科剧院甜蜜约会。

2015年2月，第87届奥斯卡颁奖典礼上，纪录片《第四公民》团队与格林沃尔德偕斯诺登女友米尔斯一起登台领奖。

2016年7月22日，在电影《斯诺登》处女秀上，斯诺登通过视频连线接受导演斯通的采访。他说，他从未想到有机会参加自己传记电影的活动。

2015年4月6日，在美国纽约布鲁克林格林堡公园，某匿名行为艺术团队竖起一座斯诺登的青铜雕像。但是，当地政府已于当天中午时分将雕像完全拆除。

据外媒报道，美国“棱镜门”事件爆发后，很多移动设备用户感到恐惧，担忧自己的隐私信息被泄露。2016年7月，斯诺登宣布设计了一款概念iPhone手机套，可以阻止用户位置被追踪。他说，目前这只是一个概念设计，将在未来几年开发出原型产品并采用开源模式。

斯通的这部电影里，斯诺登的另一位上司由英国演员瑞斯·伊凡斯饰演。这一角色是个大反派，代表了美国政府的观点：人民可以为了安全而放弃自由。

这部电影里，斯诺登最重要的道具就是一个魔方——既是他日常的玩具，也是关键时刻带出机密文件的工具。但根据目前公开的信息看，这个偷天换日的桥段恐怕更多的是好莱坞式想象而已。

斯诺登正在接受安全审查。据说，这是美国情报机构的日常管理内容，包括心理测试、测谎等科目。斯通给这部影片做足了功课，真实复原了各种类似场景，营造厚重的紧张氛围，不愧是惊悚片高手。

斯诺登正与女友米尔斯在街头缠绵。我们可以期待，这部电影在主基调的细节刻画上少不了人性的温度。

修订版

THE SNOWDEN FILES

The Inside Story of the World's Most Wanted Man

斯诺登档案

世界头号通缉犯的内幕故事

[英] 卢克·哈丁 著
Luke Harding

何 星 周仁华◎等译

高金虎◎审校

金城出版社
GOLD WALL PRESS

图书在版编目（CIP）数据

斯诺登档案：世界头号通缉犯的内幕故事 /（英）卢克·哈丁（Luke Harding）著；何星等译．—修订本．—北京：金城出版社，2016. 9
书名原文：The Snowden Files: The Inside Story of the World's Most Wanted Man
ISBN 978-7-5155-1368-3

Ⅰ. ①斯…　Ⅱ. ①卢…　②何…　Ⅲ. ①间谍－情报活动－美国　Ⅳ. ① D771.236

中国版本图书馆CIP数据核字（2016）第189684号

THE SNOWDEN FILES: The Inside Story of the World's Most Wanted Man by Luke Harding
First English edition published in 2014 by Guardian Books and Faber and Faber Ltd.

斯 诺 登 档 案
SINUODENG DANG'AN

作　　者　[英]卢克·哈丁
译　　者　何　星　周仁华　李广才　花爱萍　孙志明
审　　校　高金虎
责任编辑　朱策英
开　　本　710毫米×1000毫米　1/16
印　　张　18.5
字　　数　295千字
版　　次　2016年9月第2版　2016年9月第1次印刷
印　　刷　北京金瀑印刷有限责任公司
书　　号　ISBN 978-7-5155-1368-3
定　　价　39.80元

出版发行　**金城出版社**　北京市朝阳区利泽东二路3号　邮编：100102
发 行 部　(010)84254364
编 辑 部　(010)64271423
投稿邮箱　gwpbooks@yahoo.com
总 编 室　(010)64228516
网　　址　http://www.jccb.com.cn
电子邮箱　jinchengchuban@163.com
法律顾问　陈鹰律师事务所　(010)64970501

目 录
Contents

序　　/001

爱德华·斯诺登是历史上最非凡的揭露者之一。从来没有这么一个人，能大批地将世上最强大情报机构的绝密文件搞到手，并公之于众，而他偏偏干出了这一惊天壮举……曾被西方国家吹嘘为“保证个人自由、民主的力量”的技术手段，现在正被改造成实施监控的机器。

开场　接头　　/003

一切皆始于一封邮件：“我是情报界的一名资深成员……”没有名字，没有职务，没有细节……他是谁？这位线人对自己讳莫如深。他是一个无形的存在、一位在线的幽灵，甚或仅仅是个虚构的人物。

1 “真实的呼哈”　　/013

“真实的呼哈”对自己的真实身份守口如瓶，但他还是留下了一些蛛丝马迹。尽管并未取得过什么学位，但他却有着惊人的电脑知识。他似乎把生活的大部分时间都花在了网络上，随后自学成才。

2 公民抗命　　/033

斯诺登的新岗位是国家安全局的系统管理员。这份差事让他接触到了大量的秘密资料。大部分情报分析人员看到的材料比他要少得多。然而，他该如何联系上记者？靠发普通邮件是不可能的，亲自见面又很困难。

3 线人 /051

这个神秘来信人提出了一个不寻常的要求：他让格林沃尔德在笔记本电脑上安装 PGP 加密软件。安装完毕并执行后，该软件可以让双方在网上进行加密聊天。这位线人并未解释采取这一奇怪措施的原因。

4 “迷宫” /071

国家安全局的使命是从全球各地搜集信号情报，包含一切电子信息：电台、微波、卫星信号以及互联网通信。这种秘密监控完全是在被监控者不知情的情况下进行的。该局在世界各地的美军基地、美国使馆以及其他各处，都设有监听站。

5 屋中人 /083

斯诺登在门缝处堆起枕头，以阻止任何人从走廊偷听；门两侧枕头都堆成柱状，贴着门底也堆了一层……离开房间，每次都用到一种经典的间谍技巧，并根据亚洲环境做了改进。他将一杯水放在门后，旁边是一张纸巾，上面用酱油画了一个独特标记。

6 独家新闻！ /095

在香港那头，斯诺登和格林沃尔德也坐立不安。他们怀疑《卫报》能否放心大胆地将报道发表。格林沃尔德表示，如果《卫报》犹豫不决，他就自行发表，或将这份独家新闻拿到别处发表。时间正在流逝。斯诺登随时可能被抓获。

7 世界头号通缉犯 /115

斯诺登准备录制他的第一次公开采访。这一刻他要把自己介绍给全世界，并坦诚——更确切地说，是骄傲地供认——自己就是国家安全局泄密案背后的线人……斯诺登身份现已暴露，他成了世界头号通缉犯。追捕已经开始。

8 无时无处不监控 /125

而当斯诺登对震惊的香港记者说，相比美国国家安全局，英国政府通信总部

是更恶劣的侵犯者……正在启动一个新项目，来“开发移动设备”，最终目标是，“实现在任何时段和任何地点对任何手机的监控”。

9 你们都玩够了 /137

“……你们没有必要再刊登更多的文章。我们不能让这种材料滴滴答答不停地流入公共领域。”英国政府竟然强迫一家大型报社砸碎了自己的电脑。这个非同寻常的时刻掺杂着闹剧般的滑稽和斯塔西的铁腕。事实上，这并非英国官方高压手段的最高潮。高潮还没有来到。

10 不作恶 /157

美国国家安全局最初的使命是搜集对外情报，但它似乎离最初的目标已经渐行渐远……现在，它正在大量搜集国内通信信息。在这个“大数据”的新时代，该机构的情报监控从具体变得包罗万象，从面向国外变成了斯诺登所说的“无所不知、全自动、大规模的监控”。

11 航班 /173

在地面上，当美国官员发现斯诺登已经摆脱了他们布下的网，正在前往莫斯科的途中时，一场国际大混乱即刻上演了。这个混蛋竟然脱身了！对于这个世界上最大的超级大国来说，香港政府貌似有理的尊重法律的解释简直是在污辱美国。

12 狗屎风暴！ /201

美国不仅监视着外国政要，也在监视所有平民百姓……“斯诺登事件”让个人计算机革命戛然而止。那些在意隐私的人重回“前互联网时代”。打字机、书面笔记以及秘密会面再次时兴起来，信鸽的回归当然只是个时间问题。

13 储物间 /221

正是从这里，《卫报》在其伦敦的报道被迫停止之后，开始与《纽约时报》合作，继续披露美国国家安全局的相关文件。这是在美国国土之上，在这里工作意

味着《卫报》的记者们享有他们在伦敦不曾享有的权利：他们的报道将受到美国宪法的保护。

14 迁怒信使 /239

军情五局明知米兰达不是恐怖分子，却援引附件7的条款来拘捕他，这是明目张胆地滥用职权……那些当初为了公共利益而报道“斯诺登事件”的记者们，面临了他们职业生涯中最惴惴不安的时刻。现在看来，他们被当作了嫌疑犯。

尾声 流亡 /261

斯诺登就这样留在了莫斯科。如果他试图离开，那就等同于放弃避难身份。不管他喜不喜欢，他现在是俄罗斯联邦的客人，或在某种意义上说，是俄罗斯联邦的俘虏。没有人知道，他的流亡生活会持续多久。几个月？几年？还是几十年？

致谢 /267

英汉对照表 /268

序

爱德华·斯诺登是历史上最非凡的揭露者之一。从来没有这么一个人，能大批地将世上最强大情报机构的绝密文件搞到手，并公之于众，而他偏偏干出了这一惊天壮举。

他的能耐可谓前无古人。到现在为止，哪怕最新潮的电脑专才，都不会想到，他是如何将相当于多个图书馆的电子文献资源弄到手的。那可是上万份的文件和上千万字的信息，而且都存放在有三重防护措施的文件柜和保险柜里。

他的动机也很了得。他着手曝光了美国国家安全局及其盟友的真实勾当。但目前的种种证据表明，他对金钱没有兴趣，尽管他大可以将文件卖给外国情报机构，以换取上千万美元。他也并不持有左翼、马克思主义或诸如此类的思想，否则，美国人会认为其“非我族类”。相反，他是一位积极拥护美国宪法的热心人。跟许多“黑客活动家”一样，他也是自由派政客罗恩·保罗的忠实粉丝，而后者的观点比很多共和党人的观点更为右倾。

斯诺登曝光的内容非常重要。他的爆料表明，在很大程度上，由于“9·11”恐怖袭击在美国造成的政治恐慌，情报机构开展电子窃听的办法已经大为失控。

由于放松了法律监管，在确保美国安全这一念头的驱使下，美国国家

安全局和它的英国小伙伴——政府通信总部[1]——秘密勾结掌握硬件控制权的互联网巨头和电信巨头，动用各种技术手段来“管控互联网”。“管控互联网”是他们的说法，不是我们的。民主式监管在保密的旗号下遭到压制，变得模糊且明显不够充分。

结果，全世界都遭到监视。谷歌、Skype、移动电话、GPS、YouTube、Tor[2]、电子商务、网上银行等所有技术手段，曾被西方国家吹嘘为“保证个人自由、民主的力量”，现在正被改造成实施监控的机器。其规模之空前，恐怕连《一九八四》[3]一书的作者乔治·奥威尔都会为之瞠目。我很荣幸，《卫报》是最早发表斯诺登泄密事件的自由新闻报纸之一。在合理尊重个人安全和保护真正敏感的情报资料前提下，我们视“打破保密禁忌”为己任，而这也是斯诺登所希望的。

我很自豪我们这样做了。现在这一事件已经在全世界引发了激烈讨论，人们为此提出了改革的要求——在美国、德国、法国、巴西、印度尼西亚、加拿大、澳大利亚，甚至在对美国毕恭毕敬的英国都是如此。由于英国的法律骚扰，《卫报》最终是在相对安全的纽约分部曝光上述事件的。我想本书读者一定明白，为什么英国迫切需要像美国宪法《第一修正案》那样的法律和精神。这样的法律可以保护新闻自由，而我们所有人都赖此获得保护。

艾伦·拉斯布里杰

《卫报》总编辑

2014年2月于伦敦

---

[1] Government Communications Headquarters（GCHQ），亦译作（英国）政府通迅总部、国家通信总局等。它是英国信号情报机构，与军情五局（安全局）和军情六局（秘密情报局）并称为英国三大情报机构。其前身为政府密码学校，第二次世界大战时称布莱奇利庄园（Bletchley Park），1946年改为现名。——编者

[2] Tor (The Onion Router)，一种路由器，采用的是第二代洋葱路由（onion routing）技术，用户通过其可以在互联网上进行匿名交流。最初该项目由美国海军研究实验室资助。——编者

[3] *Nineteen Eighty-Four*，是英国作家乔治·奥威尔创作的一部政治讽刺小说，小说创作于1948年，出版于1949年。书中讲述了一个令人感到窒息和恐怖的未来极权主义社会——对公民的监控已经到了无孔不入的地步。——译者

开场
接　头

香港　弥敦道

美丽华酒店

2013年6月3日　星期一

“我不想生活在这样的世界：我说的每句话，我做的每件事，跟我谈话的每一个人，我的一切创意，我的爱情和友谊的表达，这所有一切都被记录。”

——爱德华·斯诺登

一切皆始于一封邮件："我是情报界的一名资深成员……"没有名字，没有职务，没有细节……他是谁？这位线人对自己讳莫如深。他是一个无形的存在、一位在线的幽灵，甚或仅仅是个虚构的人物。

他们之前约定了接头暗号，线人手里会拿着一个魔方……

他，29岁，名字叫爱德华·斯诺登。是美国国家安全局承包商，他的工作单位在太平洋岛屿夏威夷的库尼亚，那是国家安全局的地区行动中心。两周前，他辞去了工作，跟女友分了手，告了别，然后偷偷登上飞往香港的航班，随身带了4台笔记本电脑。他带出来的东西是历史上最大规模的情报泄密。

他说，国家安全局在秘密开展"宁可错杀一千，不可放过一个"的大规模电子监控，或有过之而无不及的类似行动。白宫不仅在监听它的敌人，也不仅监听其所谓盟友，还监听着千千万万美国公民的私人通信。

硅谷的几乎所有企业都跟国家安全局有瓜葛，包括谷歌、微软、Facebook，甚至乔布斯的苹果公司。

但国家安全局的终极目标似乎远不止于此：它们要做的，是从任何地方搜集任何人的任何资料，并将之无限期地储存。

当斯诺登坐在香港美丽华酒店的房间里，打开开关，启动所有这一切的时候，他显得非常平静。他信念坚定、内心坚如磐石，没有什么能够动摇他。

一切皆始于一封邮件 ："我是情报界的一名资深成员……"

没有名字，没有职务，没有细节。就这样，《卫报》驻巴西分社的专栏作家格伦·格林沃尔德，开始了与这位神秘线人的通信。他是谁？这位线人对自己讳莫如深。他是一个无形的存在、一位在线的幽灵，甚或仅仅是个虚构的人物。

不管怎么说，这怎么可能是真的呢？在此之前，国家安全局从未发生过如此重大的泄密事件。谁都知道，位于华盛顿特区附近米德堡军营的国家安全局，这个美国最大的情报搜集机构，可是个密不透风的地方。国家安全局的职能本身就是个秘密。这里从没走漏过消息。正如华盛顿官场的俏皮话所称，"NSA 嘛，那不就是'无此机构'（No Such Agency）的简称吗？"

然而，这位奇怪的线人似乎真能接触一些绝密的文件。他给格林沃尔德发来了一些高密级的国家安全局文件样本，这一下子就吸引住了格林沃尔德。这位幽灵如何这么轻松地窃得这些机密，人们不得而知。假如这些文件是真的，那它们似乎会揭开一个可能对全球造成重大影响的秘密。这些文件表明，白宫不仅在监听它的敌人（如坏人、基地组织、恐怖分子和俄罗斯人），也不仅监听其所谓盟友（如德国和法国），还监听着千千万万美国公民的私人通信。

和美国沆瀣一气，开展这一大规模窥探行动的，还有英国。美国国家安全局的英国同行，政府通信总部的基地深藏在英国偏远的乡间。早在第二次世界大战时期，英美之间紧密的情报共享关系就已经起步。在那些刻薄一点的人看来，英国就是美国的一条可靠的哈巴狗。让人惊讶的是，这些文件

表明，美国国家安全局一直在为英国耗费上千万美元的监控行动买单。

于是，格林沃尔德决定，要见见这位“深喉”[1]一样的线人。后者答应会提供更多爆料，但要求格林沃尔德从他在里约热内卢的家，飞往万里之遥处于共产党中国管理下的香港。对这个接头地点，格林沃尔德有些困惑：难道这位线人是资深驻外官员吗?

接头地点被安排在九龙的美丽华酒店，那是一座位于旅游区中心地带的、高雅的现代建筑，去往那里需要先从香港岛乘一小段出租车到达天星码头。陪同格林沃尔德前往的是劳拉·珀特阿斯。她也是美国公民，是一名纪录片制作人，还是一位出了名让美国军方非常棘手的人物。她一直在扮演“红娘”的角色，是第一个促使格林沃尔德关注这位“幽灵”的人。

线人小心翼翼地给两位记者指示行动。他们要在酒店的一个车辆行人较少但也不完全隐蔽的地方碰头，旁边有一个大大的塑料鳄鱼。他们之前约定了接头暗号，线人手里会拿着一个魔方。哦，他的名字叫爱德华·斯诺登。

这位神秘的谈话人，看起来是位经验老到的间谍，而且可能还很有点演戏的天分。格林沃尔德对他的全部认知，都指到了一个方向：他是一位满头白发的情报界“老兵”。格林沃尔德说，“我当时认为，他一定是一位很上了点年纪的官员”。他极有可能60岁开外，穿亮金色扣子的蓝色运动上衣，头发花白且有些脱发，着一双实用的黑皮鞋，戴眼镜，系一条社团领带……格林沃尔德头脑中已经有了这样的形象。或许他是中央情报局驻香港的情报站头目。眼看着，他们的任务就要开始了。

尽管想象压根就是错误的，但它却来源于两条线索：一是线人似乎能够接触到只有特权人物才能接触的绝密等级文件；二是他的政治分析显得非常老练。在发送第一批秘密文件的同时，他一起发来了他的个人声明，

[1] Deep Throat，是“水门事件”中为记者提供重要资料的人。1972年，美国《华盛顿邮报》记者鲍勃·伍德沃德和卡尔·伯恩斯依据线人“深喉”的消息，揭开了“水门事件”的内幕，导致当时的美国总统尼克松辞职下台。事后，这两名记者一直拒绝透露线人的身份，《华盛顿邮报》的总编辑西蒙斯引用了当时一部知名色情电影《深喉》的片名，作为这位爆料者的化名。——译者

交代了他做这件事的动机：他要揭露此种“未经怀疑就监听”状态都发展到了什么程度。声明认为，监听人民的技术已经远远脱离了法律的制约，有意义的监督已经不再可能。

这位线人指出，美国国家安全局的野心之大非同寻常。在过去10年间，来往于各大洲的数字信息急剧增长，甚至可用“爆炸式”增长来形容。在此背景下，国家安全局偏离了其原本负责搜集外国情报的任务。现在，它在搜集每个人的数据，并加以储存。其中既包括美国国内数据，也包括国外数据。线人说，国家安全局在秘密开展“宁可错杀一千，不可放过一个”的大规模电子监控，或有过之而无不及的类似行动。

两人提前来到了指定的那只塑料鳄鱼旁边。他们坐下来，开始等待。一时间，格林沃尔德脑海里想的都是，在中国文化中，鳄鱼是不是有什么特别意义。他对此并不确定。但是，什么事都没有发生。线人没有现身。真是奇怪。

如果初次会面未能成功，那么按计划，他们要在同一天早上晚些时候，再次回到这个不知名的走廊，其间需要往返于美丽华酒店内陈设华丽的商场和一家餐厅之间。格林沃尔德和珀特阿斯回到那里，开始了第二次等待。

随后，他们见到了他，这是一位面色白皙、四肢修长、神色紧张的小伙子，年轻得出乎预料。格林沃尔德为之愕然，在他面前，分明是一个乳臭未干的小青年。他穿着白色T恤和牛仔裤，右手握着一枚打乱了色彩的魔方。有没有搞错？格林沃尔德回忆道：“他看起来差不多只有23岁。我当时完全给弄懵了。一切太不合情理了。”

那位年轻人，如果他的确就是线人的话，曾经发送加密指令，告诉他们，如何验证初次的见面：

> 格林沃尔德：餐厅什么时间开放啊？
>
> 线人：12点钟。但别去那个地方，那里的东西不好吃……

交换接头暗号的过程感觉有点好笑。格林沃尔德紧张地说出台词，努

力想要摆出严肃的表情。

随后，那人简单地说道："跟我来！"三人一言不发地朝着电梯走去。周围一个人都没有，或者至少可以说，他们有些旁若无人。他们乘电梯上了二楼，跟随这个手握魔方的人，来到 1014 号房间。他用门禁卡开了门，一行人进入房间。格林沃尔德回忆说："门一开，我就跟着走了进去。"

任务就已经够怪诞了，但现在却又让人有"瞎子点灯白费蜡"的感觉。这位身材瘦小书生气十足的小伙子，显然过于稚嫩，他怎么可能接触到超敏感文件呢？格林沃尔德猜测，乐观而言，他可能会是那位线人的儿子，或是他的私人助理。否则，这次碰头就不过是浪费时间，不过像是法国小说家儒勒·凡尔纳笔下的科幻小说中的场景。

4 个月以来，珀特阿斯一直跟那位线人保持着秘密通信。她感觉，自己是了解这位线人的，或者至少可以说，是熟悉这位线人在网上的样子的。她也在努力调整自己的认知："当我看见他那么年轻的时候，我都差点晕过去了。我足足花了 24 小时的时间，才让我的脑子转过来。"

然而，这一整天时间斯诺登都在讲述他的故事。他说，他 29 岁，是美国国家安全局承包商，他的工作单位在太平洋岛屿夏威夷的库尼亚，那是国家安全局的地区行动中心。两周前，他辞去了工作，跟女友分了手，告了别，然后偷偷登上飞往香港的航班，随身带了 4 台笔记本电脑。

这些电脑都经过重重加密。但正是通过这些电脑，斯诺登得以从美国国家安全局和英国政府通信总部的内部服务器接触到秘密文件。那可是数以万计的文件，多数都盖有"绝密"印章。其中一些标有"1 级绝密"，那是英国人使用的，其密级比"绝密"更高，即超高密级的截获材料；还有一些甚至标有"2 级绝密"，基本上算是最高等级的密级文件了。除了有限范围的安全官员外，没有人见到过这种类型的文件。斯诺登表示，他带出来的东西是历史上最大规模的情报泄密。

格林沃尔德注意到，房间里堆放着好几天来酒店上门服务后遗留下来的残物，包括托盘、遗弃的面条碗和用过的餐具。斯诺登说，自从两周前他以真实姓名入住美丽华酒店以来，他只出过三次门。他坐在床上，一边

回答格林沃尔德连珠炮似的提问：你曾在哪里工作？你在中央情报局的老板是谁？为什么……？格林沃尔德的信心面临着极大挑战，他在《卫报》的编辑同事同样如此。然而，如果斯诺登所言不虚，那中央情报局别动队（SWAT team）就有可能随时闯入，没收电脑，并把他抓走。

渐渐地，他们感觉到斯诺登不会有假。他的话很可能是真的。他充当揭露者的理由也足以让人信服。斯诺登清晰、令人信服、冷静地解释说，他是一位系统管理员，这份工作意味着：他对国家安全局不同寻常的监控能力有难得的总体认识，对国家安全局的黑幕了如指掌。

他说，国家安全局能够监听总统以下的任何人。理论上，这个间谍机构应该只收集外国目标的信号情报，但实践中，那只是个玩笑。斯诺登告诉格林沃尔德：国家安全局搜集了上千万计美国公民的兆亿量的元数据[1]；它未经授权或认可，便搜集和储存他们的电话录音、电邮标题和文件主题行；在此基础上，它可以完整构建某个人生活的电子档案，包括其朋友、爱人以及喜怒哀乐等信息。

与英国政府通信总部联手，美国国家安全局在连接全球的海底光缆上秘密加装了拦截器。这就使得美英两国能够读取全世界很多的通信。秘密法庭强迫电信供应商提交数据。另外，斯诺登指出，硅谷的几乎所有企业都跟国家安全局有瓜葛，包括谷歌、微软、Facebook，甚至乔布斯的苹果公司。国家安全局声称它能够“直接进入”这些技术巨头的服务器。

斯诺登说，在获取空前膨胀的监控权的同时，美国情报界还力图隐瞒其活动的真相。要是国家情报总监詹姆斯·克拉珀就国家安全局的计划问题刻意在国会撒谎，那他可就犯下了重罪。国家安全局公然违背美国宪法、侵犯公民隐私权。它甚至在保证银行支付安全的网上加密软件中偷偷地添加了后门程序，从而弱化了该系统的性能。

按照斯诺登的说法，国家安全局的行为就仿佛是20世纪反乌托邦小说情节的翻版。这种举动在奥尔德斯·赫胥黎[2]或乔治·奥威尔的作品中同

[1] metadata，一种描述数据及其环境的数据。其本质就是“关于数据的数据”。——编者

[2] Aldous Huxley (1894—1962)，又译作阿道斯·赫胥黎，英国作家，其最著名的作品是1932年

样依稀可见。但国家安全局的终极目标似乎远不止于此：它们要做的，是从任何地方搜集任何人的任何资料，并将之无限期地储存。这是一个转折点，看起来隐私将会灭绝。互联网曾是人们展现个性、表达心声的平台，但如今却遭到这家间谍机构的劫持。斯诺登使用了“全景监狱”一词，那是 18 世纪英国哲学家和法典编纂家杰里米·边沁[1]创造的一个重要词汇。它描述的是一个特创的圆形监狱，看守可以随时看到犯人的情况，而犯人却并不知道自己处在监视之中。

斯诺登坚称，这就是他舍命弃职，决定公开国家安全局秘密的原因。他告诉格林沃尔德说，他不想生活在这样的世界，“我说的每句话，我做的每件事，跟我谈话的每一个人，我的一切创意，我的一切爱情和友谊的表达，这所有一切都被记录”。

在随后几周内，斯诺登的声明会引发一场世纪大辩论，激怒白宫和唐宁街。并且，因为斯诺登悄悄溜出香港，试图申请避难拉丁美洲，最后却滞留在了普京统治下的莫斯科，还将引发一场国际关系的大混乱。

在欧美国家，人们围绕“安全与公民自由、言论自由与隐私的适当平衡”这个话题，展开了一场热烈的讨论。但是在詹姆斯·邦德的老家英国一开始却鸦雀无声。尽管在美国政治里，右翼自由派和左翼民主派之间历来存在一种狂热的两极对立，但此时他们却都联合起来，对斯诺登表示支持。甚至奥巴马总统也坦承，这场讨论早该来临，并需要就此进行改革——尽管这一切并未能阻止美国当局注销斯诺登的护照，指控他犯了间谍罪，要求俄罗斯把他交还美国。

记者们争相报道斯诺登的故事，这只会给他们自己带来戏剧性的麻烦，包括法律、逻辑以及社论方面的麻烦。这场纷争将一家著名报纸和它的全球性网站，以及几家媒体联盟推到了世界上最有权力的一些人的对立

创作的长篇小说《美丽新世界》(*Brave New World*)。这部作品与乔治·奥威尔的《一九八四》、尤金·扎米亚京的《我们》并称为“反乌托邦”三部代表作，影响深远。——译者

[1] Jeremy Bentham (1748—1832)，英国法律改革运动的先驱和领袖，以功利主义哲学的创立者和动物权利的宣扬者而闻名于世。他还对社会福利制度的发展有重大贡献。——译者

面，导致了在一个地下室里英国政府通信总部的两名技术专家监督销毁《卫报》电脑硬盘事件的发生。在西方新闻史以及新闻业与政府的斗争史上，销毁硬盘这一事件可以说是一段尤其显得有些超现实的情节。

当斯诺登坐在香港美丽华酒店的房间里，打开开关，启动所有这一切的时候，他显得非常平静。根据格林沃尔德的观察，斯诺登对自己行为的正义性确信无疑，这不仅体现在他的理性认知上，也体现在他的情绪和心理反应上。在向媒体反映情况之后，斯诺登意识到，他以后极可能会有牢狱之灾。但在那个意义重大的夏天，他却显得格外宁静与平和。他信念坚定、内心坚如磐石，没有什么能够动摇他。

1 “真实的呼哈”

巴尔的摩附近
埃利科特城
2001 年 12 月

“除却心灵的诚信，到头来没有什么可称得上神圣。”

——拉尔夫·瓦尔多·爱默生
《爱默生随笔·自立》

“真实的呼哈”对自己的真实身份守口如瓶，但他还是留下了一些蛛丝马迹。尽管并未取得过什么学位，但他却有着惊人的电脑知识。他似乎把生活的大部分时间都花在了网络上，随后自学成才。

斯诺登参加了几次声援西藏的活动。好笑的是，他后来却被指控是中国的间谍。

2009 年，对那些把密级信息泄露给报纸的政府官员，他曾厉声谩骂。盛怒之下，他称其为最恶劣的罪行。斯诺登当时对泄密行为的批判与其后来的行为相抵牾，十分令人惊讶。

对反映国家安全局数据挖掘规模的绝密文件看得越多，他对奥巴马政府的不满就越多。

斯诺登说，2009—2012 年间，他开始发现国家安全局的监控活动无孔不入……他同时察觉到另一个让他不安的真相：美国制度内在的、旨在制衡国家安全局的国会监督机制已经失效。

2001年12月底，有个自称“真实的呼哈”（TheTrueHOOHA）的人，提出了一个疑问。“真实的呼哈”是一位18岁的男性美国公民，一个醉心游戏的人。他电脑技术出色，智商非常发达。他的真实身份不得而知。当时，每个在热门技术网站“阿尔斯技术网”上发帖的人都采用了匿名发帖。他们大多是些年轻人，都热衷于网络。

“真实的呼哈”想征求建议：如何才能建立起自己的网络服务器？那是个周六的早晨，大约在当地时间上午11点之后。他发帖说：“这是我第一次发帖。请对我温柔一点。我有个难题：我想建立自己的主机。我该怎么办？”

不久，经常光顾阿尔斯网的网友们纷纷给他提供各种帮助建议。为自己的网络服务器建立主机，并不是什么大不了的难事，但至少需要有一台奔腾200型电脑，要有足够的内存和适量带宽。“真实的呼哈”喜欢这些回答。他回复说：“啊，阿尔斯真是一个电脑知识的大宝库。”凌晨两点钟，尽管他已非常疲惫，但他仍然在线。他写道：“哈欠。该睡觉了，你知道，明天还得早起，研究更多电脑的事。”

尽管“真实的呼哈”只是一个“阿尔斯”菜鸟，但他的回复却非常流畅而自信。他写道：“如果我的语气让人感觉我好斗、自大，是个18岁的新手，对长者没有点尊敬，那么你差不多了解我了。”显然，他对自己的老师有比较负面的看法。他说：“你知道，社区大学没什么好老师。”

“真实的呼哈”有望成为一个多产的“阿尔斯”发帖人。在接下来的8年间，他写了约800个评论。他同时还频繁在其他论坛上发言，尤其是一个名叫“#arsificial”的论坛。他是谁？他似乎在干各种不同的工作，在不同地方对自己的描述也不同：一会儿是“无业”，一会儿是“打败仗的

士兵”，一会儿是“系统编辑员”，一会儿又是“一位有美国国务院安全许可的人”。

这是不是有点沃尔特·米提[1]的感觉呢？他的家在美国东海岸的马里兰州，在华盛顿特区附近。而25岁左右时，他已经是一个神秘的国际人物了。他不时出现在欧洲的不同地方：一会儿是日内瓦，一会儿是伦敦，一会儿又是爱尔兰——除了它的“社会主义问题”以外，爱尔兰显然是个不错的地方；一会儿到了意大利，一会儿又到了波斯尼亚。他还到过印度。

“真实的呼哈”对自己的真实身份守口如瓶，但他还是留下了一些蛛丝马迹。尽管并未取得过什么学位，但他却有着惊人的电脑知识。他似乎把生活的大部分时间都花在了网络上，随后自学成才。从政治立场上看，他很像是个忠诚的共和党人。他坚信个人自由，譬如，他会替那些种植大麻的澳大利亚人说好话。

但有时，他会变得非常让人讨厌。比如，他曾骂另一位阿尔斯网会员，说后者是个“鸡巴”。在社会保障问题上，他坚持认为应依靠个人努力去解决，对那些持不同意见的人，他则称他们是“他妈的智障”。聊天室很像个酒吧，人人都可以搬个凳子坐一坐。但即使是按聊天室“所有人均享有自由”的标准，“真实的呼哈”也算得上是个非常固执的家伙。

网友们对“真实的呼哈”的网下真名一无所知，但对他的长相确实有粗略的认识。2006年4月，离23岁生日没几个月的时候，“真实的呼哈”贴出了几张自己的照片，那是一位业余造型师的手笔。它们展示了一个英俊的小伙子有点心神不宁地盯着相机，皮肤苍白，双眼略有点肿，看起来有些像吸血鬼。在其中一张照片上，他戴着一只奇特的皮质手镯。

一位网友发帖说“真酷耶”。当有人说“真实的呼哈”看起来像个同性恋，他质问道：“你不喜欢我的手镯吗？”他坚持自己不是同性恋，并

[1] Walter Mitty，小说《沃尔特·米提的私密生活》主人公。米提有一个保护欲过剩的母亲，在后者的呵护下，他成长为一个爱做白日梦的会计。他平时最喜欢把自己幻想成英雄，到处经历各种冒险。——译者

随口说：“我的女友是个摄影师。”

“真实的呼哈”的聊天话题五花八门，包括游戏、女孩、性、日本、股市，还有在美国陆军服役的灾难岁月、对多种族英国的印象、拥有枪支的乐趣等。（2006年，他曾写道：“我有一只瓦尔特P22手枪，那是我唯一的枪支，但我对它真是钟爱至极。”）这些聊天记录以其独有的方式，构成类似成长小说之类的东西，讲述着一些年轻时的经历，而作者正是伴随互联网成长起来的第一代人。

随后，到2009年，“真实的呼哈”的发帖数量日渐稀少。似乎出了什么事。早日的热情消失殆尽，最后的几个帖子显得有些阴暗和忧郁，流露出一丝辛酸的情绪。2010年2月，他留下了最后的几个帖子，提到一件让他很纠结的事情——政府无处不在的监控。他写道：

> 我们的社会，似乎的确养成了一种惰性，对各种鬼东西不分青红皂白地一味顺从。
>
> 我想知道，1750年、1800年、1850年、1900年和1950年的时候，那种在神奇的联邦烛光之下会变透明的信封，当时销售得怎样？我们靠在一个滑溜溜的斜坡上堕落到今天这般田地，我们真的觉得这一切完全处在我们的控制之下吗？或者，它是一场陡然发生的天翻地覆般的变化，因无所不在的政府保密而不知不觉地来临的呢？

2012年5月21日，“真实的呼哈”发出最后一个帖子。此后，他就销声匿迹了，成为了广袤的网络空间中消失的电波。然而，我们现在知道，一年以后“真实的呼哈”（也就是爱德华·斯诺登）飞往了香港。

爱德华·约瑟夫·斯诺登生于1983年6月21日，朋友们都叫他“爱德”。他的父亲是朗尼·斯诺登，母亲是伊丽莎白，又叫温蒂，父母高中相恋，18岁结婚。朗尼曾是美国海岸警卫队的一名军官。斯诺登早年在北卡

罗莱纳州海岸城市伊丽莎白市生活，那里有海岸警卫队最大的空军和海军基地。斯诺登有个姐姐叫杰西卡。跟其他美国军人一样，斯诺登的父亲有着强烈的爱国主义立场，他是一个保守派，也是一个自由派。

但斯诺登的父亲同时也是一个喜欢思考问题的保守派。他是一个表达能力极强的、博览群书的人，喜欢引用诗人爱默生的作品。因为爱默生主张，个人要坚持原则，抵制国家的腐败和操纵。加入海岸警卫队之初，朗尼宣誓要拥护美国宪法和《人权法案》。他后来是认真这么做的。对他来说，誓言不只是空话，它构成了美国公民与国家之间庄严的契约。

斯诺登小时候留着一头浓密的金发，时常带着露齿的微笑。他很小就随家人搬到了马里兰州，从那里到华盛顿特区人们每天都可来回上下班。斯诺登曾在安妮阿伦德尔县的克罗夫顿镇读小学和初中。那是一个位于华盛顿特区与巴尔的摩之间的小镇，到处是各式漂亮的别墅。斯诺登在那里上过的这两所学校，外观都不是很诱人，看起来像是没有窗子的砖式堡垒。（不过，好歹第一所学校还有一个灌木花园，里面有蝴蝶翩跹；在停车场边上，还有一棵孤零零的法国梧桐树。）15 岁左右时，斯诺登转学到了附近的阿伦德尔高中，在那里读了一年半。

他父亲回忆说，斯诺登后来生了一场病，很有可能是腺热之类的疾病，之后他的学业就开始出现问题。他大概缺了“四五个月”的课。另外一个影响到他学习的因素，是他父母间逐渐疏远的关系。最后，当他们的婚姻摇摇欲坠时，斯诺登也就终止了高中学业。1999 年，在他 16 岁的时候，斯诺登报名进了安妮阿伦德尔社区大学。尽管这所大学校园缺乏规划，却拥有自己的棒球馆和橄榄球馆，其运动格言是：“你不能掩饰那野猫一样的豪迈。”

斯诺登选修了电脑课程，后来获得了“普通教育发展证书”（GED），相当于高中学历。然而，由于未能完成高中学业，他时常会遭遇尴尬并需要自我辩解。2001 年 2 月，斯诺登的母亲提出离婚申请，3 个月后最终达成了离婚。

这场乱哄哄的离婚案之后，斯诺登先是跟一位室友住在一起，后来又跟母亲住在巴尔的摩西边的埃利科特市。他母亲的家位于林地村，那是一

个具有独立系统的住房开发区，里面有游泳池和网球场。她家灰色的双层联排别墅，坐落在一个绿草成茵的土坡旁边。小区里有儿童游乐场，各家院子里种着天竺葵和玉簪花。时常有中年妇女牵着毛色光亮的大狗，在外面闲逛。那是个很友好的地方。邻居们回忆说，透过敞开的窗帘，他们时常可以看见斯诺登在电脑前忙碌。

他们所在的那个小城以安德鲁·埃利科特的名字命名，他是1730年从英国移民过来的贵格会教徒。18世纪晚期，埃利科特市非常繁华，穿城而过的河流东岸矗立着一些磨坊，城里的房屋是用当地暗黑色的花岗石砌成，非常结实。城里甚至还有一门英式加农炮。巴尔的摩市和港口也距此不远。21世纪以前，磨坊就已经消失很久了，变成了历史遗迹。某种程度上，它们实际已经淡出了人们的记忆。现在，联邦政府是马里兰州最主要的雇主，因为这里到华盛顿特区上班距离很近。

斯诺登可以说是在某个政府机构的硕大影子里长大的。从他母亲家的前门出发，开车15分钟就可以抵达那里。这家机构位于华盛顿与巴尔的摩的中间，严禁外人入内，显然是一家具有秘密功能的机构。掩映在树阴之中的，是一栋大型绿色方形建筑，屋顶上满是各种奇怪的天线。区域内有一个宽阔的停车场、一台庞大的发电站和一个白色高尔夫球形的雷达天线罩，里面是碟形卫星信号接收器。管理区周围建有通电的围栏，弥漫着一种戒备森严的气氛。巴尔的摩与华盛顿之间连接着一条大道，大道的一处入口旁竖有一块路牌，上写着：“国家安全局，下一路口右转。仅限雇员进入。”

这个隐秘场所，就是美国国家安全局总部所在地，1952年以来，它就是美国对外国信号的监控机构。十几岁的时候，斯诺登就对国家安全局非常熟悉了。他所在的那所大学差不多就在国家安全局的隔壁，他母亲的很多邻居都在那里上班。他们每天早上驾车出发，穿过马里兰州绿草茵茵的乡下，前往工作的地方；晚上又从那个位于米德堡军营占地1000英亩的工作区赶回居住地。人们熟知的那个“迷宫”[1]（又称“信号情报城”）雇用

[1] Puzzle Palace，文中用来指代国家安全局，因其十分保密；因其主要搜集信号情报，又被称为“信号情报城”（SIGINT city）。——编者

了 40000 名员工。这是美国雇用数学专家最多的单位。

然而，对斯诺登来说，加入这个神秘的政府机构几乎是不可能的。20 岁出头时，他大体上更关注电脑世界。对他来说，互联网是“整个人类历史上最重要的发明”。他在网上跟人聊天，“这些人有着形形色色的观点，他们是我在实际生活中可能一辈子都不会邂逅的人”。他日复一日地在网上冲浪，玩一种叫做“铁拳”（Tekken）的日本角色扮演游戏。他不仅仅是个技术怪胎，也会做健身、练武术。按他在阿尔斯网上的说法，他还“泡亚裔妞”。

然而，他意识到，这一切并不会给他本人的职业生涯加分。2003 年，他发帖说：“我住在马里兰州，是一位没有学位、没有证书的‘微软认证解决方案专家’，算是无业游民吧。”

与此同时，斯诺登的父亲搬家去了宾夕法尼亚州。他就要再婚了。

2003 年，美国领导的多国军队入侵伊拉克，这促使斯诺登认真考虑去军队谋职。他父亲在美国海岸警卫队里服役了 30 年，他说他有一种冲动，希望像父亲那样为国效力。“我想参加伊拉克战争，因为我感觉，是人就有义务，去解救那些遭到压迫的人。”他的动机似乎很理想化，跟乔治·沃克·布什总统当时提出的目标如出一辙，就是要推翻萨达姆·侯赛因。

斯诺登想过加入美国特种部队。军方提供了一个乍看起来很有诱惑力的计划，按此计划，毫无经验的新兵也可以摇身变为精英战士。2004 年 5 月，他毅然报名参了军。他在佐治亚州的本宁堡军营（Fort Benning）报了到，那是美国的一个大型军事训练基地。该计划包括 8—10 周的基础训练，而后进入高级步兵课程，最后再经考核决定是否适合加入特种部队。

短暂的军营生活对他来说是一场灾难。斯诺登身体素质很好，却不是块当兵的料。他眼睛近视，两眼视力只有 –6.50/–6.25[1]。他曾发帖说：“我的眼睛最远只能看到 4 英寸远的物体，我的眼科医师每次见我都会哈哈大笑。”他的脚也出奇地小。他在阿尔斯网上说：“本宁堡军营的文职人员花了 45 分钟的时间，才找到适合我穿的作战靴。”这最终导致了一场不愉快：他被负责操练的中士训斥了一顿。

[1] 即表示两眼分别要戴 650 度和 625 度的近视镜片。——编者

他始终认为，他在军队里的那些新同事，少有跟他志同道合的人，少有像他那样愿意帮助受压迫者摆脱锁链的人。相反，他的上司只想着射击杀人，尤其是杀穆斯林。他说：“大多数训练我们的人，都一味鼓噪着要杀死阿拉伯人，而不想怎么去帮助别人。”

在随后的步兵训练中，他摔断了双腿。经过一个多月的犹豫之后，军队最后决定让他退役。

回到马里兰后，在马里兰大学高级语言研究中心，斯诺登谋得了一个“安全专家”的差事。那是2005年。（他最初好像是干保安工作，后来才回归到了IT行业。）在那里，他为校园内国家安全局的一家秘密机构工作。或许是由于其短暂的军事经历的缘故，他得以闯入美国情报圈，尽管级别很低。这家语言研究中心跟美国情报界有紧密的合作，为其提供高级语言培训。

尽管斯诺登并没有获得学位，但2006年年中，他却在中央情报局揽得了一份差事，干的是IT方面的活。他很快认识到，他在IT方面的特异才干为他开启了所有有趣的政府大门。“首先，学位这个东西就是个狗屎，至少在这个行内是这么回事儿。如果你‘真的’有10年扎实的、可以证明的IT从业经历，那你完全可以获得一份高薪工作。”2006年7月，他写道，“我没有学位，也没有高中文凭，但我挣得却比你多，尽管我只有6年的经历。要进入这个行业很难，但一旦揽得一个‘真正的’职位，你就算成功了。”

斯诺登发现，美国政府机构能够提供一些很刺激的岗位，借此可以出国旅游，并获得慷慨的福利。不需成为詹姆斯·邦德，只要申请一份“标准IT专家职位”就行。他把美国国务院称作“现在就得打入的地方”。

其中一项福利是可以接触密级信息：“是的，在国务院的IT部门工作，可以保证获得接触绝密信息的资格。”他还提出求职方略一类的建议。国务院“现阶段缺少人手”。他接着说：“欧洲方向的岗位竞争激烈，但如果有意前往近东那些多灾多难的地方，你就能更轻松地获得入门资格。一旦入了门，挨过一次在这些烂地方任职的经历，你就能够挑选自己

更喜欢的职位了。”他后来还说：“感谢上帝制造了战争。”

斯诺登频繁跳槽的经历使他受益匪浅。2007年，中央情报局派他前往瑞士的日内瓦，那是他第一次去国外。当时他只有24岁。他的新工作是维护中央情报局电脑网络的安全，同时负责美国驻日内瓦代表团的电脑安全（虽然外交官很有权力，但很多人对互联网却只有皮毛认知）。他担任的是电信信息系统官，同时还负责维护暖气和空调。

瑞士之行是令人开眼，也是历险之旅。那是斯诺登首次在国外生活。日内瓦间谍云集，有来自美国、俄罗斯和其他国家的间谍。它是个藏匿商业秘密和外交秘密的地方，是银行家聚集之地，也是若干联合国秘书机构和跨国公司总部集中的地方，城里约三分之一的居民是外国人。这个城市文明、宁静而有秩序，多数居民都很有钱，但一些下层移民也生活在这里。斯诺登曾经感慨地说，他发现，那些落魄的尼日利亚人很快就学会了瑞士的各种语言。

斯诺登以美国代表团人员的名义获得外交掩护身份。美国代表团驻地位于日内瓦市中心。那里有一座建于20世纪70年代的玻璃和混凝土大楼，入口处是一道铸铁大门，周围有篱笆和高墙的保护。俄罗斯代表团驻地也在附近。斯诺登住在一间舒适的有4张床的屋子里，是美国政府提供的公寓。这里位于圣吉恩法莱西斯街道苏叶码头16号，可以俯瞰到罗纳河。就生活方式而言，这份差事可以说是无可挑剔。往东几个街区之外是日内瓦河，美国大使的官邸就坐落在那里。不远处是阿尔卑斯山，人们可以去那儿接受挑战，去爬山、滑雪和远足。

阿尔斯网记录着这位年轻人的形象。斯诺登一开始，甚至迄今仍然用美国乡下人的眼光去透视这个世界。首先，他对瑞士人有着一种复杂的心态。在一次聊天中，他抱怨瑞士的物价太高（“你们绝对想象不到这里的狗屎有多贵”），讨厌餐厅里没有自来水，还对15美元一个的汉堡发牢骚，觉得价格高得太离谱。

除此之外，他还经历过其他形式的文化冲击，比如使用公制计数，还有瑞士人的富裕生活。他惊叹说：“天啊，瑞士人真有钱。他妈的，麦当

劳职员挣的钱都比我多。”但总体而言，他还是逐渐习惯了这个风景如画的新环境。有一次，他与网友是这么交流的：

真实的呼哈：路面只有 35 英寸[1]宽

真实的呼哈：上面停了 9000 辆汽车，有两个有轨车道，一个公交车道

真实的呼哈：还有一个自行车道

真实的呼哈：我一直在想，后视镜会被刮掉

真实的呼哈：担心会撞上人，会赔钱

网友 3：那里是不是有很多移民在从事一些低级工作？

真实的呼哈：是的。有很多身份不明的东南亚人和东欧人，他们不会说法语和英语

真实的呼哈：但不要误会我的意思，这个地方还是很不错的

真实的呼哈：就仿佛生活在明信片中一样

真实的呼哈：只是物价贵得跟噩梦似的，人们的等级观念重得吓人

网友 4：真实的呼哈，你在哪儿？瑞士？

真实的呼哈：对，瑞士日内瓦

网友 4：邪门

真实的呼哈：是的，不过迄今为止还算不错

在日内瓦，斯诺登接触了各种不同的思想，包括一些激进的思想。梅尔·卡尔达鲁是爱沙尼亚人，在一次声援西藏文化的活动中与斯诺登相遇。在 2008 年北京夏季奥运会来临前，“自由西藏运动”在城里组织游行。而国际奥委会的总部就在附近的洛桑市。

斯诺登参加了几次声援西藏的活动。好笑的是，他后来却被指控是中国的间谍。他曾随同武术俱乐部参加了几次中国的新年庆祝活动。马

[1] 疑为斯诺登的夸张说法，因为 1 英寸只相当于 2.54 厘米。——编者

万妮·安德森是他在日内瓦的另一位朋友。她曾在田纳西州《查塔努加时代自由报》发表过一篇文章，其中写道："他曾经一对一给我上过武术课。我对他的能力很惊讶，但同时又觉得好笑：他似乎不懂该如何对新手手下留情。"

有一次，斯诺登顺路驱车带歌手朋友卡尔达鲁去慕尼黑。在空荡荡的德国高速公路上，两人聊了好几个小时。他们谈到中国、以色列与巴勒斯坦，以及美国在国际事务中的作用。斯诺登认为美国应该充当世界警察，但卡尔达鲁不以为然。后者曾这样评论说："爱德的确很聪明，可能有一点点小固执，他很直率，喜欢争论，思想独立，凡事有自己的想法。"

这位爱沙尼亚摇滚歌星曾和这位中央情报局技术员一起聊天，谈到亲西藏活动分子在获得中国签证方面是多么艰难。斯诺登对北京举办奥运会有些疑虑。卡尔达鲁则说以色列占领巴勒斯坦，在道义上是有问题的。斯诺登对此表示理解。他同时认为，美国对以色列的支持"不是最糟糕的"选择。卡尔达鲁建议采取"解构性"方法进行分析。两人同时还讨论了"世界新秩序"问题：在飞速发展的数字时代，Facebook 和其他社交媒体的发明，会怎样影响民主以及人民自治的方式。

斯诺登是在美国东海岸一个相对封闭的环境下长大的，但是他现在到了欧洲，能跟一个聪明的、有左翼思想的吉他手兴奋地谈话。（斯诺登曾用文字这样评价卡尔达鲁："最好笑的是，他是个超级呆子。"）这一切当然都是拜美国政府所赐。他在中央情报局的这份工作还有另一项特权。要是因为乱停车收到罚单，他并不需要支付罚款，因为他有外交豁免权。另外，他还有很多机会到欧洲各地去看一看。按阿尔斯网的记录，斯诺登曾去过萨拉热窝，在那里的酒店房间里听到穆斯林通过电话祈祷的声音。他也去过波斯尼亚、罗马尼亚和西班牙，对这些地方的食物和女人做过评价。

在卡尔达鲁面前，斯诺登只字未提中央情报局，但他的确谈起过他的工作。卡尔达鲁说："我知道他是在美国使馆负责 IT 保障的工作。他说他的工作需要到处跑，在各地的使馆必须保持通信畅通，也需要有安全的平台……他以略带嘲讽的口吻谈起外交官的电脑技术水平。他说他需要给他

们安装 MSN 聊天软件，但事实上他的本领比这还要多很多。很显然，他有着丰富的 IT 从业经验。”

有时，斯诺登也纳闷，瑞士是不是有点儿种族主义色彩？同时，他对瑞士人对待个人自由的态度印象深刻，对那里色情业的合法化感到惊讶。斯诺登还是一个飙车狂。他有一辆崭新的深蓝色宝马车，在前往慕尼黑的路上，他的时速高达 180 公里。他直言他把车上的电子限速器给拆了，这样就能跑得更快。他还说想要到职业赛车道上去开车。另外，他还在意大利参加过摩托车比赛。

斯诺登的确表现出性格上的多样特色，但他却狂热相信资本主义和自由市场。他的信念很实际，也很教条。在瑞士期间，他有很大一部分时间都在玩股票。2008 年，当全球经济大崩溃，当美国和欧洲双双被拖入了漩涡时，他还毫无悔意地杀跌，结果只能惊恐地看着股市一路走低。有时他也挣点钱，但多数时候都在亏钱。

斯诺登会在网上聊他的事迹。他捍卫金本位，但对高失业率不以为意。根据阿尔斯网的记录，他觉得高失业率是“有必要的”，是“对资本主义的修正”。当有人问“你觉得如何处理 12% 的失业率”时，斯诺登回复说：“1900 年以前，几乎所有人都是自我就业的。12% 的失业率有什么好怕的呢？”

与斯诺登标新立异的右翼思想最为接近的是罗恩·保罗。此人是美国最为有名的自由主义倡导者，在草根阶层尤其是年轻人中有很多拥趸。保罗断断续续在国会服务了 30 年时间，他挑战共和党的当权者和政治理念。他是社会主义、凯恩斯经济学和美联储的激烈反对者。他还反对美国进行对外干预，憎恶政府的监听行为。

斯诺登曾对 2008 年保罗参加美国总统竞选表示支持。他同时对共和党候选人约翰·麦凯恩有过好感，称他是“杰出的领袖”、“一个真正有价值的人”。他算不上是奥巴马的支持者，但也并不反对后者。大选期间，斯诺登说，如果奥巴马能够跟麦凯恩联手，他有可能会支持他，然而当时这种可能性是不存在的。“真实的呼哈”在阿尔斯网发帖说：“我们首先需

要的是一个理想主义者。我觉得，希拉里·克林顿是美国的一粒暗疮。”

奥巴马获选总统后，斯诺登慢慢开始表现出对他的极其不喜欢。他批评白宫试图禁止攻击性枪支的举措。在当时以及后来，指引斯诺登思想的都是美国宪法，而在枪支问题上具体指引他的是宪法《第二修正案》以及其规定的持有枪支的权利。他对赞成禁枪的行为没有好感。另外，他还反对政府的公共福利计划，认为个人不应该跑去向国家求助，即使是在有困难的时候也不应该如此。

一些网友因此骂他，一个帖子说，“是啊！让老人见鬼去吧！”

“真实的呼哈”气愤地回复道：“你他妈的智障啊……我奶奶今年都83岁了，你知道吗？她还靠理发来自己养活自己……或许等你长大了，真正开始缴税的时候，你就明白了。”

还有一个让斯诺登更为愤怒的话题。2009年，对那些把密级信息泄露给报纸的政府官员，他曾厉声谩骂。盛怒之下，他称其为最恶劣的罪行。同年1月，《纽约时报》发表了一篇报道，涉及以色列打算秘密袭击伊朗的计划。报道说，以色列请求美国提供专用反地堡炸弹，以便执行这一颇具风险的任务，但小布什总统拒绝了这一请求，并通知以色列说他已授权采取“新的隐蔽行动”以破坏伊朗可能的核武器计划。

《纽约时报》称这份报道是15个月来采访在任和前任美国官员的结果，也包括欧洲和以色列的官员，以及其他专家和国际核检察员。

“真实的呼哈”在阿尔斯网上发表了他对上述报道的反应，值得在此全文引用：

> 真实的呼哈：什么臭狗屎啊
>
> http://www.nytimes.com/2009/01/11/washington/11iran.html?_r=1&hp
>
> 真实的呼哈：《纽约时报》，什么玩意啊
>
> 真实的呼哈：他们在试图引发一场战争吗？天啊，他们就跟

维基解密[1]一个德行

网友 19：伙计，他们不过是报道情况而已

真实的呼哈：可他们报道的是有密级的玩意儿

网友 19：(表示“耸肩”)

真实的呼哈：以色列不受欢迎，被处于战争状态的敌人所包围，而现在还报道我们跟这个国家间合作计划侵犯另一个国家主权的事情，这种事情怎么好弄到报纸上去

网友 19：哦

真实的呼哈：另外，他妈的，谁是泄露这些情况的匿名线人啊?

真实的呼哈：这种人真该一枪给毙了

真实的呼哈：“但这种紧张的交流也促使白宫加大与以色列的情报共享力度，向以色列官员通报美方打算暗中破坏伊朗核设施的企图。这是个重大秘密计划，布什先生打算把它交接给下任奥巴马总统。”

真实的呼哈：喂，这现在还算什么秘密呢？谢谢

网友 19：哦

真实的呼哈：我不知道，有多少亿美元的努力就这样全泡汤了

网友 19：你反应过度了吧。不会有事的

真实的呼哈：这不是反应过度。他们过去也干过这种屁事

网友 19：(表示“送上鲜花和蛋糕”)

真实的呼哈：他们就是那些暴露“我们能够监听到本·拉登手机”信息的泄密者，同样他们也坏了我们的事，使我们不能反复窃听。感谢上帝，他们就要关门歇业了

[1] WikiLeaks，中文也译作维基揭秘、维基揭密、维基泄密等。——编者

网友 19：是说《纽约时报》吗？

真实的呼哈：希望他们今年最终会破产倒闭。哈

几分钟后，聊天继续：

网友 19：他们报道这些东东，是件好事呀

真实的呼哈：如果是符合道德的事，我倒是会喜欢

真实的呼哈：政治腐败，肯定喜欢

真实的呼哈：丑闻，也行

网友 19：报道政府的阴谋就不道德了吗？

真实的呼哈：危害国家安全呢？不行

网友 19：哦

网友 19：国家安全

真实的呼哈：嗯，是是是是是的

真实的呼哈：这种狗屎事情加密是有原因的

真实的呼哈：不是因为“哦，我们希望公民不要发现”

真实的呼哈：而是因为“要是伊朗知道我们在干啥，这种狗屎事情就行不通了”

网友 19：(表示“耸肩”)

真实的呼哈：“任何人都不得谈及这些记录，因为有关伊朗的情报极其需要保密。”

真实的呼哈：直接引用

真实的呼哈：那你为什么现在还要给记者说起这些事情呢？！

真实的呼哈：“那些秘密行动，以及以色列是否会对伊朗采取除常规打击以外的其他手段，此类问题需要奥巴马先生即刻果断做出决定。”

真实的呼哈：这些不再有“秘密”可言了

真实的呼哈：哦，你他妈一定是跟我开玩笑。现在《纽约时报》要决定我们的外交政策吗？

真实的呼哈：那奥巴马呢？

真实的呼哈：奥巴马刚刚任命了一个他妈的政客来管理中情局！

网友11：是的，跟以前所有中情局局长都不一样

网友11：哦，等等，不对

真实的呼哈：我现在很生气。这简直让人难以置信

这位“他妈的政客”就是利昂·帕内塔，奥巴马于2009年任命他做中央情报局局长，尽管他显然很缺乏情报工作背景。应该说，这一任命是要跟小布什时代的情报丑闻——包括犯人引渡、中央情报局秘密监狱以及非法窃听等划清界限。

斯诺登显然对维基解密有所了解，这是一家在提高政府透明度方面处于领先位置的网站。斯诺登没想到的是，这个网站以后会跟他的故事交织在一起。斯诺登当时并不喜欢这个网站。那时候，斯诺登对《纽约时报》的厌恶是基于这样一个认识：“他们比维基解密还坏。”但后来，他对这家报纸还会有更多指责，认为它出版速度不够快，认为它拖着不刊发那些揭露白宫违法行为的确凿证据。他的这些看法听起来有点自相矛盾。

斯诺登当时对泄密行为的批判与其后来的行为相抵牾，十分令人惊讶。但是，《纽约时报》泄露的是秘密行动的敏感细节，它有别于2013年斯诺登所做的事。现在，斯诺登解释说：“中央情报局的大部分秘密都是关于人的秘密，不是机器和系统的秘密，因此我会因为我的爆料会危及别人而觉得不安。”

事实上，斯诺登对政府间谍行为的不满，早在他与中央情报局官员在瑞士工作的那三年时就已经开始。他的朋友马万妮·安德森是一位法律专业实习生，那期间在美国驻联合国日内瓦机构的代表团工作。她对斯诺登的印象是，他是个很安静、爱思考、比较内向、凡事都会小心权衡后果的

人。她声称，斯诺登在其日内瓦任期行将结束的时候，经历过一次“良知的危机”。

斯诺登后来谈到过一件事，揭示了中央情报局招募人员的策略。他告诉格林沃尔德，有一次，中央情报局特工想要招募一位瑞士银行家，以便取得秘密金融信息。为了达到这个目的，他们设法把银行家灌醉，然后怂恿他开车回家。那人愚蠢地照做了，随后遭到瑞士警察拘捕。秘密特工帮银行家解决了此事，并借机跟他交了朋友，随后成功将他招募于麾下。

斯诺登说：“我在日内瓦的所见所闻，让我对美国政府所做的事，以及给世界造成的影响有了认识，也因此真有幻想破灭的感觉。我意识到，自己就是这个机构的一分子，而这个机构做的坏事比好事要多得多。”

于是，斯诺登有了把美国政府的秘密抖搂出去的念头，但那时还不够成熟，直到后来才在脑海里慢慢清晰起来。现在看来，他当时还没有见到后来想要曝光的那些最有争议的文件。斯诺登说，他先要给奥巴马总统做“无罪推定”——首先选择相信他，期待奥巴马能够扭转小布什时代犯下的侵犯公民自由的惊天错误。比如关塔那摩[1]监狱，那是个用来关押战俘的地方，其中一些人跟极端主义或“基地组织”没有任何关联，但却不经审讯而被痛苦监禁在那里多年。

斯诺登希望奥巴马将小布什班子中那些该为此负责的人绳之以法：“奥巴马的竞选承诺和成功当选使我相信，他会带领我们去解决他在竞选时所罗列的问题。很多美国人都有同感。不幸的是，上任之后不久，奥巴马就关闭了调查系统性违法事件的大门。不仅如此，他还深化、扩充了几项滥用权力的计划，并拒绝将政治资本花费在终止像关塔那摩那样侵犯人权的事件上面，仍旧让里面的人不经审判而被拘押着。”

斯诺登的上司们对他愤愤不平的心态是否了解呢？2009年，斯诺登跟他同在日内瓦的一位同事发生了争吵。他曾对《纽约时报》的詹姆

[1] 指古巴东南端关塔那摩省的一个海湾（Guantanamo Bay）。1898年，美西战争后美国从西班牙手中夺走全部古巴，将其纳为保护国，并在该海湾建立一个海军基地，后获永久租借权，直至今日仍未归还古巴。2002年，这里开始被美军用于关押恐怖活动嫌犯。——编者

斯·莱森讲过这件事。莱森说，斯诺登很想得到提升，却因为质疑上司的判断，而与对方进行了一场小小的电邮口水仗。几个月后，在填写中央情报局年度自评表时，斯诺登发现人事部网上申请部分有些问题，于是就给上司指出来了。上司让他别管，但最终还是让斯诺登测试一下，看系统是否会遭到黑客攻击。

斯诺登“并无恶意地”在上面加入了一些代码和文本，以证明他的观点。他的直接上司签字表示了同意。但随后，此前跟斯诺登吵过架的、级别更高的上司发现了他的改动，因此大发雷霆。这位上司在斯诺登的档案里加入了一份贬低他的报告——以间谍的行话叫“差评”。

这件事并不起眼，但有一个方面非常重要：它让斯诺登意识到，通过内部渠道投诉是没有用的。他可能得出一个结论，向上投诉只能招来惩罚。但当时，他却发现了一个新的渠道，这需要他去尝试。

2009 年 2 月，斯诺登辞职离开中央情报局。他的个人档案，无论什么内容，都没有移交给他的下一任雇主：国家安全局。在那里，斯诺登的工作是到远在日本的美军基地的国家安全局机构担任承包商。

“9 · 11 事件”以来，承包商的机会应运而生，因为各种迅速发展的美国安全机构将情报业务分包给了私营企业。高级官员如国家安全局前局长迈克尔·海登之流，毫不费劲地在政府和企业间交叉任职。这就是一扇旋转门，一份肥缺。斯诺登随后上了戴尔电脑公司的工资表。他履历表上早期的缺项在此阶段已经无关紧要。他享有接触绝密材料的许可，还具有出类拔萃的电脑技术。不管他此前的中央情报局同事对他有过怎样的担心，此时系统中已不再留有任何痕迹。

斯诺登少年时代曾对日本很有感情。他曾学过一年半的日语。他早期在阿尔斯网的聊天中时常使用诸如日语“谢谢”之类的词汇。有时，他会用日语发音读自己的名字，称自己为“E-do-waa-do”。2001 年，他写道：“我一直梦想着去日本。我想在那里谋一个轻松的政府职务。”他对“铁拳”游戏有些过于痴迷。他后来说，这种普通战士对战恶魔的体验塑造了他的道德观。2002—2004 年间，他曾担任 Ryuhana 出版社的网络管理员，

那是一家日本动漫网站。

斯诺登热切盼望能够提高自己的语言技能。2009 年，他报名参加了一个暑期班，是马里兰大学东京分校开办的。

然而，在日本期间，斯诺登的网上活动减少了很多。他差不多不再到阿尔斯网发帖。日本是他的一个转折点。那是斯诺登从梦想幻灭的技术员，过渡到准揭露者的一段时间。对反映国家安全局数据挖掘规模的绝密文件看得越多，他对奥巴马政府的不满就越多。有了日本的这段经历，斯诺登说："我目睹了奥巴马推进那些政策的过程，这些政策刚好是我认为要加以约束的。于是，我越来越坚定了信念。"

斯诺登说，2009—2012 年间，他开始发现国家安全局的监控活动无孔不入："他们热衷于知道世上所有的对话和行为方式。"他同时察觉到另一个让他不安的真相：美国制度内在的、旨在制衡国家安全局的国会监督机制已经失效。"你不能再等着别人去采取行动。我一直在寻找领袖，但我意识到，所谓领袖实际上就是敢为人先。"

2012 年，离开日本之前，斯诺登近乎成为一名揭露者了。

2 公民抗命

夏威夷　库尼亚
国家安全局地区密码破译中心

“政府权威，即便是我愿意服从，也依旧不算纯洁：严格公正的政府，需要取得被管治者的批准和认可。”

——亨利·戴维·梭罗
《公民抗命》

斯诺登意识到，要向狐疑重重的媒体证明自己对国家安全局的看法，光靠大量文件是不够的，还要有一点超乎寻常的狡黠、冷静的头脑，以及非同一般的好运气。

斯诺登的新岗位是国家安全局的系统管理员。这份差事让他接触到了大量的秘密资料。大部分情报分析人员看到的材料比他要少得多。

“隧道”有两个主要监控目标：中华人民共和国及其不可预测的、老爱惹事的斯大林主义卫星国朝鲜。国家安全局在太平洋地区的任务，就是要盯着中国海军（包括其护卫舰、保障船和驱逐舰）、解放军的部队与军事实力，以及解放军的电脑网络。

一旦得手，斯诺登所造成的泄密将超过曼宁，成为自“五角大楼文件案”以来最重大的事件。他将要揭开的大规模监控行为，不仅是对上千万美国人的监控，还是对全世界的监控。

与此同时，斯诺登还在国家安全局韬光养晦……但他对国家安全局的不满和愤怒却在与日俱增。

他现在已走到了没有退路的地步。他知道，美国政府部门会把他的行为视为网络版的珍珠港偷袭事件。这个由所谓“叛徒”从内部发起的偷袭，将会引发更为严重的愤怒。

斯诺登可以打开文件而不留下电子痕迹。他是一个“幽灵用户”，一个能够出没于国家安全局多个“圣地”的“幽灵用户”。

为什么没人敲响警钟呢？国家安全局睡着了吗？

2012 年 3 月，斯诺登离开日本，横渡太平洋，前往夏威夷。与此同时，他好像给他的自由派政治英雄罗恩·保罗做了政治捐款。一位名叫“爱德华·斯诺登”的人，从马里兰州哥伦比亚市，给保罗的总统竞选活动捐助了 250 美元。记录显示，捐款人是戴尔公司的雇员。5 月，斯诺登又捐了 250 美元，这一次他是从怀帕胡的新家汇出的，汇款信息中他自称是某单位的“高级顾问”。

斯诺登的新东家是国家安全局地区密码破译中心（即中央安全局[1]），同时他仍旧是戴尔公司的承包商。该中心位于檀香山附近的瓦胡岛主岛上，是国家安全局除米德堡总部以外的 13 个分站之一，专门搜集信号情报，尤其是中国的信号情报。这家单位的徽标中间是迷人的夏威夷群岛，群岛两侧各有一棵绿油油的棕榈树；整个底色为深邃的海蓝色；最上方写有“国家安全局 / 中央安全局夏威夷中心”，最下方则是“库尼亚”的字样。看上去，这是个很有诱惑力的工作场所。

斯诺登带着计划登上了这个太平洋中心的火山岛。现在看来，这个计划有些疯狂。当时这么做虽然无畏，但撇开感情因素来看，此举几乎肯定会导致他被长期甚至终身监禁。

这个计划就是匿名跟关心公民自由的记者取得联系。这些记者的资格和诚信必须是毋庸置疑的。接下来，要把窃取的绝密文件透露给他们——至于如何做到这一点，斯诺登当时还并不了然于胸。这些文件是国家安全局非法行为的证据。它们可以证明，国家安全局在执行违反美国宪法的计

[1] Central Security Service（CSS），是美国国防部在 1972 年成立的机构，用于整合国家安全局和美军在信号情报、密码破译和信息保障等领域的业务。它与国家安全局是一个机构，两块牌子。——译者

划。从斯诺登后来的谈话判断，其目的并不是要大量泄露国家秘密，而是要选取一部分材料透露给记者，让他们自己做出评判。

斯诺登意识到，要向狐疑重重的媒体[1]证明自己对国家安全局的看法，光靠大量文件是不够的，还要有一点超乎寻常的狡黠、冷静的头脑，以及非同一般的好运气。

斯诺登的新岗位是国家安全局的系统管理员。这份差事让他接触到了大量的秘密资料。大部分情报分析人员看到的材料比他要少得多。然而，他该如何联系上记者？靠发普通邮件是不可能的，亲自见面又很困难。斯诺登的所有旅行，都必须提前 30 天向国家安全局上司请示，获得批准后方可进行。另外，他并不“认识”任何记者，至少他本人并未跟他们接触过。

斯诺登交往 8 年的女友琳赛·米尔斯于 6 月份来到瓦胡岛，在这个意为“聚集地”的海岛与他重聚。米尔斯在巴尔的摩长大，毕业于马里兰艺术学院，曾与斯诺登在日本一起生活。28 岁的她干过很多工作，当过芭蕾舞演员、舞蹈老师、健身教练和钢管舞专家。她最大的爱好是摄影，定期会自拍一些照片（通常是穿着很少的那种），并放到自己博客上，题目是“琳的旅行，钢管舞超级英雄的环球历险”。

斯诺登和米尔斯租下了一栋三室两卫的平房，位于艾路街 94–1044 号。这个地方叫怀帕胡镇，街道两旁绿树成荫，非常安静，在檀香山以西 15 英里，曾是一个甘蔗种植园。他们的这所蓝色房屋为木质结构，舒适而不奢侈，既不是海景房，也不是山景房。前院有一方小草坪，有矮灌木和几棵棕榈树，隔壁邻居的鳄梨树探头伸进了院子。房后有更多的棕榈树将房子遮掩起来。旁边是街道，还有一个小土坡，时常有少年在那里偷偷摸摸过烟瘾。

大门上贴着一张纸条，上写“自由不是免费的”，门上还挂着一面美

[1] Fourth Estate，指媒体、新闻界。亦译作“第四权”，但其本义并非行政、立法和司法之外的第四种权力。它源于西方封建社会的“国民等级”（estates of the realm）概念，即教士、贵族和平民之外的“第四等级（阶级）”。因为新闻界担负着一个非官方却重要的角色，有助于公众了解问题、发表公共见解，因此可对公权力形成制衡。——编者

国国旗。这一切无言地宣示着斯诺登的信条。邻居们很少跟他说话。住在街正对面的罗德·尤耶哈拉说：“有几次我在街上看到他，他朝我点点头，仅此而已。我对他的印象是，他是个文静内向的人，总在忙自己的事儿。”像很多邻居一样，尤耶哈拉是个退役军人，因此他觉得这个留短发的年轻人也是个军人。

岛上的环境，一定曾让斯诺登在每天沿库尼亚路上下班的途中，思考了很多问题。从他们的小窝里，斯诺登可以看到西边不远处的怀厄奈山，那是远古时期火山的遗迹。山顶沉重的累累云朵，时常会突然蔓延开来，遮蔽天日，而后瓢泼大雨就会捶打着整个山谷。

在他家后面，往南走就是珍珠港。那是日军 1941 年 12 月 7 日偷袭的目标。富兰克林·罗斯福称这一天为“国耻日”。这一天曾让美国的间谍头目们丢尽了脸，也使美国卷入了第二次世界大战。

为了加强情报能力，那些吃一堑长一智的情报人员，随后在瓦胡岛中间修建了一个巨大的隧道，称之为“洞穴”。隧道原本打算用作地下飞机组装和存放地，后被改成了工作室，为美军进攻日本岛屿制作海图、地图和模型。战后，这里成了海军的指挥中心。为了能够承受住核生化袭击，这里还进行了加固。

今天，这个地方成了库尼亚地区安全行动中心，也是美国密码破译系统小组的所在地。小组成员都是来自美军各部门和军外承包商的专家。该机构的别称一度被改为“隧道”。

斯诺登租住的平房在 7 英里外，是离单位最近的居民区——只需 13 分钟的车程。两者之间是一片人烟稀少的乡村，一路并没有什么秀丽景色，偶尔会瞥见一些玉米种子基地和泛黄的田野。双车道公路颠簸起伏，路两侧一堆堆的土包和杂乱不堪的野草挡住了远处的风景，很容易让人有封闭在盒子中的感觉。

“隧道”有两个主要监控目标：中华人民共和国及其不可预测的、老爱惹事的斯大林主义卫星国朝鲜。不光是国家安全局，所有人都清楚，中国是一个新兴的军事和经济大国。国家安全局在太平洋地区的任务，就是

要盯着中国海军（包括其护卫舰、保障船和驱逐舰）、解放军的部队与军事实力，以及解放军的电脑网络。如果这些能够被渗透，它们将为美国提供一个丰富的数据源。

此时，斯诺登已然是一位中国问题专家。他曾把中国的网络作为攻击目标。他还讲授过一门关于中国网络反情报能力的课程，让国防部高官了解如何进行防护，不让北京及其“贪婪的黑客”钻空子弄走他们的数据。他对国家安全局针对中国的进攻行动格外熟悉。后来他说，他“能接触所有的目标”。

日本人不再被看作敌人，相反，他们是繁荣的东亚诸国中让美国视为有价值的情报伙伴之一。国家安全局负责协调其与地区盟国间的信号情报工作。到访过“隧道”的高官包括韩国安全机构的新任国防长官，即将就任的泰国国家安全局局长，以及来自东京方面的代表团。“隧道”还负责跟踪泰国、菲律宾以及巴基斯坦的情况，给他们的反恐行动提供支持。

按照一位国家安全局雇员对《福布斯》杂志的说法，虽说斯诺登性情有点古怪，但他是个讲究原则的、极其称职的同事。在“隧道”里的时间，他时常穿一件连帽衫，上有恶搞国家安全局徽标的图案。国家安全局徽标是一只老鹰爪子里抓着一把钥匙，而斯诺登套衫上的老鹰却戴着一副窃听用的耳机。这件衣服是从电子前哨基金会[1]购买的。斯诺登的同事一直认为，那只是个玩笑而已。

斯诺登的行为中还有其他一些迹象，流露了他不墨守成规的性格。他的书桌上放有一本美国宪法。当他感觉国家安全局活动违宪的时候，他会挥舞宪法据理力争。他时常手里拿着一个魔方，在大厅里走来走去。他关心同事，经常会在他们办公桌上放上一些小礼物。因为力挺一位正在接受处罚的同事，他还差点被炒鱿鱼。

斯诺登所在的地区安全行动中心只是当地几个军事单位之一。在这个地方，显示美国实力的象征比比皆是。有山腰冒出的硕大的碟状卫星接收

[1] Electronic Frontier Foundation，也译作电子前锋基金会、电子前线基金会或电子前沿基金会，是一个国际知名的法律援助公益组织，旨在宣传互联网版权和监督执法机构，总部设在美国加州旧金山。——编者

器；有头顶上呼啸而过的 CH–47 支奴干直升机；有轰隆开进的迷彩卡车。穿着制服的年轻男女驾着越野车、跑车和摩托车在路上疾驰。一辆道奇可折叠斗篷跑车保险杠上的一行字很有代表性，写的是："上来，坐下，闭嘴，抓紧了。"

从马路上，人们几乎看不到地区安全行动中心的位置。它的建筑隐藏在茱萸树和一面 10 英尺高的铁栅栏后面，栅栏上架有铁丝网。一行小字标牌赫然写着"政府设施，禁止擅入"，表明这是一家官方机构。转过一道弯，下了坡，来到一个警卫室跟前。里面有两名海军卫兵，穿着蓝色迷彩服，大腿上别着手枪。过了安全路障，里面是停车场，停放着 100 多辆汽车，几幅告示牌上面印有禁止酒后驾车的字样，其中一幅写着"离上次事故 006 天"。

尽管车辆很多，里面人烟和建筑却很稀少，仅有几间小屋子，这让人有些困惑，然后突然间你会意识到：人们都在地底下呢。入口前是一个长长的、古怪的、有橙色顶棚的长方形结构，是在棕土陡坡上掘进而成的，其坡度之大让人纳闷建筑会不会塌方。台阶一路通往黑黝黝的入口。一位曾在此工作的退役空军军官说："里面的门非常庞大，像是电影《金刚》里的场景一样，往里要走好久好久的路程。"

带着秘密文件从这里开溜，会是件高风险的举动，要有非常了得的胆量。

斯诺登的女友米尔斯日常的博客，会非常奇怪、拐弯抹角地出现斯诺登的身影。她用字母 E 来称谓他，他多半是个并不起眼的角色：当然是个忠诚的男友，却神神秘秘，时常来无影去无踪。跟在瑞士期间一样，在夏威夷斯诺登仍然是个戴着面具的人。

有几次，斯诺登跟米尔斯的合影出现在后者的每周相册中，发到了 Instagram 网站上，但照片中见不到斯诺登的正脸。有一张照片中，斯诺登站在沙滩上，弯着腰，裤腿挽到了膝盖，一件飘动的黑色大衣遮盖了他的脸。他极有可能是在开怀大笑，但也很难说，这让人联想到一位模仿理查三世的真人秀演员。米尔斯在博客中写道，"人们像渡鸦般来往于这个世界"，并注

释说“这是E难得的一张照片”。有人说照片中的斯诺登有点像雨果笔下《巴黎圣母院》中的加西莫多，米尔斯回驳说：“别糟蹋我的E！”

米尔斯曾这样描述她写博客的动机：“多年来，我每天都玩自拍。这不仅仅是给妈妈们看，我发现它也能让我整理情绪、记录生活。不是什么人都会对此感兴趣，但有一天我可能会因为这些照片而感谢自己，或者憎恨自己。但不管怎么样，我都会有所感动。”这些照片色彩艳丽，算是一种艺术家日记吧。照片中米尔斯的穿着打扮都在传递不同的情绪或情感。她很多时候是在搔首弄姿，有时是在做沉思状，有时是在树枝上倒挂，有时又是在观看夏威夷的日落。

在夏威夷的13个月里，斯诺登跟其他同事保持着距离。他天性内向，但此时却有自我防备的特殊原因。一旦得手，他所造成的泄密将超过曼宁，成为自“五角大楼文件案”[1]以来最重大的事件。2010年，美国陆军士兵切尔西·曼宁（原名布拉德利·曼宁）[2]，因为对军队不满，泄露了美国的外交电文和战争日志，引起极大的轰动。斯诺登将要揭开的大规模监控行为，不仅是对上千万美国人的监控，还是对全世界的监控。然而，到目前这还只是一个重大假设而已。稍有闪失，或不当心说漏一个字，或提出一个反常的工作要求，或一次反常态的招摇过市，都有可能引起怀疑，招致灾难性后果。

斯诺登的周围都是间谍，他们干的就是侦测密码及其模式、发现各种秘密的勾当。要是他们发现他的秘密，他很有可能会被视为一位偷窃雇主

[1] 五角大楼文件（The Pentagon Papers）全称是《美国—越南关系，1945—1967：国防部的研究》，是美国国防部对1945—1967年间美国在越南政治军事卷入评估的秘密报告。1971年该报告由丹尼尔·艾尔斯伯格（Daniel Ellsberg）泄露给《纽约时报》，被头版报道，引起公众广泛关注。这次泄密事件就是所谓“五角大楼文件案”。1996年《纽约时报》的一篇报道称，五角大楼的上述报告“说明在除其他一些事项外，约翰逊当局系统地撒谎，不仅对公众，对国会亦如此。”该文件在2011年6月向公众解密开放。——译者

[2] 原名Bradley Edward Manning，后改名Chelsea Elizabeth Manning，因为他在2013年8月因泄密被判刑后发表声明说，从孩童时期起“她”就觉得自己是名女性，所以希望自己的名字叫“切尔西”，并渴望开始接受激素替代疗法。——编者

资料未遂的无名技工，被秘密审判和定罪，被监禁好几十年。这就难怪斯诺登会如此守口如瓶。

朋友们曾经开玩笑，把他比作爱德华·卡伦，也就是演员罗伯特·帕丁森在电影《暮光之城》中饰演的那位吸血鬼。斯诺登面色苍白、表情严肃、行为高深莫测，而且白天很少出来活动。他很少参加社交聚会。一位同事回忆说："他很少说话，总是离群索居，有一种飘然世外的感觉。因此，同事中差不多有了一个乐子，就是拉他去参加活动，比如，他们会说，'把爱德华叫上'。有一天晚上，在一次生日晚会上，大家极力怂恿要他发言。结果，他只说了5个字。"

斯诺登将在夏威夷的生活称为"天堂般的生活"。的确，这实际上就是《檀香山星广报》所描绘的生活方式，这家报纸用"天堂的脉搏"作为报头。新闻头条上的文字都是些诸如"官员们考虑到港口消磨周末时光"、"太平洋飞行博物馆纪念勇士"、"毛伊岛山火已灭"一类的东西，更加提升了这个热带田园的形象。

但是，对斯诺登来说，外面的世界谈不上有多少好玩。他既不冲浪，不玩高尔夫，也不喜欢在海滩上懒洋洋躺着打发时间。他的朋友们说，"他极其苍白，就仿佛从未见过太阳似的。"比较而言，巴拉克·奥巴马就很不一样（他有个妹妹在瓦胡岛），他给人的印象就仿佛他对当地的海滩、冲浪和蛋筒刨冰永远十分享受。

跟喜欢黏着笔记本电脑的斯诺登不同，他的女友米尔斯可算是社交圈里的花蝴蝶。到夏威夷后，她加入了"帕梅拉和钢管猫"组合，培训和表演钢管舞。这种钢管舞不是脱衣舞，她们每月都去"水星"酒吧搞一次竞技演出。那里位于檀香山市中心，是一家嬉皮士风格的酒吧。米尔斯还会参加每月头一个星期五举行的街头表演。

尽管表面看来很擅社交，米尔斯在夏威夷的朋友圈里仍是个谜。她时常戴一副硕大的太阳镜，遮盖着她的半张脸。她也不主动提供太多个人信息。很多人甚至都不清楚她有男朋友。除了摄影和舞蹈爱好外，她似乎并没有工作，但她却开着一辆新型越野车。她的收入来源是另一个未解之谜。

帕姆·帕金逊是这个钢管舞组合的创立者，是她后来把米尔斯介绍到怀基基杂技团的。这个团有十来个人，可以表演舞蹈、杂耍、走钢丝、喷火和呼啦圈，他们每周要聚那么几次。

每个星期天，这个杂技团会在能够远眺怀基基海滩的公园里排练，一直持续到日落时分。米尔斯喜欢跟这些放浪形骸的艺术家在一起，但按她这些新朋友的标准来说，她有点一本正经。有人回忆说："她是那种跟她讲色情段子都不会发笑的人。"特里尔·利昂是这家杂技团的协调人。他说，米尔斯是个杂技表演新手，但她却有意于提高技术，"她在学一个简短的杂技选段。我给她提供了一些造型和技巧方面的建议。她有些腼腆，是个漂亮、专注、机灵、很投入、很配合的演员"。

斯诺登偶尔会在米尔斯结束排练的时候，来接她回家，但很少下车，或跟她的朋友说话。有人说："她很少会真正谈到他。"唯一的例外是，有一次斯诺登出差了好长一段时间，米尔斯显得有些伤感，觉得过两地分居的生活很困难。团里有一些闲言碎语，说她跟她的搭档有染，那是个叫鲍的满身肌肉的小伙子。然而，正如米尔斯在博客中声明的那样，她一直对E（斯诺登）忠贞不渝。

与此同时，斯诺登还在国家安全局韬光养晦。尽管他表面上显得很平静，一副很谦逊的样子，但他对国家安全局的不满和愤怒却在与日俱增。

在国家安全局内部，对所见所闻和"9·11"以来美国安全政策的黑暗轨迹大为失望的人，斯诺登不是第一个。斯诺登密切关注过托马斯·德雷克的案子。德雷克从美国空军和海军退役后，在国家安全局担任管理职务。"9·11"袭击之后，他对国家安全局的秘密反恐计划，尤其是一个叫做"开路者"（TRAILBLAZER）的情报搜集工具，感到不满。他觉得该计划违反了宪法《第四修正案》关于反对随意搜查和扣押的内容。

德雷克决定通过一切正当渠道表达自己的关切。他向国家安全局的各级领导提出了申诉。他还按照规定的检举程序，向国家安全局监察长和五

角大楼检举，还在众议院和参议院议会监督委员会面前作证，但最后这些都一无所获。绝望之下，他不得不向《巴尔的摩太阳报》求助，但这个天真的办法并未奏效。2007 年，联邦调查局突击搜查了他的家。德雷克被判监禁 35 年。直到 2011 年，经过四年的权衡，在德雷克认下了较轻的行为不端的罪责之后，政府才放弃对他的主要指控，并判他缓期执行。

对斯诺登来说，德雷克是个启蒙者（二人后来曾经见过面）。当局滋扰德雷克的那种惩戒方式，让他越发觉得不能走德雷克的老路。斯诺登知道还有其他人也遭遇过类似情况，其中就包括国家安全局的一名雇员，仅仅因为后者开玩笑似的在邮件中写了一句："这到底是解放军还是国家安全局？"斯诺登曾告诉詹姆斯·莱森，国家安全局内部"很多人都有怨言，只是有些人会更明显"，但大多数人是出于"恐惧和爱国的假象"而乖乖听话，这就是所谓的"服从权威"。

作为为戴尔公司工作的外部承包商，斯诺登并不能享受跟德雷克一样的揭发者保护政策。他后来对莱森说，即使他打报告对国家安全局的监控行为提出关切，也根本改变不了什么。他相信，如果他那么做，其努力"将会被永久埋没"，他将名声扫地，下场悲惨。"这个体制不起作用。你必须向那些最有责任心的人检举这些错误行为。"

对国会能够有意义地监督情报界，斯诺登失去了信心。相反，他感觉，国会本身就是问题的一部分。他尤其对"八人帮"[1] 颇有微词，这些国会官员对美国最敏感的情报行动了如指掌。

2012 年 12 月，斯诺登已下定决心要跟记者取得联系。当问及他是在何时决定要向媒体曝光的，他说："我想每人的经历各有不同，但对我来说，不存在一个单独的时刻。我看到政府高官不断对国会撒谎，也就是对美国人民撒谎，同时我意识到，国会（尤其是其中的'八人帮'）对这些谎言完全表示支持。这就迫使我采取行动。看到身居国家情报总监这

[1]　Gang of Eight，指美国国会中负责听取政府汇报密级情报的八位领导人，成员包括两党在参众两院的领导人（党鞭）、两院情报委员会主席和情报委员会中排名靠前的少数派委员。——编者

样高位的人（詹姆斯·克拉珀），肆无忌惮地对公众撒谎而无人反驳，我觉得我们的民主制度遭到了颠覆。如果民众根本不知情，让民众认可就是一句空话。”

2013年3月，克拉珀告诉参议院情报委员会，美国政府“没有蓄意”搜集千千万万美国人的数据。如同斯诺登所揭露的，以及克拉珀本人后来所承认的那样，这个说法并不属实，或已犯下重罪。

按斯诺登的说法，有一份文件特别让他忍无可忍。他无意间看到了由国家安全局监察长（德雷克也曾向此人投诉过）提交的一份2009年密级报告。斯诺登当时是在执行一项“脏词查找”任务，也就是对系统进行一次大扫除，以便将不该放在那里的东西清除掉。他一打开那份文件，就再也克制不住继续读下去的冲动了。

文件里的报告长达51页，详细讲述了“9·11”以后小布什政府执行非法窃听计划的经过。该计划代号“星风”（STELLAR WIND），可以不经许可就直接搜集千千万万美国人的通信内容和元数据，其中一些有关窃听丑闻的事实几年前就已经有所显现，但没有什么丑闻比全部真相更加惊人的了。对斯诺登来说，这是一份无可争辩的证据，它表明美国的高官们在违法。而据他所知，整个社会却对此毫无反应。他对《纽约时报》说：“你不能说，读到这样的材料，却不清楚其对于整个体制意味着什么。”

2013年初，在夏威夷，斯诺登的义愤感仍在增长，但他的泄密计划却似乎停滞了下来。他面临太多阻碍。要想接触最后一批文件，他需要取得比他在戴尔公司的职务更大的安全授权。3月份，克拉珀在参议院作证，结果是凶多吉少。同月，斯诺登在私人承包商博思艾伦公司[1]取得了一份新差事，这使得他得以接触一批新信息。按照那位接受《福布斯》杂志采

[1] 全称为博思艾伦汉密尔顿控股公司（Booz Allen Hamilton Holding Corporation），常简称为博思艾伦咨询公司、博思艾伦公司或博思艾伦。它是一家美国信息技术咨询公司，总部位于华盛顿哥伦比亚特区，在美国其他地方有80个办事处。其核心业务是向政府机构提供管理、技术以及安全服务，负责数据安全、间谍防御和情报搜集，同时也提供民用商业服务。——编者

访的国家安全局雇员的说法，斯诺登此前婉拒了加入国家安全局“特定情报行动”[1]的机会，这是一个由黑客精英组成的组织。此时，他已经进入他双面人生紧张的最后几周。

斯诺登最后的工作地点是在檀香山市中心，这里明亮的公司环境，跟地区安全行动中心的地堡环境构成鲜明的对比。公司位于金融区毕夏普街马凯大厦第30层，足足占用了一层楼。接待中心里有米黄色的家具、镶框的精致地图和一台电视机。电视音量调得很低，正在播出“福克斯新闻”。在国家安全局的时候，吃饭是在一个没有窗子的食堂，里面满是留着平头的士兵；但在博思艾伦公司，职员们却是穿着西装或夏威夷衫，在阳光明媚、带有喷泉的院子里闲庭信步，可以选择在几十家餐厅里用餐。离得最近的酒吧叫弗格森酒吧，其实并不喧闹，里面可以吃到培根包枣、烤制布里奶酪以及红椒酸奶酱等菜品。

博思艾伦的董事长兼总裁是拉尔夫·西拉德，他曾在公司博客上对其安全保证做过一番洋洋自得的承诺：“在各行各业中，我们最信任的同事和朋友，在此问题上有着共同点。我们信得过他们。无论情况如何，也无论面临什么挑战，他们都将随时听候安排。在这个方面，博思艾伦是值得信任的。您大可对此深信不疑。”

见到此番声明的时候，斯诺登可能曾流露出苦笑的表情。他指望的是，新雇主不要对他有什么怀疑。他现在已走到了没有退路的地步。他知道，美国政府部门会把他的行为视为网络版的珍珠港偷袭事件。这个由所谓“叛徒”从内部发起的偷袭，将会引发更为严重的愤怒。尽管斯诺登把自己的所作所为当作爱国和捍卫美国价值的行为，但这不会因此减弱华盛顿方面的报复，一点儿都不会。

“斯诺登”这个名字本身就是从事这一风险事业的人的代名词。16世纪90年代，英国就曾经有一个叫约翰·斯诺登的天主教牧师，一个为伊丽莎白

---

[1] 全称为特定入侵行动办公室（Office of Tailored Access Operations，简称TAO），是美国国家安全局的一个部门，主要工作是搜集其他国家的计算机情报，大约设立于1998年。——编者

女王的财政大臣伯利勋爵效力的双重间谍。历史学家斯蒂芬·阿尔弗德称他"敏锐、聪慧而自信"。其任务就是监视流亡欧洲大陆、勾结西班牙密谋反对伊丽莎白的天主教移民。这位斯诺登曾动用过密码、密信和其他一些手段。伊丽莎白时代的人称这种人为"情报员"或"探子"，他们从事的工作叫"谍报工作"。法文"间谍"（espionage）一词是在18世纪以后才开始使用的。

然而，爱德华·斯诺登这位现代间谍，要想跟负责报道国家安全事务的美国记者取得联系，却不能使用其真实姓名。这些记者此前根本不知道斯诺登其人。要跟他们取得联系，斯诺登需要有一个化名。鉴于事情的严肃性，"真实的呼哈"这个名字显得过于幼稚。于是，斯诺登有了一个新的想法。他选择verax这个词作为自己的化名。在古拉丁语中，verax是个形容词，意思是"说实话的"，是个极生僻的词，只在普劳图斯、西塞罗和贺瑞斯的著作中出现过，尤其用于神谕和对超自然现象的描述。

斯诺登打算成为一个从情报界内部深处发出预言声音的人。跟他的真实姓氏一样，他的化名也有其历史渊源。英国历史上曾有两个也自称Verax的小人物，他们都是"持不同政见人士"。一位叫做亨利·顿克利，是19世纪的一位浸礼教社会批评家，曾在《曼彻斯特观察家》一报中用Verax作为笔名。另一位是克莱门特·沃克，他是17世纪英国内战时期萨默塞特郡的一位议员，最终遭到监禁，死在伦敦塔[1]里。重要的是，verax还是mendax一词的反义词。mendax的意思是"欺骗"，是维基解密创办者朱利安·阿桑奇使用过的化名，那时他是澳大利亚的一位年轻黑客。凭借在互联网上大规模泄露驻阿富汗美军的文件，以及美国国务院的全球外交电文，维基解密最近已把美国政府折腾得够呛。斯诺登的隐射之举或许是刻意为之。

表面上，斯诺登还是一如既往地生活。事后看来，他女朋友当时的博客似乎已流露出一些心事。3月1日，米尔斯在博客中写道，她将成为一

[1] Tower of London，是位于伦敦市中心的一座宫殿和城堡，是英国王室的一处宫殿遗存。这里曾作为堡垒、军械库、国库、铸币厂、宫殿、刑场、公共档案办公室、天文台、避难所和监狱。而作为监狱则主要用于关押有重要身份的囚犯。——编者

个“神秘的国际性女人”，她当天晚上也就是周五晚上的表演，将演绎一个“007”的主题。

那次的表演很成功。三天后，她写道：“小的时候，我的多数朋友都喜欢玩扮装游戏，将自己想象成一个公主、超人或是做泡菜的农场主（我有一些古怪的朋友）。我时常会想象自己是个间谍，在下水道里奔跑，躲避狡猾的敌人，偷听成年人的重要谈话，给猫将军做一份完整的汇报。因此，能在周五的表演中扮演几分钟的邦德女郎，让我感觉非常过瘾。周五夜晚扮演间谍的那种兴奋感一定不知不觉潜入了我的大脑，因为第二天晚上，无意中，我跟E又挑选了《007：大破天幕杀机》，作为我们晚上约会时看的电影。”

11天后，3月15日那天，消息传来：“我们接到通知，说5月1日前必须搬出现在的房子。E换工作了。我希望回到东部去度个小假。我是跟E走，自己过，还是去南极洲呢？……现在，我要转动我的魔法球，看看该去何方。”

3月30日晚，斯诺登乘航班，去了一趟美国本土。接下来的几个星期里，他在米德堡军营附近的博思艾伦办公室接受培训。形形色色的情报机构承包商，都在信号情报城附近开设了办公室。斯诺登的新工作年薪为122000美元，外带住房津贴。4月4日，他跟父亲一块吃了顿晚饭。他父亲后来说，儿子当时似乎心事重重、心里好大个包袱似的。“我们跟往常一样，相互拥抱。他说：‘我爱你，爸爸。’我说：‘我爱你，爱德。’”

4月中旬，米尔斯和斯诺登拿到了他们在夏威夷新家的钥匙。新家离以前的房子有两条街的距离。

米尔斯在博客中写道：“搬家的感觉，我最喜欢的是打开包裹前那段时间，因为我可以在破窗而入的柔和光线下，在宽敞的、空荡荡的房间里转来转去（我上辈子一定是只猫）。我们花了点时间，设想东西塞进来后，每个房间会是个什么样子。我们甚至还讨论过在双层的主卧里挂上丝绸。”

这是斯诺登在她的照片博客里最后一次露面。两人在家里空无一物的地板上摆出各种造型。米尔斯穿着深蓝色连衣裙，仰卧在地板上，朝着他

微笑。跟以往一样，斯诺登的内心仍旧神秘莫测，因为照相机只拍下了他的后脑勺。他的眼镜被弃置在几英尺外的地方。那时，他脑海里究竟在想些什么？

4月下旬，米尔斯独自回了一趟她在美国东海岸的老家。她陪妈妈逛古董店，帮忙装饰房屋，还去探望了老朋友。5月初，她回到檀香山。她在博客中说，自己有被撕裂于两个世界的感觉。此时，斯诺登正慢慢熟悉他在博思艾伦公司的新工作。

或者说，表面上似乎如此。实际上，这时斯诺登极有可能正在国家安全局服务器上搜罗资料。斯诺登告诉《华盛顿邮报》："我在博思艾伦公司的职位，能够使我接触到国家安全局曾经侵入过的电脑的清单，这些清单涉及全球各地的电脑。"他还说，那正是他接受在博思艾伦公司工作的原因。

几个月后，国家安全局还在纳闷整个事情到底是如何发生的。斯诺登并未完整解释他泄露秘密的经过，但作为系统管理员，斯诺登能够进入国家安全局的内部网络系统 NSAnet。那是在"9·11"事件后建立的系统，目的是要加强美国各情报部门间的联络。

斯诺登是国家安全局约1000名系统管理员之一，可以查看上述系统的多个部分。（其他有绝密文件查阅权的用户，并不能查看所有的密级文件。）斯诺登可以打开文件而不留下电子痕迹。按照一位情报界人士的说法，他是一个"幽灵用户"，一个能够出没于国家安全局多个"圣地"的"幽灵用户"。他可能还用过其管理员身份，劝他人将详细登录资料委托给他。英国政府通信总部一直跟美国国家安全局互信共享英国的绝密资料，这进而使得许多外部承包商能够用上这些资料。这就意味着，斯诺登也能够通过政府通信总部的并行内网 GCWiki 接触到英国的秘密。

斯诺登是如何具体收获这些资料的，我们不得而知。他似乎是将国家安全局文件下载到了U盘上面。这种方法跟曼宁所使用的方法如出一辙。曼宁在巴格达外一家湿热的战地基站工作时，曾将25万计的美国外交电文下载到一张标记为"Lady Gaga"的光盘上，邮寄给了维基解密网站。

对大多数工作人员来说，U盘是禁止使用的，但“系统管理员”可以申辩说，他在修复遭到损坏的用户文件，需要做备份。随后，他可以将U盘带走，用它打通国家安全局系统与普通互联网之间的“物理隔离”。

为什么没人敲响警钟呢？国家安全局睡着了吗？坐在夏威夷，通过一个称为“瘦用户”的系统，斯诺登就可以远程进入5000多英里外米德堡军营里的国家安全局服务器。当斯诺登在6个时区之外登录服务器的时候，多数职员已经下班回家过夜。他开展活动的时间，正是国家安全局打盹的时间。此外，斯诺登长于自己的行当，用他在日内瓦的朋友安德森女士的说法，他是一个“IT天才”，这就是他能够出入庞大的内部系统而不被觉察的原因。

在新岗位工作4个星期之后，斯诺登告诉博思艾伦公司的上司，说自己感觉身体不适，想要休息一段时间，请求不带薪休假。他们跟他核实情况。他告诉他们，说自己患有癫痫症。他母亲就患有这种病，家里养了一只导盲犬来帮助起居。

随后，5月20日那天，他就消失了。

米尔斯的博客反映了她发现E离开她的生活之后，她经历的痛苦和哀伤。6月2日前后，情况已经变得非常明朗，出大事了。

她写道：“我一直耐心向上苍请求，希望过上更加开心的日子。我不敢肯定，是否真打算在两周内就放弃半年积累的回忆。我们聊了《圣经》上的一些话题：大洪水呀，欺骗呀，失落呀，等等。我感觉很孤独、很失落，有被压垮了的感觉。当前的处境跟以前简直天壤有别，我急需从中解脱出来。”

5天后，米尔斯删除了她的博客。她也曾公开表达过是否删除自己推特账户的困惑。那可是延续多年的创意之作，其中有好几十张她自己的照片，也有她的E的一些照片。

她在推特中写道：“删还是不删？”她还是选择了不删。

3 线人

巴西　里约热内卢
加维亚
2012 年 12 月

"是人都得做不守陈规的人。"

——拉尔夫·沃尔多·爱默生

《爱默生随笔·自立》

2012年12月，格林沃尔德收到一名读者发来的电子邮件。

这个神秘来信人提出了一个不寻常的要求：他让格林沃尔德在笔记本电脑上安装PGP加密软件。安装完毕并执行后，该软件可以让双方在网上进行加密聊天。这个线人并未解释采取这一奇怪措施的原因。5个月后，在香港接头期间，格林沃尔德意识到，早在2012年就跟他联系过的那位准线人，正是爱德华·斯诺登。

安全机构有能力跨国、跨城、跨街道跟踪监视“任何人”……

在夏威夷，斯诺登也采取了极端的防范措施。他从不在家里或在办公室跟外界联络。

来信人的形象慢慢浮现出来：一个头脑聪明、有政治智慧、能够保持理性的人，一个酝酿良久、成竹在胸的人。

斯诺登似乎知道，自己的行动可能会招致牢狱之灾。

线人给她发送了一份加密文件。里面是关于“棱镜”计划的PPT。然后是第二份文件，但内容让人大吃一惊：“你的目的地是香港。”

他计划携带一批美国国家安全局和英国政府通信总部的绝密文件出逃。

斯诺登的见面礼是一个文件包，里面有大约20份从国家安全局核心禁区弄来的文件，大多盖有“绝密”字样。其中包括“棱镜”计划的幻灯片。

斯诺登是真实的，他的消息是真实的，一切都是真实的。

从糖面包山山顶看去，里约热内卢就仿佛一个绿色与褐色相间的大漩涡。天上，黑兀鹫在缓缓地盘旋。下面，下面很远的地方，是城市的中心区，以及微微发光的高楼大厦。城市的边缘是沙滩和防波堤，它们在湛蓝色的大海边不停地吐着小气泡。山顶耸立着一尊艺术雕塑，那就是张开双臂的救世基督。

里约热内卢的著名海滩科帕卡巴纳和伊帕内玛，刚好位于爪子形海岸的两端。科帕卡巴纳海滩长期以其有伤风化的沙滩风景闻名。是的，那边有几尊性感沙雕，雕的是穿着紧身衣的大屁股女人，旁边插着一些绿黄蓝白相间的巴西国旗。但最近几天，科帕卡巴纳沙滩更像是老年富人光顾的场所。很少有其他人能够住得起那里的豪华公寓，那是些可以俯瞰梦幻大西洋海岸的海景房。

在工作日的早晨，这里的居民会出来抻抻腿、遛遛狗。滑板玩家在自行车道上滑行，周围是果汁吧、餐厅和路边咖啡店。沙滩上，晒得黑黑的当地人在玩足球或排球。足球可是巴西人非常痴迷的运动。人们的大部分活动都集中在这里，大家坐在橡胶树下，在暖和的冬日里打发着光阴。但在这里，你很少能见到像伊帕内玛海滩那边的女孩，碰到的更可能是她的奶奶。

从里约热内卢西南端的加维亚开始，公路蜿蜒上行，进入奇久卡国家森林公园。这里是世界上最大的城市森林，是僧帽猴和巨嘴鸟的栖息地。这里非常凉爽，气温比海滩上要低好几度。继续前行，最后你会来到一个偏僻的山间小屋。这是个什么流浪狗救助中心吗？铁门上的牌子写着：“内有恶犬。”这个警告显得有些多余：屋里传来一阵疯狂的犬吠。各种各样的狗，大的小的，黑色的褐色的，应有尽有。它们用爪子挠着来访者的腿来跟他们打招呼。里面有一个热带风格的院子，到处散落着狗的粪

便。旁边是一道山泉，泉水在淙淙地流淌。如果说狗也有天堂的话，那这里肯定就是了。

除了狗以外，这个房子的住户就只有格伦·格林沃尔德了。他今年 46 岁，是同时代人中较为著名的美国政治评论家之一。关于斯诺登的报道使格林沃尔德的名字家喻户晓，但早在这之前，他就已经名声大噪了。就职业而言，他是位诉讼专家，曾在联邦一级和州一级法院系统里工作过十年。他父母是犹太人，而自己则是一名好争论、激进的同性恋者，对公民自由这一议题历来非常热心。在小布什时代，格林沃尔德找到了他的位置。2005 年，他放弃律师职业，改行做了全职作家。他的博客吸引了很多读者。2007 年起，他为 Salon.com 供稿，成了这家网站的专栏作家。

虽然身处里约热内卢，但是格林沃尔德频繁以权威专家的身份出现在美国的电视节目中。这就意味着，他需要驾着自己的红色起亚汽车（里面满是狗的气味），下山前往市剧院里的一个录音棚。保安用葡萄牙语热情地向格林沃尔德表示问候——后者的葡萄牙语说得非常流利。录音棚里有一台摄像机、一把椅子和一张办公桌。他坐到办公桌旁，摄像机展示了他标准的律师穿着形象：整洁的衬衣，时髦的夹克以及领带。桌子下面，纽约或西雅图观众看不到的地方，是格林沃尔德脚上的人字拖鞋和身上的沙滩短裤。

这一混搭装束显示了某种截然相反的双重属性，既有个人的风格，又有职业的特征。私底下，格林沃尔德是个心肠柔软的人。看得出来，他对那些遭遇不幸的动物充满同情。他跟他的伴侣大卫·米兰达已经收养了 10 条流浪狗，还帮着照看别人家的狗，除此之外还养了一只猫。格林沃尔德与米兰达结识于 2005 年，当时他来里约热内卢休假。假期为时两个月，在来城里的第二天，他当时正躺在海滩上晒太阳，这时遇到了米兰达。他们很快就相爱了。格林沃尔德说，他住在米兰达在巴西海岸边的家，因为当时的美国联邦法律拒绝承认同性婚姻，虽说现在承认了。米兰达做了格林沃尔德的记者助理。见到格林沃尔德本人，你就会发现，他性格温和，很好相处，非常健谈，为人和善。

然而，从职业角度看，格林沃尔德表现得要大相径庭：他对抗意识强、做事绝不后悔、说话尖酸刻薄、思辨严格缜密。对于他认为美国官场存在的那些虚伪，他一直毫不留情加以针砭。对小布什政府以及后来的奥巴马政府，他则是黄蜂一样勇猛犀利的批判者。他对华盛顿的不光彩记录发动了猛烈的抨击。公民权利、无人机空袭、对外战争、美国与穆斯林世界灾难般的交战、关塔那摩监狱、美国的“全球酷刑计划”——所有这些都曾是格林沃尔德如椽巨笔下的主题。在他的长篇巨制中，在他有时如疾风暴雨般的网帖里，他记录了据称是美国政府在世界各地所犯下的罪行。格林沃尔德在隐私这个问题上的仗义执言，使他差不多成了批判政府监控行为的最知名的美国批评家。

支持他的人认为，他与勇敢的小册子记者托马斯·潘恩[1]一脉相承，沿袭了他的革命传统，是个激进派英雄。仇视他的人把他视为眼中钉，认为他是个“活动分子”，甚至是个叛徒。他有两部著作，跟小布什时期的外交政策和滥用行政权有关。第三部著作《部分人的自由与正义》（*With Liberty and Justice for Some*）（2011），讲述的是美国刑事司法制度中的双重标准。在此书中，格林沃尔德很有说服力地辩称：在美国，对于无权无势的人，有一套规则；对于有权有势的高官，又有另一套规则，他们总是可以违法而不受追究。这本书探讨了一个对他和斯诺登同样重要的主题：小布什政府正在推行的非法窃听丑闻，以及无人因此遭到惩戒的事实。

2012 年 8 月，格林沃尔德离开 Salon.com，加入《卫报》，成了一名自由撰稿专栏作家。这是个不错的结合。该报总编艾伦·拉斯布里杰认为，《卫报》应提供一个评论空间，有别于其他多数的美国报纸，不过于看重职业界限和客观性——而这两项却恰恰塑造了美国新闻业的特质。跟其他媒体机构相比，《卫报》更多地接纳了最新的数字科技，意识到它们已经

[1] Thomas Paine（1737—1809），英裔美国思想家、作家。他曾做过裁缝、教师、税务官员，后来投身欧美革命运动。他撰写的铿锵有力并广为流传的小册子《常识》（1776）极大地鼓舞了北美民众的独立情绪。后来受到法国大革命影响，潘恩撰写了《人的权利》，成为启蒙运动的指导作品之一。美利坚合众国的国家名称（The United States of America）也出自潘恩，他被视为美国开国元勋之一。——译者。

极大地颠覆了旧的秩序。

拉斯布里杰指出："我认为，我们更乐于接受这样一个说法：通过集纳来自不同发表平台上的不同风格的多种声音——不一定都得是传统记者的声音，报纸可以更好地讲述这个世界的故事。这正是格林沃尔德能够加入《卫报》的原因。"

因此，格林沃尔德本人代表的是一场辩论。他的存在说明，在 21 世纪崭新而喧嚣的数字社会，在人人均可自行发文（自媒体的社会），在充斥博客作家、公民记者和推特写手的世界里，当一名记者究竟意味着什么。有人将这个游离于主流媒体之外的数字生态系统叫做"第五等级"（Fifth Estate），以呼应传统新闻界为"第四等级"的说法。好莱坞甚至于把这个名字用在了一部有关维基解密的电影之中。

但是，拉斯布里杰补充说："格林沃尔德并不太喜欢被称为'第五等级'成员，主要因为无论政界、法律界还是新闻界，都力求将各种保护措施（譬如，对线人或秘密的保护措施）限定于他们所认为（并努力定义）的'善意记者'上。但是，很显然，他的确在新老两个阵营都有驻足。"

无疑，格林沃尔德从事新闻，采用的是一种"带有倾向性"的手法。但按他的说法，这么做是以事实、证据和可验证数据为基础的。通常，他会用细节来抨击对手，并努力在美国的"事实验证堂"（如《华盛顿邮报》和《纽约时报》）中寻求更正。

比尔·凯勒曾是《纽约时报》的一位编辑，在跟他颇具启发意义的一次谈话中，格林沃尔德承认，"现有的媒体机构"在最近几十年中确实做过一些"精彩报道"。但他认为，美国新闻业的默认模式（也就是，记者抛开其主观看法，以谋求更高级别的真理）造就了"糟糕透顶的新闻"和不好的习惯。其中包括过度顺从当时的执政当局，为求"平衡"而错误地将正确的观点等同于不正确的观点。

记者不能持有观点，格林沃尔德认为这个想法"太虚幻"。他特别鄙视某一特定阶层，即那些在他看来作为白宫走狗的记者阶层，他称之为"卑鄙小人"。他坚称，华盛顿哥伦比亚特区的记者团不是在督促权力阶

层履行职责，而是在频繁扮演侍臣的角色。

然而，凯勒跟其他一些有思想的编辑一样，对“倡导新闻学”[1] 有他们自己的批判认识。凯勒说：“问题是，你一旦公开声明自己的‘主观假设和政治价值观’，人的本性就会导致你想要去捍卫它们，你就经不住诱惑，会对事实偷工减料，会捏造观点立场，以支持自己声明的立场。”

在随后几个月时间里，格林沃尔德风格的“倡导新闻学”将会面临严格的公众监督，让他颇有些始料不及。

2012 年 12 月，格林沃尔德收到一名读者发来的电子邮件。这封邮件并没有什么特别之处，他每天都会收到几十封类似邮件。发信人并未亮明自己的身份。他（或她）写道：“我手头有些东西，你可能会感兴趣。”

格林沃尔德回忆说：“他的意思很含糊。”

这个神秘来信人提出了一个不寻常的要求：他让格林沃尔德在笔记本电脑上安装 PGP 加密软件。安装完毕并执行后，该软件可以让双方在网上进行加密聊天。如果正确使用，PGP 软件可以保证谈话的私密性（PGP 是英文 Pretty Good Privacy[绝好的私密性] 的首字母缩写），从而防止第三方发起中间人攻击。这位线人并未解释采取这一奇怪措施的原因。

格林沃尔德并未表示反对。一段时间以来，他就一直盘算着要安装一个工具软件，是那种在调查记者、维基解密以及怀疑被政府监听的人群中广泛使用的软件。但有两个问题需要解决：第一，格林沃尔德承认，“我基本上是个技术盲”。第二，他有一种挥之不去的感觉，认为那种坚持要加密的人，可能有点疯狂。

几天后，来信人又发来一封邮件。

[1] advocacy journalism，又称倡导性新闻主义，兴起于 20 世纪 60 年代末、70 年代初的一种关于新闻报道样式的理论，提倡记者在新闻报道中表现出明确的党派立场，通过新闻报道的形式来评述社会事实，内容中既要有强烈的价值判断，又要有实际的事实材料。它是新闻报道和评论的混合物。——译者

他问道："装好了吗？"

格林沃尔德回答说没有。他要求再给他点时间。几天时间过去了。

又来了一封邮件，再次问道："装好了吗？"

这位不明身份的来信人显得有些沮丧。他尝试采取不同的策略。他制作了一个 YouTube 私人教程，一步一步地教他如何下载正确的加密软件，细致到了连傻瓜都能学会的程度。这段视频跟可汗学院[1]制作的那类教学视频没有多少共通之处，因为其作者是匿名的，作者本人也并不出现在视频之中，其中只有一套用法指令而已。格林沃尔德说："我看到只是电脑屏幕和图像，连手都没有看到。他显得非常谨慎。"

这位自由撰稿记者观看了视频，但迫于其他事务，并没有来得及遵照指令去做。他忘了这件事。格林沃尔德说："我想要做这件事，我跟黑客之类的人物有很多的合作。"但归根结底，"他做得还不够，还不足以进入我的优先名单。"

5 个月后，在香港接头期间，格林沃尔德意识到，早在 2012 年就跟他联系过的那位准线人，正是爱德华·斯诺登。斯诺登是格林沃尔德的读者之一。他喜欢格林沃尔德的世界观，仰慕他的才华和对政府不屈不挠的精神，于是试图跟他联系，却没能成功。"斯诺登对我说：'我简直不能相信，你压根儿就没有照办。这就像是说：'去你的吧，白痴。'"

斯诺登身在夏威夷，离巴西有万里之遥。直接见面根本没有多大可能。网上联系是必须的。但格林沃尔德的事务太过繁忙，甚至没空去完成斯诺登简单的加密要求。这位揭露者一定显得非常沮丧。格林沃尔德说："他一定在想：'我他妈的甘冒巨大风险，舍生忘死，来搞这桩史上最大的安全泄密，而他（格林沃尔德）居然连加密这点小麻烦都不愿意。'"

由于没有及时安装 PGP 软件，几个星期毫无意义地过去了。斯诺登似

[1] Khan Academy，由孟加拉裔美国人萨尔曼·可汗创立的一家教育性非营利组织，主旨在于利用网络影片进行免费授课，现有数学、历史、金融、物理、化学、生物、天文学等科目的内容，拥有超过 2000 段教学影片。——编者

乎找不到安全渠道跟格林沃尔德取得更深入的联系。格林沃尔德对此一无所知，继续在他偏远的山居里起草他的辩论稿。来自山林的野猴时常入侵打劫，寻衅跟院子里的狗开战，或朝着它们扔树枝，或退缩到茂密的竹林里。有时，格林沃尔德会陪动物们一起打发时间。他说这是一种很好的消遣，可以让他暂时远离政治，远离无休无止的推特文章。

2013 年 1 月底，斯诺登尝试用一种新方式跟格林沃尔德联系。他发了电子邮件给劳拉·珀特阿斯，希望打开一条通道，匿名跟这位纪录片制片人取得联系。珀特阿斯是格林沃尔德的朋友，也是他的亲密合作者。珀特阿斯是另一个对美国的安全政策提出严厉批判的领军人物，同时也是最深受其害的人之一。

近 10 年来，珀特阿斯一直忙于制作一套三部曲长篇电影，内容是关于“9·11 事件”以来的美国。第一部是颇受好评的《祖国，祖国》（*My Country, My Country*）（2006），影片描述了美国入侵以后的伊拉克，讲的是一位逊尼派伊拉克医生的故事，他曾在 2005 年的后萨达姆时代选举中被提名为总统候选人。影片温情、感人、发人深省、敢于揭露现实，是一部浅显易懂的作品，曾于 2007 年被学院奖[1]提名。

珀特阿斯的第二部电影叫做《誓言》（*The Oath*）（2010），摄制于也门和关塔那摩海湾。它讲述的是两个也门人的故事，他们在小布什的反恐战争中遭到拘捕。其中之一的萨利姆·哈姆丹，被指控曾是本·拉登的司机，他被囚禁在关塔那摩监狱。另一位是哈姆丹的妹夫，曾担任本·拉登的保镖。通过他们，珀特阿斯得以对黑暗的“布什—切尼时代”发起一场有力的现实主义批判。

美国官员的反应令人惊奇。从 2006 年到 2012 年的 6 年间，珀特阿斯每次进入美国，都会遭到国土安全部特工的拘禁。她说，这种情况发生了约 40 次，每次特工都会讯问她，没收她的手提电脑和移动电话，要求她

[1] Academy Award，全称“美国电影艺术与科学学院奖”（The Academy Award of Merit），每年由美国电影艺术与科学学院组织与颁发（Academy of Motion Picture Arts and Sciences，AMPAS），即人们通常称之为“奥斯卡奖”（Oscar）。——编者

供述都见过什么人。他们会抢走她的照相机和笔记本。有时，她会被关押三四个小时。但他们从未找到任何罪证。

2011年，有一次，她在纽约肯尼迪国际机场被挡了下来。她引述宪法《第一修正案》，拒绝回答有关她工作的任何问题。边防特工对她说："如果你不回答我们的问题，那我们会在你的电子资料里找出答案。"

现在，珀特阿斯采取了新的策略以回应此种骚扰。她成了加密技术专家。她学会了保护线人材料和敏感信息的方法。鉴于国家安全局无孔不入的监视能力，她知道为什么此举有时候会特别重要。她不再携带电子产品出门旅行。识时务者为俊杰，她决定在美国之外的其他地方编辑完成她的下一部电影。于是，她临时搬到了德国的首都柏林。

2012年，珀特阿斯正在做三部曲结尾部分的工作。这一次的主题是美国以及监控行为在美国国内的惊人发展。她的采访对象之一是威廉·宾尼，他是国家安全局的一位揭露者。宾尼是位数学家，曾在国家安全局工作了近40年，帮助国家安全局实现了对外监听工作的自动化。他于2001年离开国家安全局，并开始检举美国国内的监听行为。

那年夏天，珀特阿斯为《纽约时报》网站制作了一部短片，介绍了她的电影制作进程。在同时发表在《纽约时报》上的文章中，她描述了作为国家安全局"目标"的感觉。

在另一个遥远的地方，斯诺登目睹了珀特阿斯所遭遇的粗暴对待。他知道她是谁，她经历了什么。后来，当《纽约时报》记者彼得·马阿斯问他为什么选择接近格林沃尔德和珀特阿斯，而不是《纽约时报》的时候，斯诺登回答说："'9·11事件'之后，美国很多最重要的新闻机构放弃了其监督权力的角色，放弃了其挑战政府过度弄权的新闻责任，因为它们担心被视为不爱国、担心在民族主义高涨阶段遭到市场的惩罚。从商业角度看，这显然只是个权宜之计，但对机构有益的东西，结果有可能会让公众付出高昂代价。目前，这些主要新闻机构只是从这一寒冷阶段中刚刚复苏而已。"

他接着说："在此期间，劳拉和格伦是敢于报道这些争议话题的为数

不多的记者，即使面对咄咄逼人的人身攻击，他们依旧无所畏惧。尤其是劳拉，她还因此成了他们打击的对象……面对极有可能是记者所能接受的最具威胁性的任务，她展示了妥善处理问题的勇气、经验和技能，坚持报道了世界上最强大的政府正在秘密进行的不当行为，这使她成为我的不二人选。”

在柏林，看着斯诺登刚刚发来的电子邮件，珀特阿斯陷入了沉思。邮件中说：“我是美国情报界的一名资深成员。你不会因此白费时间……”（这番话有些言过其实，倒不是说斯诺登接触秘密资料的等级，而是指他的职务级别，因为他当时只是一个级别相对较低的基础分析师。）斯诺登向她索取密钥，她给了他。她同时还采取了其他措施，以便让斯诺登（当时仍是个匿名线人）放心，让他知道她懂得如何进行安全通信。“我很快来了精神，”她说，“当时，我想的是，这件事，要么是真，要么就是个圈套。我的大脑分成了两半，有一半他妈的是在想，感觉这应该是真的。”

珀特阿斯写道：“我不知道你是真的，还是疯了，或是想要给我下套。”

斯诺登回答说：“我并不打算向你问任何事情。我只是想要告诉你一些事情。”

珀特阿斯问斯诺登是否见过她的档案，记录她进入美国时遭到扣押的档案。他说没有，但他的确解释说，他“选中”她，是因为她经历过那些骚扰。他说，安全机构有能力跨国、跨城、跨街道跟踪监视“任何人”，不仅仅是珀特阿斯。“我赌你不喜欢这样的体制。只有你能讲述这个故事。”

说起来，珀特阿斯在刚开始的时候，要远比斯诺登紧张、多疑。她怀疑美国政府在设计一个复杂阴谋，要算计她。同时，在夏威夷，斯诺登也采取了极端的防范措施。他从不在家里或在办公室跟外界联络。珀特阿斯说：“他直言说，他很不好联系。他要换个地方才行。他并不是从普通网络上跟我联系的。他制造了一些‘烟雾’。”

她继续收到电邮。差不多一周一封，通常是周末的时候到，那是斯诺登能够脱得开身的时间。发件人语气严肃，尽管不时也有幽默。有一次，

斯诺登曾建议珀特阿斯把手机放进冰箱里。她回忆说：“他文笔很不错。他的信写得很好。我所收到的每封信都像是个惊险故事。”斯诺登热切想要保持定期信件往来，但他显然发现很难找到安全的地方打字。他口风也很紧，绝口不提个人的事情。

随后，斯诺登抛出了一枚炸弹。他说，他手里掌握了《第20号总统政策指令》，那是2012年10月发布的一份长达18页的绝密文件。上面说，奥巴马秘密下令，要求其高级国家安全和情报官员起草一份美国发动网络攻击的潜在海外目标清单。不是防御，而是攻击。他说，国家安全局在监听光缆，拦截电话基站，展开全球规模的监听行动。他能够证明所有这一切。“我差点晕倒。”珀特阿斯说。

这时，她想要做的，就是找一些信得过的联系人，帮忙验证这些说法。在纽约，她咨询了美国公民自由联盟（ACLU）。在西村用餐的时候，她与《华盛顿邮报》的巴顿·格尔曼进行了一番谈话。格尔曼是位国家安全问题专家，认为珀特阿斯的线人听起来像是在说真话。但格尔曼还有些含糊其辞。与此同时，线人明确表示，他希望格林沃尔德也能够参与进来。

回到德国，珀特阿斯超级小心翼翼地采取了行动。她的推测不无道理，她被列入了美国驻柏林大使馆的监控清单。由于新近拍摄纪录片的缘故，珀特阿斯跟华盛顿的眼中钉朱利安·阿桑奇一直保持着联系。从2012年夏天起，阿桑奇就躲进了驻伦敦的厄瓜多尔使馆。考虑到她的朋友圈子，以及她成为美国安全机构“感兴趣的人”的种种其他原因，她确信任何常规通信方式都会遭到监控。电话不行，邮件不安全。那她怎样才能跟朋友格林沃尔德取得联系，跟他谈谈这个神秘的来信人呢？

必须得亲自跟他见见面。3月下旬，她回到了美国。在那里，她给格林沃尔德发了条手机短信，建议双方见个面，随身不要带任何电子设备。

这时正赶上格林沃尔德需要飞往纽约，跟美国的穆斯林人权组织美国伊斯兰关系委员会谈话。于是，在扬克斯市，两人在格林沃尔德入住的万豪酒店大堂里见了面。谁也不会想到，这个美国情报史上“可怕的”最重

大的泄密事件，其第一步会在这里迈出。

珀特阿斯给格林沃尔德出示了两封电子邮件。她并不知道，这个不明身份的线人已经尝试过跟格林沃尔德本人取得联系。他真实存在吗？或只是个试图给她下套的骗子呢？珀特阿斯既兴奋又紧张，很想弄清楚究竟。“邮件没有提供任何细节。线人没有自报身份，也没有说在哪里工作。”格林沃尔德说。

邮件没有提供事实，而是提供了一份激进的个人宣言，一份思维蓝图，阐明了线人打算泄露密级材料的原因，以及此举将不可避免地带来改变他人生轨迹的后果。“这个宣言表明了他在哲学意义上希望实现的目标，以及他甘愿冒此风险的原因。”格林沃尔德说。线人似乎是可信的。“不知怎么的，我和劳拉都本能地感觉到，这个宣言里包含大量真实的激情。我们都意识到邮件是真实的，其语气显得机智而老练，而非混乱而疯狂。”

来信人的形象慢慢浮现出来：一个头脑聪明、有政治智慧、能够保持理性的人，一个酝酿良久、成竹在胸的人。线人一个阶段一个阶段地揭示他的计划。珀特阿斯和格林沃尔德只得等待新阶段的到来。“他给人的感觉是，他在冒巨大的风险，他要揭露的东西事关重大。”格林沃尔德说，“他不像是个轻率或有妄想症的人。”

跟珀特阿斯说话的同时，格林沃尔德勾勒出了他自己需要采取的下一步行动。他说，要让这个故事具有冲击力，需要人们关注它。只有在线人能够展示令人信服的证据，证明国家安全局的行为违法，或证明其有着远超民主授权的不当行为时，人们才会去关注这个故事。做这件事，最好的办法，就是把那些国家安全文件弄到手：没有这些东西，就很难敲开解决问题的大门。

线人的行为有些出乎意料。珀特阿斯本来以为，他会继续保持匿名状态。毕竟，贸然现身会给他招来各种官司。然而，斯诺登告诉她：“我并不打算撇清干系。我希望，你在我背上画上一个靶子，然后告诉全世界，我一人做事一人当。”

在另一封邮件中，斯诺登说，获取文件的“困难阶段”已经过去，但

一个截然不同的危险阶段正在来临。"我能够感觉到其中的危险，"珀特阿斯说，"他担心，他的朋友和家人会遭到牵连。他不想继续匿名。他不想让其他人承担责任。"

斯诺登似乎知道，自己的行动可能会招致牢狱之灾。他提醒说："你们期望不要太高。在某个时候，你们会没法再跟我取得联系。"

信任关系建立起来之后，珀特阿斯告诉斯诺登，说想要采访他。她告诉他，他需要明确表明，他为什么要冒此风险，这很重要。

斯诺登从未想过要接受采访。但这倒是个好主意：他的目的就是要将文件公告天下。他说，把这些材料泄露出去的想法已有4年了。在一段时期，他曾考虑将资料提供给阿桑奇。最终他还是打消了这个念头。维基解密的提交网址已经崩溃，并且阿桑奇本人也处在监听之中且被困在外国使馆。虽说阿桑奇懂得一些安全技能，但斯诺登意识到，要穿越重重障碍跟他联系，将会非常困难。

2013年晚春，打算跟两位记者进行一次决定性会晤的念头，出现在他的脑海里。

"我需要6到8个星期的时间来为这件事做准备。"斯诺登写道。

"这件事"到底是什么意思，这在当时并不清楚，让人有些着急。珀特阿斯回柏林了。格林沃尔德也回到里约热内卢，继续自己的生活。那个影子一样的线人很有趣，但是，跟很多新闻标题一样，"这件事"也可能并不像表面上那么诱人，它有可能是新闻工作中很多的"抢跑"现象之一。"我并没有闲坐在那里想象是怎么回事。他有可能就是个骗子。"格林沃尔德回忆说。时间一个星期又一个星期地过去，出现情况的可能性不是在增加，而是在减少。"我几乎把它抛在脑后了。我当时真的根本就没有把它当回事。"

4月中旬，格林沃尔德收到珀特阿斯的一封电邮，告诉他准备接收一份联邦快递。在此期间，两人不曾有过多少联系，格林沃尔德也还没有安装加密软件。但是，那份联邦快递表明，情况在发展，且正如格林沃尔德

所说，“飞鹰终于着地了。”

快递到了，里面是两个U盘。格林沃尔德首先想到的是，这些USB存储器里面一定是些经过层层加密的绝密文件。事实上，里面只有一个安全工具，让格林沃尔德安装一个基本的加密聊天程序。

斯诺登再次联系了珀特阿斯：“你应该来一趟。我要跟你见个面。但这是有风险的。”

现在进入他们计划的新阶段。斯诺登打算透露一份真实文件，它将揭示国家安全局与大型互联网公司在一个叫做“棱镜”（PRISM）的秘密计划框架下开展的合作。“要是见到这份材料，你心脏病都会发作。”斯诺登声称。

斯诺登并不希望珀特阿斯直接参与其中。相反，他让她推荐其他的记者，让他们发表这份文件，而不提及他的名字。他想把网撒得再大一些。

珀特阿斯再次飞往纽约，指望跟她想象中的高级情报官员见面。她想当然地认为，这次会晤会在美国东海岸某个地方进行，极有可能是在巴尔的摩，或是马里兰州乡间的小屋。她要求至少给她半天时间录像，理想的话，给她一整天时间。随后，线人给她发送了一份加密文件。里面是关于“棱镜”计划的PPT。然后是第二份文件，但内容让人大吃一惊：“你的目的地是香港。”

第二天，珀特阿斯收到另一条消息，其中线人第一次报上了他的名字：“爱德华·斯诺登”。

这个名字对珀特阿斯并没有什么意义。她知道，如果到谷歌上搜索斯诺登这个名字，国家安全局会立刻警觉。附件中有一幅地图，一套接头流程，以及一条留言：“你会知道，我是谁，他们会如何评价我，以及我手头有什么消息。”

斯诺登随后使用新的加密渠道，联系了格林沃尔德本人：“我一直在跟你的朋友合作……我们需要谈一谈，急。”

终于，这位揭露者要做一件差不多6个月以来他一直渴望的事：直接而安全地联系上那个难以捉摸的作家。他显然对格林沃尔德的工作非常熟

悉。二人开始聊天。斯诺登写道 :“你能来一趟香港吗？”

这个要求让格林沃尔德感觉有些奇怪，让他觉得“真的很困惑”：一个替美国安全机构干活的人，会在香港做什么呢？那可是英国的前殖民地、共产党中国领土的一部分、一个远离米德堡军营的地方。“我不明白，香港跟这件事有什么关系。”格林沃尔德说。他的本能告诉他，什么都别做。他在忙一些事情，在当时很重要的一些事。一本书的截止日期也快到了。“我有些犹豫不决。”他说。

斯诺登再次联系了珀特阿斯，试图通过她让格林沃尔德能够“立刻”飞往香港。

斯诺登独自坐在中国酒店的房间里，等着随时可以曝光秘密。他变得越来越抓狂。他计划携带一批美国国家安全局和英国政府通信总部的绝密文件出逃。迄今为止，这个计划已经轻松实现。他本来认为这应该是很困难的事情。然而，他本认为将资料交付给有同情心的记者，应该是很容易的事，但办起来却还有些棘手。

格林沃尔德通过聊天软件联系斯诺登 :“我想掌握一点更为实在的信息，明确为什么我要去香港，为什么值得我去？”

在接下来的两个小时里，斯诺登一直在给格林沃尔德解释如何启动台尔斯系统[1]。这是最为安全的通信形式之一,使用的是匿名的洋葱路由网络技术。最后，系统终于安装成功。

随后，斯诺登话锋一转，漫不经心地写道 :“我要给你发几份文件过去。”

斯诺登的见面礼是一个文件包，里面有大约 20 份从国家安全局核心禁区弄来的文件，大多盖有“绝密”字样。其中包括“棱镜”计划的幻灯片，还有可填补有关“星风”计划所空缺信息的文件——这个计划是格林沃尔德新书中研究高层豁免权问题的重点案例。

[1] Tails，是 The Amnesic Incognito Live System 的缩写。通过使用洋葱路由（Tor）技术，这套免费实时系统可保护隐私和提供匿名功能，供用户随时随地使用互联网而不留下任何痕迹，也很难被追踪到。——编者

简而言之，那可都是些宝贝，包含了丰富而不同寻常的资料。粗略看来，那些资料表明，国家安全局在其国内监控活动的性质问题上误导了国会，而且极有可能在国会面前撒了谎。格林沃尔德说："我常喜欢将人与狗的行为进行类比。斯诺登对待我像对待狗一样，他在我鼻子前面放了一块饼干。他给我看了从国家安全局弄来的绝密计划。这种事简直令人难以置信，因为国家安全局从未泄过密。它足以让我兴奋得喘不过来气。"

斯诺登很聪明，他暗示格林沃尔德，这只是开始而已——他手头还掌握着大量的秘密。格林沃尔德现在算是明白了。他拿起电话，给珍妮·吉布森拨了过去，吉布森是位于纽约的《卫报》美国分社的总编。格林沃尔德告诉她有急事。当格林沃尔德开始解释国家安全局文件的事儿时，吉布森打断他说："我觉得，咱们还是别在电话里讨论这件事。"她建议他到纽约来。

两天后，5 月 31 日，星期五，格林沃尔德从里约热内卢的加利昂国际机场飞往纽约肯尼迪机场，径直去了《卫报》在美国苏豪区[1]的总部，坐进了吉布森的办公室。他说，去一趟香港，就会让《卫报》把那位神秘线人的情况弄个水落石出了。

线人可以帮忙解释泄露的文件。那些文件的技术性太强，谈到的一些计划、拦截技术与方法，国家安全局以外的人几乎一无所知。它们大多并非由人类的语言写成，而是用了某种奇怪的词汇，只有使用者本人才知道其意思。部分内容根本看不懂，就跟古亚述人的楔形文字一样。

"这可是件非常严肃的事情，也是能够想象到的最让人激动的事情。"格林沃尔德说，"斯诺登挑选了一些让我激动不已的文件。《卫报》的所有同仁都有同感。有些文件看一眼就根本让人无法忘怀，而我们手头掌握的却只是冰山一角。"

斯图尔特·米拉，《卫报》美国分社的副总编，也加入到了讨论之中。两位报业高管感觉到，斯诺登的宣言让人感觉高度紧张。这位线人以故作

[1] SoHo，是纽约市曼哈顿的一个区域，以北面的休斯敦街、东面的拉斐特街、南面的运河街和西面的瓦瑞克街为界。该地名"SoHo"是"South"和"Houston"的开头融合而成，意为"south of Houston Street"。——编者

严肃的言辞，谈及了他的个人哲学，以及他行将踏上的那条灾难性的不归之路。事后看来，斯诺登说话的口吻完全可以理解，毕竟他将成为全世界头号通缉犯。

但是，对《卫报》的编辑们来说，他们意识到，搭上这辆便车，前途可能困难重重：他们会招致国安局、中情局、联邦调查局、白宫、国务院以及多个其他政府部门的愤怒。按官方可能的说法，这些其他的神秘部门很多压根就不存在。

吉布森和米拉就一件事情达成了共识：查实线人详细信息的唯一办法，就是亲自跟他会面。格林沃尔德第二天将飞行 16 小时前往香港。而珀特阿斯也要独自前往那里。但是，吉布森却指示让第三个人加入这一团队。他就是《卫报》驻华盛顿的资深通讯员埃文·马卡斯基尔，一位 61 岁的苏格兰人，一位经验丰富的专业政治记者。他办事冷静，待人谦恭，大家都很喜欢他。

但珀特阿斯不喜欢他。她极其不悦。在她看来，多一个人，有可能会把那位线人吓跑，因为线人本来就已经紧张不安。马卡斯基尔的出现有可能会使线人跟他们疏远，甚至于把整个行动给搞砸了。“她一直坚持不能这样做，”格林沃尔德说，“她给彻底气疯了。”格林沃尔德设法从中斡旋，但没有成功。在启程的前一晚，珀特阿斯和格林沃尔德有史以来第一次大吵了一架。二人闹得很僵。当时，格林沃尔德的想法是，让马卡斯基尔扮演《卫报》的法人代表，扮演一个做事小心翼翼、有些呆板的人。但后来他才发现，这位苏格兰人实际上是他们三人中最为激进的一位，他是一个随时想要迎合公众趣味、主张能发多少算多少的人。

在肯尼迪机场，这个混搭三人组登上了一架国泰航空（Cathay Pacific）的航班。珀特阿斯坐在机舱后部。这趟旅途她是自掏腰包。格林沃尔德和马卡斯基尔则由《卫报》买单，他们坐在靠前面的豪华经济舱。“我讨厌跑长途！”格林沃尔德说。他指出，自 48 小时前从巴西到纽约以来，他就没有怎么睡过觉。

CX831 航班沿跑道加速起飞的那一刻，三人有一种如释重负的感觉。

上了天，就不再有互联网——至少在2013年6月是如此。在那一天，在那样一个空间，即使是无所不能的国家安全局，也无法渗透进来。安全带信号灯一灭，珀特阿斯就前往豪华经济舱，去找格林沃尔德，他座位的前面还有空地。她带来了一个双方都急切想要打开的礼物：一张USB闪存盘。斯诺登通过安全方式，给她发送了第二批国家安全局秘密文件。这一批数据，较之先前作为“见面礼”的第一批，要大得多，里面包含了3000—4000份文件。

旅途的其余时间，格林沃尔德一直在阅读这些新文件。睡觉是不可能的了。他对这件事着了迷：“我的眼睛一刻都没有离开过电脑屏幕。我的肾上腺素达到了极值。”当其他乘客睡着的时候，珀特阿斯不时从自己在机舱后面的座位走上前来，对着格林沃尔德微笑。“我们在一起咯咯欢笑，仿佛学童一般。我们在一起尖叫，相互拥抱，来回舞蹈。”他说，“是我怂恿了她的喧闹。”他们的欢庆举动吵醒了身边的几位乘客，但他们丝毫不关心发生了什么。

一开始大家只是想试试运气，但现在，这些资料即将成为最独一无二的重大新闻。斯诺登所揭示的东西，看来越来越像是一帘幕布，它正在戏剧性地展开，向人们揭示事情的真相。当飞机即将着陆的瞬间，当香港纷繁的灯光在下方闪烁的时候，他们第一次有了一种确信无疑的感觉。格林沃尔德不再有任何怀疑。斯诺登是真实的，他的消息是真实的，一切都是真实的。

4 “迷　宫”

马里兰州　米德堡
国家安全局
2001—2010 年

“这一能力随时会被用来针对美国人民，届时美国人将毫无隐私可言。这就是监控一切的能力：电话、电报，这些都不在话下。人们将无处可逃。”

——参议员弗兰克·丘奇

正如维基解密的朱利安·阿桑奇所言，不知不觉中，互联网复杂的网络已经变成“世上迄今出现的最庞大的间谍机器”。

国家安全局的使命是从全球各地搜集信号情报，包含一切电子信息：电台、微波、卫星信号以及互联网通信。这种秘密监控完全是在被监控者不知情的情况下进行的。该局在世界各地的美军基地、美国使馆以及其他各处，都设有监听站。

美国政府缔结了一个独特的情报共享计划——“五只眼”。

国家安全局将尽其所能地搜集数据。外国人与美国人间通信的联系链环得到强化，甚至外国人之间的通信在过境美国时也被截收。该项目被冠以一个优雅的代号“星风”。

不仅国家安全局长海登，就连小布什总统本人都曾在2004年亲自给《纽约时报》施压，以制止报社透露该项目。

怀登说：“你要是触到这条鸿沟，你就摊上事了。”

有关美国最庞大、最有侵犯性的国内外监控项目的发展过程，就这样瞒过了美国公众，而这些项目正是以美国公众的名义开展的。

对世界互联网用户进行拖网式监控，其源头可以精确追溯至“9·11事件”。“9·11事件”中恐怖分子的暴行令美国惊恐而愤怒，从那时起，这种监控就开始了。接下来的10年中，英美两国都出现了侵犯个人隐私的新政治倾向。雨后春笋般的技术进步也使大规模的窃听行为更具可行性。

正如维基解密的朱利安·阿桑奇所言，不知不觉中，互联网复杂的网络已经变成“世上迄今出现的最庞大的间谍机器”。当然，他的说法稍显夸张，但在爱德华·斯诺登爆料之前，人们对这个现状的认识只是冰山一角。

美国最大、最秘密的情报机构——国家安全局——未能就基地组织2001年9月11日突袭纽约世贸中心双子塔提前发出预警。当时任局长的是迈克尔·海登，一位名不见经传的空军将军。

因此，作为全美所有16家情报机构的名义首脑[1]，中央情报局局长乔治·特尼特向海登提出质询。其实际提问者是副总统迪克·切尼，特尼特只充当信使的角色。这个问题相当简单：海登是否还能做得更多？特尼特和切尼想知道，海登将军能否更积极地利用国家安全局搜集电子通信和电话信息的超级能力，并用这种能力对付恐怖分子。

国家安全局成立于1952年。50年来，它已积累起近乎神秘的技术能力和数学专长，其实力和权力因而迅速膨胀。改革派参议员弗兰克·丘奇在20世纪70年代就警告说，国家安全局有能力“让暴政遍及全美”。

该局在马里兰州的近邻包括许多秘密或敏感的军事基地，如美军生物

[1]　2005年4月21日以前，中央情报主任（DCI，也译作“中央情报总监”）同时兼任中情局局长，是当时美国情报界名义上的首脑。从2005年4月21日起，该职位改成国家情报总监（DNI），不再兼任中情局局长一职。——编者

武器计划发源地德特里克堡，以及美国研发化学武器的埃基伍德兵工厂。但国家安全局是这个地区最神秘的单位，其预算和人员情况均属国家机密。

国家安全局的使命是从全球各地搜集信号情报，包含一切电子信息：电台、微波、卫星信号以及互联网通信。这种秘密监控完全是在被监控者不知情的情况下进行的。该局在世界各地的美军基地、美国使馆以及其他各处，都设有监听站。

国家安全局的能力之所以大增，其原因可追溯到二战刚刚结束之时。当时美国政府缔结了一个独特的情报共享计划——“五只眼”。在“五只眼”计划下，国家安全局和另外四个英语国家——英国、加拿大、澳大利亚和新西兰共享情报产品。在理论上，这些盟友相互之间并不进行监视，实际上它们却互不留情。

依照法律，国家安全局不可恣意妄为。美国宪法《第四修正案》禁止对美国公民开展非法搜查和抓捕。这种包括通信监听在内的搜查，仅能针对特定嫌犯进行，而且必须具备“合理依据”和司法许可。

这些保证措施并非无关紧要，也不过时。在20世纪70年代，尼克松总统证明了这种权力可以被滥用到何种程度：他制定了恶名昭彰的“光塔”（MINARET）计划，命令国家安全局窃听数名不讨他喜欢的美国人的电话。这项非法计划针对的国内目标包括若干参议员、拳王穆罕默德·阿里、作家本杰明·斯波克、女演员简·芳达、黑人活动家惠特尼·扬和马丁·路德·金，以及其他对可鄙的越战提出批评的人们。

“光塔”丑闻导致《对外情报监视法》于1978年诞生，这是一部影响深远的法律。依据该法，除非获得批准，国家安全局不得监听美国境内或美国人的通信。

在比国家安全局规模更小的英国伙伴——政府通信总部，工作更加轻松自在。由于英国宪法没有相关条文的限制，借助随意可用的保密幌子，政府通信总部总能轻轻松松地给内阁大臣们施加压力，随意获取他们所需的权力。2000年通过的《调查权监管法案》很快就获得“解释”，以授权政府通信总部在英国国土上开展大规模监控行动，并将结果提交美国国家

安全局——只要通信的一端为外国人即可这样做。

正如政府通信总部内部吹嘘，以及后来的文件所揭示的：“与美国相比，我们的监督体制要弱得多。”

放在 2001 年，这种情形当然没错。毁灭性的“9·11”恐怖袭击事件发生的 72 小时之内，海登就使美国国家安全局走到了现有法律授权的极限。

此次紧急事件当中，海登秘密授权该局将恐怖分子的电话号码，与美国的国际电话通信进行比对。“任务蠕变”[1] 迅速出现，两周后，国家安全局已获准将任何拨打过阿富汗电话的美国电话号码提交给联邦调查局。后来，国家安全局内部称海登这种已远超前任们所能容忍的行为，为“更具进攻性的权力运用”。

所以，2001 年，事件发生后，面对切尼和特尼特的质询时，海登被迫做出回应，却未能令他的老板满意。你还能采取何种措施？不能。在国家安全局当前的权限内，他不能再做什么。

随后，特尼特又在电话中问了海登一个后续问题：如果有了更大权限，你能做什么？

正如后来发生的，国家安全局能做很多很多。

在“9·11”袭击之前，国家安全局就已开展一项试验，但囿于《对外情报监视法》之限，试验被迫半途而废。这项实验的想法是，对搜集到的通信记录或元数据执行某种名为“联系链环”的行动。联系链环是在发送人、接收人与他们的联系人之间建立关联分析的一种方法。在不实际监听人们的电话或阅读其电子邮件的情况下，它可以缜密绘制出他们之间的联系图谱。早在 Facebook 出现之前，国家安全局就在摆弄社交网络，以期揭开“社交图谱”的面纱。

但其中有个问题。1999 年，司法部情报政策部门决定把元数据纳入《对外情报监视法》规定的电子监视范畴。这意味着联系链环只适用于非

[1] Mission Creep，指对任务或组织的原有目标进行逐步拓展，通常是在前面已取得成功之后。该词最初是军事行动的专有术语，后来也用于很多其他领域。最早出现在 1993 年有关索马里内战的联合国维和使命的文章中。——编者

美国人的通信，假如牵扯到美国人，国家安全局就违法了。

更复杂的是，甚至海外的外国人之间的电子通信传输也要经由美国，因为这种数据是被分成一个个的数字“包”进行传输，而不是通过电话线实现点对点的传输。全球的电信数据传输日益以这种方式实现。然而，《对外情报监视法》也要保护这种过境传输，因为它经过了美国国内。

然而，对海登、特尼特、切尼和小布什而言，“9·11事件”提供了一个解决问题的可能途径。在国会已被战争阴云遮住了双眼的时候，他们可以前往国会，要求修改《对外情报监视法》，寻求更大权力。在双子塔和五角大楼浓烟尚未散尽之时，国会对行政部门的授权异常慷慨。10月初，众议院以压倒性的多数通过了《爱国者法案》，授予联邦调查局更大权力以调查恐怖案件。当然，他们也肯定会举手通过《对外情报监视法》的修正案吧？

但是，小布什政府决定不公开寻求更大的权力。白宫只是指示海登秘密进行更大范围的监控。对此，国家安全局的官方记录进行了这样的猜测：“小道消息说，政府官员害怕《对外情报监视法》的修改会引起公众的讨论，从而会暴露情报来源和搜集情报的方法。”

这样，海登和国家安全局开始筹备一个新项目。该项目将跨越该局的传统权限，并在最严格的保密措施下进行。它包括四个方面：电话通信，电话元数据，互联网通信（如电子邮件和网络搜索等），以及互联网元数据。国家安全局将尽其所能地搜集数据。外国人与美国人间通信的联系链环得到强化，甚至外国人之间的通信在过境美国时也被截收。该项目被冠以一个优雅的代号“星风”，不过局里的某些技术人员喜欢称之为“大屁股图”(Big Ass Graph)。2001年10月4日，由于有小布什总统的授权和2500万美元的先期经费，“星风”正式启动，31日，万圣节前夕这个官方掩护名称才开始投入使用。

没有多少人知道“星风”。海登将小布什的指令藏于保险箱内。只有国家安全局的首席律师，还有实施该计划的约90名人员对其有所了解，并认为它合法。然而，该项目最初并没有得到法庭批准，甚至对外情报监

视法秘密法庭的首席法官直到 2002 年 1 月才风闻该项目。他的同事中，除一人外，都是在 4 年之后才对此有所了解。就连国家安全局内部的监督者——监察长，也是在 2002 年 8 月才知道有这一项目存在，那时该项目已实施近一年时间了。

国会多数议员同样被蒙在鼓里。最初的知情者仅限于参众两院情报委员会中的民主党与共和党高层。到 2002 年 1 月，国家安全局又通报了参议院拨款委员会领袖民主党人井上建和共和党人特德·史蒂文斯，该委员会控制着参议院的钱袋。直到 2007 年 1 月，国会山 535 名议员中只有 60 人有权了解“星风”项目。

但似乎从一开始，“星风”就获得了大型电话公司和互联网服务供应商的热情支持。事实上这至关重要。不同于昔日的苏联和今日的中国，美国政府并不拥有也不运营互联网光缆和交换机，甚至对路过美国领土的那部分也无权处置。这样，国家安全局想要获取电话和电子邮件记录，就必须依赖与这些公司的合作。

根据国家安全局的内部记录，在项目实施的第一个月，即 2001 年 10 月，未披露名称的“私营部门伙伴”就开始为该局提供来自海外的电话及互联网内容，一个月后，又开始提供美国境内的电话和互联网元数据。

各公司向国家安全局开放的通信流量极端庞大。经美国中转的国际长话，大约有 81% 由国家安全局所称的 3 个“企业合作伙伴”控制。对国家安全局而言，与电信企业发展密切的、秘密的伙伴关系并不新鲜。事实上，国家安全局自诞生之日起就一直以这种方式运行。这类长期伙伴关系，加上“9·11 事件”后激起的爱国情绪，给国家安全局带来了知音。例如，甚至早在“星风”项目正式启动前，3 个“企业合作伙伴”中的两家就主动联系国家安全局，问道：“我们能帮点什么忙？”

随后两年中，至少还有三家电信公司准备为“星风”提供支持——尽管压力已开始显现。由于某位法官的命令，对这类额外数据的需求并未出现。该项目只是国家安全局发出的单边要求，其依据只是司法部长约翰·阿什克罗夫特签发的通知。虽然阿什克罗夫特定期延长这一项目的期

限，但他并不是法官。这三家电信公司之中，一家仅对国家安全局提供了“最小程度的”支持，另两家更加犹豫不决。根据国家安全局内部记录，国家安全局曾要求一家提供电子邮件内容，却被以“公司责任问题”为由回绝了。另一家想要让外部律师介入，以评估其参与合作的合法性。国家安全局考虑到过度暴露的风险，于是撤销了要求。

司法部内部对这个项目的合法性也存有疑虑。据报道，司法部副部长詹姆斯·科米就曾在他的上司阿什克罗夫特生病期间拒绝为该项目延期。不仅国家安全局局长海登，就连小布什总统本人都曾在2004年亲自给《纽约时报》施压，以制止报社透露该项目。“布什政府不遗余力地将我们引入歧途，声称监控行动绝对合法。”埃里克·利希特布劳说。他和詹姆斯·莱森一道，随后在报纸上撰文曝光了该丑闻。

2005年12月，让国家安全局最担心的事终于发生了。《纽约时报》头版大标题写着：“布什让我们监听电话而不用负法律责任。”文章只是曝光了整个项目的一小部分。它侧重讲述了国家安全局未经许可拦截美国人的国际长途通话及电子邮件，但并未披露其对元数据的大规模搜集。本质上，正是这种搜集为国家安全局提供了美国境内所有人与他们海外关系的社交网络。

对此，小布什一边谴责《纽约时报》，一边积极为该项目公开辩护，称它是“9·11事件”后取得的最重大的情报胜利之一。更为狡诈的是，他仅确认了《纽约时报》报道的“星风”这部分内容，并冠之以一个拥有强大政治力量的新名称“恐怖分子监视计划”，从而使批评者陷入被动。

几乎和小布什的每项国家安全政策一样，随后的喧闹中不出意外地充满了党派纷争：共和党人倾尽全力捍卫这种未获授权的监听，认为这对挫败恐怖活动甚为必要；民主党人则视之为违宪恶行而对其大加谴责。

来自加利福尼亚的自由派少数党领袖、国会智囊，众议院情报委员会资深民主党人士南希·佩洛西曾参加2001年10月海登关于“星风”的早期汇报会。于是，小布什政府官员及盟友指责佩洛西抛弃了她曾为之宣誓保密的项目，暴露出他们伪善和机会主义的嘴脸。

佩洛西对此予以反击。她解密了她在“星风”项目开始实施数日后写给海登的一封信。在这封信中，她表达了不安情绪：“对支持你决定以适当的方式继续此项目的权力之充分性，我需要做进一步的法律分析，否则，我对此事的疑虑不会消除。”

此次泄密波及的不止佩洛西一人。《纽约时报》登出消息时，维托·波滕扎手头正好有个问题。作为国家安全局总法律顾问，波滕扎的职责之一就是联络电信及互联网服务供应商，让他们确信双方的合作是合法的。但很显然，在秘密状态时，维持这种协调要更容易。现在，由于媒体已披露了该项目，电信公司开始对他们在利润和法律上的麻烦忧心忡忡，但也并未考虑终止与国家安全局的合作。

一家服务供应商向波滕扎提交了一份可能的解决方案：不要请我们提供电话元数据，而要逼着我们提供。国家安全局的内部记录说：“该供应商更青睐由法庭庭谕来强迫他们这样做。”

于是，2006 年初，司法部和国家安全局律师们齐聚一堂，共同为国内电话元数据的搜集精心起草了一份秘密法律授权书，以便让这种搜集能经得起对外情报监视法秘密法庭的审查。此时，这个法庭正听取关于“星风”的汇报。其实，解决问题的答案，就在于《爱国者法案》中所谓的“商业记录条款”，即现已声名狼藉的第 215 款。

在“9 · 11”后通过的第 215 款，现已极受国内自由主义者的憎恶。按照该条款，政府有权迫使商业企业移交与“正在进行的”恐怖主义调查“相关”的项目或物品。将大量的元数据搜集硬套进这条法律规定之中，是玩了一个把戏。但把所有美国人的电话记录都与任何实际进行的调查发生关联，这是值得怀疑的。这类元数据更像是调查前产生的大量信息，为使调查线索合法化创造了条件。

对此，刚刚听取过汇报的对外情报监视法法庭却乐于接受。在 5 月 24 日发出的给众多公司急需的法庭庭谕的秘密决议中，对外情报监视法法庭的迈克尔 · 霍华德法官写道：“有理由相信，（国家安全局）寻求的东西与联邦调查局开展的授权调查威胁活动相关。”

2013年10月29日，在众议院情报委员会一次争吵激烈的听证会上，国家安全局继任局长基斯·亚历山大描述了他们与电信及互联网服务供应商之间的这些关系。“我们已请求业界予以帮助。请求？好吧，更确切地说，我们已通过法庭庭谕迫使业界以这种方式为我们提供帮助。”

也许更为准确的说法是，“业界”迫使亚历山大通过法庭庭谕来强迫业界合作。

接着，小布什政府在饱受争议的《对外情报监视法》修正案中为自己提供了更合法的掩护。这个修正案把截收美国人与外国人间的通信合法化，并加以保护。其中的“外国人”不必是恐怖主义嫌犯，他仅需被“合理地”怀疑具有对外情报价值；他也不必实际身在海外，仅需被“合理地”怀疑在截收发生时身在海外。每年，批准书由对外情报监视法法庭成批发出。

该修正案最重要的一个条款是，给予参与大规模监听行动的电信公司明确的法律豁免权。这种豁免既有追溯性，又有前瞻性。本质上，国家安全局的私营伙伴永远不会面对犯罪指控或经济处罚。

《对外情报监视法》修正案于2008年年中通过，此时总统大选正进行得如火如荼。这是国家安全局取得的一次重大胜利。以毫无法律依据的、完全由行政机构掌控的秘密形式开始的事物，现已赢得了国会的公开支持，尽管很多国会议员对其意义了解甚少。现在，国家安全局的词汇表中又多了个新条目“702”，指的是《对外情报监视法》修正案所改变的法律文本。该文本成为国家安全局进行大部分海外情报搜集，以及表面上与恐怖主义相关的情报搜集的法律依据。

公民自由主义者对这场他们曾经奋力争取却终于落败的斗争懊悔不已。美国公民自由联盟警告说，大规模的大宗通信搜集将接踵而至，其中会不可避免地涉及美国人，但这既不会引起个人的怀疑，我们也无法对其发起充分的法理挑战。这听上去如同英国殖民地时代颁发的通用搜捕状，而正是这种无理搜查和扣押触发了美国革命，美国宪法随之诞生。

2008年6月，众议院以293票对129票的绝对优势通过了《对外情报监视法》修正案，大多数反对票都来自民主党。但身在情报委员会的民主

党人都倾向于投赞成票，其中包括委员会资深委员简·哈曼，以及她的前任、现众议院议长南希·佩洛西，后者似乎已克服了早前的保留态度。

在参议院，该法案被以69对28票的绝对多数稳定通过。所有28名反对者都是民主党人。但值得注意的是，也有一些民主党人与国家安全局结成同盟。其中一个是黛安·范斯坦，她将于次年就任参议院情报委员会主席；另一个是杰伊·洛克菲勒，早前在《纽约时报》揭露监控活动时他曾公开指责监控活动，不过现在却投了赞成票。

第三个民主党人是21世纪初自由派的希望，来自伊利诺伊州、第一任参议员兼宪法学教授——巴拉克·奥巴马。他在2007年初期的总统竞选演说中曾作出承诺：“不再对美国公民实施非法监听。不再以国家安全信函[1]的形式监视无犯罪嫌疑的美国公民。不再跟踪仅对被误导的战争发表抗议的公民。不再为了便利而对法律视而不见。”

这位民主党酝酿中的总统提名人，也就是后来登上总统宝座的奥巴马，早在2008年7月9日就为《对外情报监视法》修正案投下了赞成票。

随着《对外情报监视法》修正案的通过，针对非法监听的政治争议已被边缘化，大家都对其种种后果异常关心。在奥巴马当政期间，偶尔也就监听举行投票——其实也就是对《爱国者法案》和《对外情报监视法》修正案本身进行修订投票——但几乎无人留意。奥巴马对他主持的大规模监控活动并未付出任何政治代价。

原因之一是《对外情报监视法》修正案通过以后，国家安全局的大规模监视活动在很大程度上又恢复到了秘密状态。除少数执著人士知道“星风”之名外，并无公开证据显示国家安全局正在秘密囤积所有美国人的电话元数据，也没有公开证据显示国家安全局已与所有大型因特网服务商达成全覆盖的协议，这就是已启动的名为“棱镜”的计划。

然而，警报仍然出现了。2011年，在《连线》杂志记者斯宾塞·阿克

[1] National Security Letter (NSL)，一种由联邦调查局（FBI）签发的行政密函，允许联邦调查局在不受法律监督的情况下要求相关企业提供客户的银行或通信信息，以用于国家安全调查。——编者

曼（他后来很快就任《卫报》国家安全版编辑）的访谈中，以及在对《爱国者法案》进行关键投票前的一次辩论演说中，来自俄勒冈州的民主党参议员罗恩·怀登（他也是参议院情报委员会委员）转弯抹角地说，政府对《爱国者法案》的秘密解读与法律文本大相径庭，似乎完全是另外一部法律，一部未经国会投票的法律。

“公众认定该法所说的内容，与美国政府秘密认定该法所说的内容之间存在一条鸿沟。”怀登说，“你要是触到这条鸿沟，你就摊上事了。”他还补充说，假如美国人民认识到这一差别，他们将会震惊，并惶恐。但怀登曾宣誓要严守机密信息，所以他拒绝把意思说得更具体。

尽管有众多怀疑和某些争议，但有关美国最庞大、最有侵犯性的国内外监控项目的发展过程，就这样瞒过了美国公众，而这些项目正是以美国公众的名义开展的。2013 年，当斯诺登登上飞往香港的飞机时，他手提电脑中的资料具有高度爆炸性。

5 屋中人

香港　弥敦道
美丽华酒店
2013 年 6 月 4 日 星期二

马卡斯基尔："你认为你会出什么事？"
斯诺登："绝无好事。"

斯诺登自己的防范措施非同凡响。

他在门缝处堆起枕头，以阻止任何人从走廊偷听；门两侧枕头都堆成柱状，贴着门底也堆了一层……离开房间，每次都用到一种经典的间谍技巧，并根据亚洲环境做了改进。他将一杯水放在门后，旁边是一张纸巾，上面用酱油画了一个独特标记。如果水溅到纸巾上，该标记就会变形。

斯诺登说他没上过大学，只上过马里兰州的一所社区学院……像斯诺登这样聪明的一个人如果没有学位，怎能如此快地取得这样一个重要的工作？在斯诺登的间谍生涯中，他似乎在相当短的时间内为每个机构都工作过——国家安全局、中央情报局、国防情报局，或作为承包商，或作为直接雇员。

斯诺登强调了他高于一切的信念：互联网应该是自由的。

他从明确的爱国角度考虑自己的行为。他认为，他的泄密行为不是叛国，而是对已经走火入魔的间谍系统的必要纠正。

但现在的问题是，《卫报》是否已做好准备将其发表？

马卡斯基尔对香港一点儿也不陌生。20世纪80年代初，他数次前往这块当时的英属殖民地，用的名字是袁麦（音）。这是他为《中国日报》撰稿时正式使用的中文名。那时，年轻的马卡斯基尔常驻北京。至少在理论上，他曾是中共宣传单位的一员。实际上，他是从爱丁堡令人肃然起敬的《苏格兰人报》借调过来的。因为他在报上发现了一则广告，这则广告说要招募讲英语的记者。

《中国日报》的工作比原来预想的要轻松，因为一切政治话题均为禁区。马卡斯基尔的职责是培训中国记者，目标是让他们制作出现代化的英文报纸。这段时间里他也有一些传奇经历。除撰写西藏粮食产量等必须发表的报道外，马卡斯基尔还采访了中国末代皇帝的弟弟溥杰，以及从中国这一边登上珠峰山顶的第一人。他还写到一位中国核物理学家在晚年——也许是为了打发时光——给孩子们设计了旋转木马。

马卡斯基尔回忆说："当时人们仍穿毛式中山装，骑自行车。"对在阴冷的格拉斯哥公寓房中长大的苏格兰年轻人而言，这是个充满异国情调的世界。

马卡斯基尔后来成为《卫报》最受人景仰的记者之一。在英国，因电话窃听、花言巧语、阴谋诡计和其他种种恶行，伦敦新闻界也许早已臭名昭彰，但马卡斯基尔却是个心直口快的人。在备受赞誉的生涯中，他从未做过任何不光明正大之事。他是极少数不符合亨伯特·沃尔夫[1]的这首短诗所描绘的记者之一：

[1] Humbert Wolfe（1885—1940），意裔英国诗人和作家，也曾做过英国政府公务员。他是20世纪20年代最受欢迎的作家之一，多位作曲家曾为其诗作谱曲。——编者

感谢上帝！

人们无法将英国记者贿赂或扭曲。

但是，看到未受贿之人所做之事，

那是因为机会没到来。

马卡斯基尔的正直品格也许与他的苏格兰父母有关，他们都属于自由长老会教派。该教派虽人数不多，但对罪孽却从不妥协。一家人都在虔诚的加尔文主义胜地——哈里斯的赫布里底岛度过炎炎夏日，这更加强化了他们的宗教信条。他是成长于20世纪50年代末的工人阶级少年，知道星期日要做礼拜，严禁跳舞、音乐和不正当性关系。当然说谎也是不对的。

15岁时，马卡斯基尔从书籍里获得了知识。他不再信仰上帝，不再前往教堂。（他的背叛发生于一个星期天，那次牧师在整场布道中一直喋喋不休地谈论长发的罪恶，而马卡斯基尔是当时所有会众中唯一一个头发蓬乱的少年。而且，那时甲壳虫乐队成员头发也越留越长，胡须也被蓄了起来。）后来，他考上了格拉斯哥大学，学习历史。“这改变了我的人生。”他说。在大学，他意识到曾接受私立教育的同学并不比他聪明，意识到战后英国棘手的社会分裂要比他原来想象的更加严重。

大学毕业后，马卡斯基尔加入了《格拉斯哥先驱报》，担任实习生。那是20世纪70年代。当时新闻界传统守旧，《先驱报》的记者尊享荣宠，并不像今天的大众媒体明星这样负责报纸专栏，他们还有一种饮酒文化。手头没有报道要写的记者们常会去罗斯酒吧。这个邻近的酒吧位于一条幽深的铺满鹅卵石的小巷中。如果你想披露一则消息，想找记者，去那家酒吧准没错。

马卡斯基尔在《先驱报》茁壮成长，但他仍有一种离去的渴望，想要前往远方。1978—1979年，他在遥远的巴布亚新几内亚培训记者。在结束中国的工作后，他又回到《苏格兰人报》，然后担任《苏格兰人报》驻伦敦政治记者。1996年，他到《卫报》寻求同一职位。在拉斯布里杰对他面试之前，马卡斯基尔神经紧张。后来这位总编告诉他：“这是我曾见过的

最差劲的一场面试。”

不过，马卡斯基尔最终还是得到了这一职位。1997 年，他报道了托尼·布莱尔在英国大选中的压倒性胜利。2000 年，他担任外交版编辑，负责报道伊拉克和以色列—巴勒斯坦的暴力事件。2007 年他被派往华盛顿。他对奥巴马的最初印象不错，“一位相当好的总统”。后来，奥巴马政府高压迫害新闻记者及他们的秘密线人，这让他大失所望。政府和新闻界的关系变得日益黑暗肮脏，他们在战场上争夺的就是对数字信息的控制。

因此，《卫报》美国分社总编珍妮·吉布森自然会想到马卡斯基尔，期望他能提出冷静而诚恳的建议。此刻，他面临的富有挑战性的任务就是，查证格林沃尔德神秘的“国家安全局揭露者”是否真有其人。6 月 3 日，星期一，正当他端坐于九龙的 W 宾馆客房中时，他的两名自由撰稿记者伙伴已首次外出寻找他们所谓的情报线人。

马卡斯基尔乘地铁前往香港岛，故地重游，消磨了一整天。那天，天气闷热而潮湿。后来，傍晚的时候，格林沃尔德回来了，还带回了一条消息——斯诺登的话可能属实，只是他太年轻了；他已同意与马卡斯基尔会面。于是，翌日上午，他们乘出租车返回美丽华酒店，进入饰有缟玛瑙的大门，在大厅里见到等候在那里的珀特阿斯。她把他们径直带入 1014 号房间。

在 1014 号房间内，马卡斯基尔发现有个年轻人坐在床头，衣着随意，穿着 T 恤、牛仔裤和运动鞋。他们握手时，马卡斯基尔说：“我是来自《卫报》的埃文·马卡斯基尔。很高兴见到你。”这个人就是斯诺登。他的居住环境狭小拥挤。有一张床，有卫生间，一个黑色小手提箱平放在地板上，一台大电视正在播放节目，但声音已被调小。透过房间的窗户可以看见九龙公园，一群父母与孩子们正在穿过一抹绿地；天空飘着细雨，沉闷幽暗。

桌上还放着昨天午餐吃剩的饭菜。离开夏威夷时，斯诺登显然没有带多少东西。只有四台手提电脑，其中最大的一台装在硬质电脑包里。他随身还带了一本书：《华盛顿邮报》的巴顿·格尔曼所著的《垂钓者：迪

克·切尼的影子总统》[1]。该书讲述副总统切尼在“9·11 事件”之后如何引入“特别计划”，以及被《纽约时报》部分曝光的“星风事件”。

斯诺登反复翻阅过第 6 章，其中写道：“美国政府正在大范围搜查美国公民在自己国家内发出的电子邮件、传真和打出的电话……这些交换数据，如电话记录和电子邮件题头都被数以十亿计地搜罗……分析人员几乎从未发现哪怕与恐怖威胁有一点点关联的信息。”

斯诺登与马卡斯基尔的会面进展顺利，但当马卡斯基尔掏出自己的 iPhone 时，他遇到了麻烦。他问斯诺登是否介意让他为采访录音，也许还要拍几张照片。斯诺登警觉地摇手，仿佛被戳了一电棍。后来，马卡斯基尔回忆说：“（那样做，）我有可能把国家安全局人员引到他卧室里来。”这位年轻的技术人员解释说，间谍机关能够把移动电话变成麦克风和追踪器，将它带入房间是行动安全中的一项重大失误。马卡斯基尔退出房门，将手机扔在屋外。

斯诺登自己的防范措施非同凡响。他在门缝处堆起枕头，以阻止任何人从走廊偷听；门两侧枕头都堆成柱状，贴着门底也堆了一层。输入电脑密码时，他在自己的头和手提电脑上方放了一块较大的红头巾——某种巨型发套，这样隐形相机就无法捕捉到密码。他非常不愿意离开他的手提电脑。

斯诺登三次离开房间，每次都用到一种经典的间谍技巧，并根据亚洲环境做了改进。他将一杯水放在门后，旁边是一张纸巾，上面用酱油画了一个独特标记。如果水溅到纸巾上，该标记就会变形。

斯诺登这么小心翼翼，并不是因为他偏执妄想。他清楚他所面临的是什么。逗留九龙期间，他一直期待随时会听到敲门声——一场会将他拖走的突袭。“我可能被中央情报局通缉。可能有人……或是他们的第三方伙伴，在追踪我。他们和许多国家密切合作。他们还可能付钱给三合会，或给他们的特工或‘资产’[2] 出钱。这条路上的（美国）驻香港领事馆内就

[1] 原书为：*Angler: The Shadow Presidency of Dick Cheney*, by Barton Gellman (The Penguin Press, 2008)。“垂钓者”（Angler）是切尼在秘密情报职业时所用的代号。——编者

[2] asset，情报用语，指情报机构在当地发展的线人或情报员。——译者

有一个中央情报局情报站，下周他们肯定很忙。这是我余生都要面对的恐惧，不论要过多久。”

他向马卡斯基尔透露说，他的一个朋友参与了中央情报局在意大利的抓捕行动。2003年，伊斯兰教神职人员阿布·奥马尔就在光天化日之下从米兰被带走，然后用飞机从当地的一个美国空军基地运走，随后遭到虐待。2009年，一名意大利法官宣判中央情报局米兰情报站站长罗伯特·塞尔登·雷迪及其他22名美国人犯有绑架罪，这些人多为中央情报局行动人员。雷迪后来承认："这当然是非法行动，但我们就是干这行的。我们是在对恐怖主义作战。"

在有关威瑞森电话公司大宗搜集美国元数据的报道发表之前，斯诺登感到极端无助。（一旦关于他对国家安全局的泄密文章得以发表，对他的搜捕行动也将进一步升级。但他看到，信息的公开也会给他提供一定程度的保护。）发表前，记者显然也会面临一定的风险。如果他们因私藏秘密资料被抓，那么等待他们的会是什么？

马卡斯基尔提出进行一个半到两个小时的采访。于是，斯诺登坐在床上，珀特阿斯拍摄录像，马卡斯基尔开始正式提问。格林沃尔德前一天提出的问题太过老练，就像诉讼律师要在语言上羞辱并攻击一个可疑的证人。只有当斯诺登谈到漫画和游戏时，对话气氛才开始活跃起来。

与此相反，马卡斯基尔却更有方法和记者风度，他的提问风格正好弥补了格林沃尔德的不足。他问了斯诺登一些基本问题。他能否出示护照、社会保障号码和驾驶证？他的最后住址在哪？他赚多少工资？

斯诺登解释说，在他作为基层分析人员加入博思艾伦公司之前，他的工资（年薪）加上住房津贴已经达到200000美元。（他加入博思公司时接受了一次降薪。马卡斯基尔弄混了他以前和当时的工资，某些人因此错误地指责斯诺登，说他夸大了自己的收入。）

斯诺登预料到他会受到怀疑。他随身带着从库尼亚拿来的一堆文件。格林沃尔德说："他所持身份证明的数量多得可笑。"

马卡斯基尔又问了一系列后续问题。他是如何干上情报工作的？他

在哪一年加入中央情报局？斯诺登向马卡斯基尔谈了他在瑞士和日本的海外职位，还讲了他最近一次在夏威夷的工作。他的中央情报局证件号码是多少？斯诺登也将其披露了。最令人困惑的问题是，他为什么来香港？斯诺登说："尽管香港被包裹在中华人民共和国的羽翼之下，但它仍拥有自由的声誉和言论自由的传统。"他说，一个美国人被迫流落于此，这真是"一场悲剧"。

那么，他是什么时候作出重大决定，要揭发这一切？

"你见识到了可能令人不安的事物。当你看清庐山真面目时，你意识到其中某些事是在滥用权力。我对所做恶事的忏悔与日俱增。我不是哪天早上睡醒后（做出这个决定）。这是一个自然而然的过程。"

斯诺登说，2008 年他并未将选票投给奥巴马，但确曾"相信"过他的承诺。（他说他把票投给了"第三党"，暗指自由派候选人罗恩·保罗。）他原打算"披露"他早已发现的内幕，但在奥巴马当选后却决定再等等看。他说，实际发生的事件极度令人失望："他继续了他前任的政策。"

所有这些都说得过去，但斯诺登简历中的某些内容却稍显怪异。斯诺登说他没上过大学，只上过马里兰州的一所社区学院。这让马卡斯基尔敲响了警钟——像斯诺登这样聪明的一个人如果没有学位，怎能如此快地取得这样一个重要的工作？在斯诺登的间谍生涯中，他似乎在相当短的时间内为每个机构都工作过——国家安全局、中央情报局、国防情报局，或作为承包商，或作为直接雇员。

斯诺登接着提到，他受过加入美军特种部队的基础训练，只因腿折了才不得不放弃。"我想，天啊，这真的有点像痴人说梦，"马卡斯基尔承认，"整个故事就（仿佛）男孩在自说自话。"

不过，马卡斯基尔逐渐相信了斯诺登对自己生活的描述，尽管其中存在着不太可能甚至传奇冒险的经历。他接着谈起了一个核心问题："你的所作所为是犯罪。也许你要在监狱中度过余生。你为什么这样做？真的值得吗？"

斯诺登的回答令提问者心悦诚服："我们已见惯了政府方面犯下的罪

行。对我作出犯罪指控是伪善的。他们已将公众影响圈狭隘化了。”他承认“一切坏事”都可能朝他袭来，但他并不为他的决定后悔，也不想生活于一个“我所做、所说的一切都被记录下来的”世界里。正如他所解释的：“国家安全局已建立起一种基础设施，这种设施几乎可以让国家安全局截收一切。有了这样的能力，人类绝大部分通信都可以被自动获取。”他说，联邦机构已劫持了互联网，他们已将互联网变成监视全人类的机器。

原来，在马卡斯基尔担任驻英国下院记者时，就接触过泄密线人。这些人多数都是政客，有些为实现野心而泄露信息，有些出于复仇，许多人牢骚满腹、感觉怀才不遇或失去升迁的机会，原因一般都相当卑劣。但斯诺登与众不同。“他有着某种理想主义。这是一种爱国举动。”马卡斯基尔说。

斯诺登强调了他高于一切的信念：互联网应该是自由的。在他的一台黑色手提电脑上，一张电子自由论坛的胶贴展现着他的立场，上面写道：“我支持线上权利。”电子自由论坛是一个为互联网透明化而斗争的美国团体。另一张胶贴上写的是匿名代理路由器 Tor，这种路由器可用于掩盖互联网信息的源头。

作为驻华盛顿记者，马卡斯基尔理解斯诺登的某种热情。这位苏格兰人 2008 年曾报道过奥巴马的选战。他认识到对斯诺登及其他美国人而言，美国宪法有着特别之处：它规定基本自由神圣不可侵犯。斯诺登认为美国政府对其发起隐形攻击，就如同攻城掠地式的袭击一样，是恐怖的非法入侵。他从明确的爱国角度考虑自己的行为。他认为，他的泄密行为不是叛国，而是对已经走火入魔的间谍系统的必要纠正。

他强调说：“美国本质上是一个好国家，我们有着善良的人民，有着美好的价值观。但现存的权力机构却在为实现自己的目标无所不用其极，以所有公众的自由为代价扩张自己的实力。”

批评家接着会指责斯诺登自恋，说他泄露国家安全局的秘密就是要自我炒作、吸引注意力。马卡斯基尔却对这个不站在聚光灯下、远离故土、

坐在电脑前的羞怯的人形成了另一印象。“他温文有礼，讨人喜欢。他的本能就是要与人为善。他太害羞了。”他说，“许多人都说他是为了名人效应，其实不然。”当马卡斯基尔给斯诺登快拍几张照片时，他显然有些局促不安。实际上，谈论监控的技术细节，是斯诺登最快乐的时刻。“他有着真正的书呆子的一面。面对电脑他才游刃有余。那是他的世界。”

格林沃尔德和马卡斯基尔都是互联网门外汉，对网络的实际运行方式知之甚少（尽管珀特阿斯的技术能力也极强）。两人费力地想搞懂关于“棱镜”计划的许多幻灯片。斯诺登给他们讲解复杂的图表。他解释了缩略词、路径和截收技术。国家安全局的计划代号常常晦涩难懂，对局外人而言，简直就是天书和一堆无法理解的字母，让人看得一头雾水，而他却得心应手。马卡斯基尔说，他耐心细致、通俗易懂地为记者们讲解这些代号，没有一点高人一等的感觉。

因为自己是英国人，于是马卡斯基尔就问了一个刚刚想到的问题：在这种大规模的数据搜集中，英国是否也扮演了某种角色？在他看来，这似乎不太可能。多数英国人对政府通信总部抱持一种善良的印象：他们只是身着软呢夹克的科技专家，叼着烟斗吞云吐雾，战时破解纳粹密码，闲时下棋。

马卡斯基尔知道英国与美国有着长期的情报共享关系，但当斯诺登作出激烈回应时，他还是吃惊不小。斯诺登说：“与国家安全局相比，政府通信总部有过之而无不及。它的侵入程度甚至更深。”

这是另一则耸人听闻的消息。

马卡斯基尔和格林沃尔德每次去见斯诺登，都会想到他可能已经离去、被捕、被强制拖走，或被关入一个黑暗的现代古拉格中。

翌日，6月5日，星期三，斯诺登仍然端坐于美丽华酒店客房内。这是一个好消息：没人抓走他。但坏消息是，国家安全局和警方在他们夏威夷的家中找到了他的女友。斯诺登的擅离职守已经引起注意，这是国家安全局员工不上班时自动启动的程序。斯诺登依旧平静，但对琳赛·米尔斯

的遭遇义愤填膺。他认为警方在纠缠、恫吓她。

此前，他对自己的个人生活言之甚少；他的话题聚焦于对事件的报道，以及对美国监视状态的揭露。他的母亲温蒂在巴尔的摩地区法庭担任书记员。自他5月20日失踪以来，她就一直在试图联系他。她已觉察到出事了。

此刻，他倍感痛苦："我家人不知道出了什么事。我最担心的就是他们对我的家人、朋友和伙伴下手，对任何与我有关的人（下手）。"他坦言："这让我无法入眠。"

国家安全局对家庭的不速拜访一点也不令人惊讶，而且由于斯诺登已处于他们的重点监视下，他在香港的藏身之所很快就会被找到的可能性倍增。毕竟，他取走了该局数千份绝密文件。马卡斯基尔对斯诺登怀有同情。这是个身处困境中的年轻人，似乎前途渺茫。斯诺登差不多和马卡斯基尔的孩子们同龄。"我可不想让我的哪个孩子面临这样的窘境。"他说。

但中央情报局仍未发现他，这就使斯诺登事件更加扑朔迷离：美国当局为何没在早些时候对他展开抓捕行动？他们发现他失踪后，本可以找出显示他已飞往香港的航空记录，这样就可以相对轻松地在此追踪到他。斯诺登以实名入住了每晚200英镑的美丽华酒店。他甚至用个人信用卡支付，该卡几乎已经刷爆了。斯诺登还有另一隐忧：他害怕追踪他的人会将该卡冻结。

一种解释是，美国不愿在共产党中国境内采取行动；另一种解释则是，美国当局并不像表面看来那样无所不能。白宫随后拙劣地试图从香港将斯诺登引渡回国，由此看来，第二种观点——官僚无能，而不是中美僵局——是更为合理的解释。

三个志趣本不相投的新闻记者——一个是好争辩的美国同性恋者，一个是曾获奥斯卡奖提名的电影制作人，一个则是像《星际迷航》中的斯考蒂一样，只说"哎"（Aye），不说"是"的英国职业记者兼登山者。他们飞越半个地球去与斯诺登接头，然后再协同撰写一系列不同寻常的报道文

章，这让大家间建立起一种密切的关系。这是因某种激动人心且具有不确定性的事物而生发出的情谊。三人都认为他们的共同努力对公众极具重要性，但也要承担巨大的风险。

马卡斯基尔曾登上过马特峰、勃朗峰和少女峰，他的沉着冷静让他获益颇多。珀特阿斯对马卡斯基尔最初的反感已经消失。她开始喜欢上他。“埃文如此迅速、完美而无缝地融入了这个团队。”格林沃尔德说。拉斯布里杰称这三人的工作伙伴关系为“联谊会”。

格林沃尔德连夜飞快草拟了一篇有关威瑞森公司的报道。斯诺登的机密文件显示，国家安全局正秘密地从这家美国主要电信公司获取所有记录。三人希望这篇报道成为一系列震动性披露文章的第一篇，但他们还是担忧此事未逢其时。直到深夜，格林沃尔德和马卡斯基尔还在探讨文本。他们坐在W酒店格林沃尔德的房中，俯瞰维多利亚港和中国大陆上绵延起伏的群山。香港岛上的摩天大楼和通往机场的桥梁一派繁忙，炫目的城市景象尽收眼底。

格林沃尔德在手提电脑上写好内容，然后递给马卡斯基尔。马卡斯基尔用自己的电脑打字后，再用U盘将文章转存给格林沃尔德。U盘就这样在两人之间循环往复。他们没有通过电子邮件传递任何信息。两名记者忘记了时间。马卡斯基尔小睡了一会儿，当他起身时格林沃尔德仍在工作。斯诺登曾对《纽约时报》的彼得·马阿斯说：“格伦让我印象特别深刻的是，他能够彻底不眠，连轴转好几天。”（事实上，格林沃尔德会在下午小憩一会儿。）

他们将报道的最终稿提交给身在纽约的珍妮·吉布森。当然，它的出现将开启一场前所未有、不可预知的喧嚣。

但现在的问题是，《卫报》是否已做好准备将其发表？

6 独家新闻！

纽约　苏豪区
《卫报》美国办公室
2013 年 6 月

希金斯：“你可以走开，但他们要将其公之于众吗？”

特纳：“他们会公开的。”

——电影《秃鹰 72 小时》，1975 年

而国家安全局内几乎从来无人泄露过机密。

但即使在《第一修正案》诞生地的美国，发表超级敏感密级的国家安全局材料，其潜在后果也相当严重。这毕竟是有史以来曾出现的最重大的情报泄密案。

眼前的这一切，看起来似乎有些希望渺茫——几个外地人对抗的是华盛顿巨兽。

具有讽刺意味的是，《卫报》本身倒开始变得像个传统的情报机构一样运行。

在香港那头，斯诺登和格林沃尔德也坐立不安。他们怀疑《卫报》能否放心大胆地将报道发表。时间正在流逝。斯诺登随时可能被抓获。

高级官员不敢相信，《卫报》竟会以如此致命的速度将报道发表。

从那时起，《卫报》就成了国家安全局加强情报监视的目标。

参与"斯诺登事件"报道的所有人原先都是加密新手，现都变为加密专家。

对国家安全局而言，这糟糕的一星期正逐渐变为彻头彻尾的灾难。

奥巴马团队显然尚未完全认识到，他们已对大批国家安全局绝密资料失去控制，而且情况已不可逆转。

美国始终抱怨北京对其发动侵略性、有破坏力的网络攻击，直指美军基础设施、五角大楼等目标。这些抱怨此刻更显伪善，因为美国的所作所为与此别无二致。北京早已对美国的批评作出了反击。高级官员声称握有美国展开网络进攻的"堆积如山"的证据，任何一条都和美国所谓猖獗的中国黑客攻击一样严重。

现在，斯诺登本人已宣布他有意走向公开。他说，他要向世界亮明自己的身份。

十余年来，33岁的斯宾塞·阿克曼一直负责报道美国国家安全方面的新闻。他一直在建立人脉，和参议员闲聊，追踪"9·11事件"后小布什政府和奥巴马政府的安全政策。这种活可能令人沮丧。诚然，2005年，《纽约时报》部分披露，小布什总统实施了一项代号为"星风"的未经授权的监控项目。但此次泄密极不寻常，让人看到一缕微光从原本无法进入的秘密世界中透出。(《纽约时报》将该报道拖延了近一年时间，最终由于该报记者詹姆斯·莱森计划在一本书中提及此事，报社才不得不进行披露。)

阿克曼来自纽约，在承受压力时常做俯卧撑，有着桀骜不驯的性格。飞机撞毁世贸中心的双子塔时，他21岁，正在离纽约不远的新泽西读大学。他说："那是重大事件。"这个总结说明了他对国家安全领域的兴趣。他先在《新共和》[1]杂志任职，然后又到《连线》杂志工作，负责该杂志的国家安全博客"危室"。他花费了大量精力，探秘国家安全局的监视计划。有线索，但绝少事实，而且国家安全局对其行径默不作声，如同沉默寡言的加尔都西会[2]的修士一样保守秘密。

2011年，阿克曼接到了罗恩·怀登办公室打来的电话。怀登是俄勒冈州民主党人，是政府监控行动的首要批评家。在这名参议员办公室内进行的采访中，怀登转弯抹角地说——毕竟他不能透露密级信息——他对国会

---

[1] *The New Republic*，是美国一个以政治与艺术为主题的新闻杂志。它创刊于1914年，有很强的自由派色彩，是全美话语权极强的"意见杂志"。它主要涉及政治、经济、环境与能源、医保、都市政治、世界以及书籍与艺术等方面的观点和看法。以前是周报，现在是每年20期。——编者

[2] Carthusian，罗马天主教的一个分支教派，强调苦修冥想，由圣徒布鲁诺（Saint Bruno）于1084年创立。——译者

计划重新授权《爱国者法案》深表关切。确切地说，行政部门对该法作出的解释与其实际内容完全冲突。政府轻而易举地将自己的法律解释列为机密，这样就没有人能对其合法性提出质疑。不过，怀登暗示说，白宫在利用诡辩手段掩盖其搜集信息的规模。

究竟发生了什么事？在《连线》杂志的一篇博文中，阿克曼猜测政府正将公民个人的相关信息大举席卷而收入囊中，但国家安全局却断然否认它曾监视美国人。2012 年，国家安全局局长亚历山大将军在拉斯维加斯黑客大会 [1] 上不同寻常地露面，这是美国顶层间谍头目首次亲历该黑客大会。脱掉皱巴巴的 T 恤和小号牛仔裤，换上熨烫笔挺的将军制服，亚历山大不合时宜地走上了前台。他向观众保证该局“绝对没有保存过”成百万乃至上亿名美国人的“文件”或“档案”。

这是赤裸的谎言，还是偷梁换柱，用“文件”来指有别于大规模搜集电话记录的做法？对阿克曼及其他报道国家安全的记者而言，这仿佛就是一个大拼图中吊足人胃口的那么几片，整个真相“图案”依然不清晰。这是“9·11 事件”后的《爱国者法案》所造成的。官员们可以利用秘密法庭、混淆是非和机密文件来阻挠合法的公开信息诉求。但这一切都没有证据。而国家安全局内几乎从来无人泄露过机密。看来，短期内政府监控的实际程度不太可能公之于众了。

阿克曼是一名高产的推特发帖者。5 月底，他辞去《连线》杂志工作。一个机遇随着一项新业务的出现而到来：去《卫报》担任美国国家安全版编辑，工作地点是该报位于华盛顿法拉格特广场的办事处，距白宫仅三个街区。该报美国分社总编珍妮·吉布森请阿克曼先来纽约。她说他要接受为期一周的“入职培训”，但“入职”究竟何指并未完全讲明。不过，乐于与众不同、充满奇思妙想的阿克曼还是前往纽约报到。

---

[1] 此处指 DefCon 黑客大会，是世界最大的黑客会议。它始于 1992 年，又称电脑黑客秘密大派对，每年 7 月在美国的拉斯维加斯举行。参会者除来自世界各地黑客，还有全球许多大公司的代表以及美国国防部、联邦调查局、国家安全局等政府机构的官员。2013 年，由于受“斯诺登事件”影响，美国联邦政府官员首次被拒绝参会。——编者

他上班的第一天，2013 年 6 月 3 日，星期一，结果充满了意想不到的偶然。

阿克曼找到百老汇大街 536 号 6 楼报到。与《纽约时报》相比，《卫报》的美国苏豪区办公场所逼仄而简陋——一间开放式倒 L 形办公室，里面摆着几台电脑，有会客区，还有一个厨房。厨房里有 PG Tips 茶包、饼干和咖啡机。墙上挂着世界知名的《观察家报》[1] 摄影师简·布朗拍摄的黑白肖像照片。总编办公室内还挂着一幅鲁伯特·默多克年轻时的照片。后来，具有讽刺意味的是，默多克的照片被摘下[2]，取而代之的是加了镜框的《卫报》独家报道美国国家安全局秘闻的头版。

办公楼下面就是喧嚣的百老汇大街，店铺、咖啡厅林立，游人如织。从斯普林街向南走 5 分钟，就到了杜松子店。这家颇受人喜欢的酒吧，天花板被粉刷成奶油色。

《卫报》美国分社也许是传统报纸没落后可能出现的一种景象。它已完全变为数字化操作，仅有 31 名编辑人员，资本额仅有 500 万美元。（与之相对，《纽约时报》仅新闻部职员就有 1150 人。）记者近半数为美国人，大多都很年轻，土生土长。不少人半只手臂上都是刺青，有人甚至纹满了整只手臂。如吉布森所说，他们的目标就是制作伦敦《卫报》的完全美国化的版本，提供有关世界事件的不同声音。

自 2011 年该报在美国发行以来，美国读者与日俱增。即使如此，与《纽约时报》、《华盛顿邮报》或《华尔街日报》等报业巨头相比，这份来自英国的报纸似乎仍处于华盛顿报业食物链过于下端的层级。（有内部笑话说，在 2012 年度白宫新闻招待宴会上，《卫报》美国分社仅获得两张餐券，座位恰好在厕所和服务台旁。）

那一周的事件以戏剧化方式说明，不属于华盛顿报业俱乐部，也有自

[1] 《观察家报》(*The Observer*) 是英国报纸，创刊于 1791 年 12 月 4 日，1993 年起成为卫报媒体集团旗下成员。它是世界第一份在周日发行的报纸，现在可视为《卫报》的周日版。——编者

[2] 指默多克在英国也深陷窃听丑闻。2011 年，默多克的新闻集团旗下英国媒体《世界新闻报》卷入多宗窃听丑闻，导致最终停刊。曝光这次窃听丑闻的也正是《卫报》。——编者

己的好处。吉布森坦陈：“不管怎样，没人把我们当回事儿。所以，我们没有什么门路去获取官方信息。不过，也就这样了，没什么大不了的。”

早在“斯诺登事件”爆发之前，《卫报》就拥有世界上第三大新闻网站。但表面看来，白宫对这个头衔——究竟它是一份报纸、赠阅单还是博客——几乎一无所知，对其美国分社富有创新精神的英国籍总编珍妮·吉布森也知之甚少。

阿克曼没有见到吉布森向他承诺的所谓“入职培训”。他花了数小时瞧着吉布森和她的苏格兰副手斯图尔特·米拉坐在她的办公室内密谈。房门始终紧闭。偶尔她会出来，径直小跑着穿过新闻编辑室，然后又消失在磨砂玻璃之后。米拉，41 岁，2011 年从伦敦调来纽约。他说：“我们每次出去上洗手间或去拿杯水时，就如同猫鼬从桌上跳起，彼此点头示意，发出警报。”显然，一篇重大报道正在出笼。

午餐时，吉布森终于邀请阿克曼和她与米拉一起出去吃饭。三人转过街角，来到拉斐特街上艾德龙虾店。此时，店里已经爆满，好不容易他们在人群中挤出一块地儿坐下，点了蟹卷。在阿克曼打开话匣子之前，两名英国人就打断他的话茬。吉布森总编很快道出了令人吃惊的消息。她说：“根本没有什么‘入职培训’，我们要写一篇非同凡响的报道，所以需要你加盟。”吉布森一五一十地讲出了实情——我们手头有一名身份不明的爆料者，目前正身处第三国。他正在接受格林沃尔德和马卡斯基尔的采访。他们正在准备有关……国家安全局监控的报道。天啊！

阿克曼被惊得目瞪口呆。“我好一会儿都说不出话来。”他后来回忆说，“我一直在报道此事，报道未经授权的监控项目已有 7 年时间。我陷入其中如此之深。”

吉布森向他简述了“棱镜”计划的幻灯片，以及强迫威瑞森公司提交其所有美国客户电话通话记录的秘密庭谕。阿克曼双手紧抱着头，开始前后摇摆，咕哝着：“哎，混账！哎，混账！”慢慢地，他才逐渐恢复了平静。

他很兴奋，因为他长期以来的怀疑已被证实：奥巴马政府正秘密地继续甚至扩张了小布什时代的监控活动。阿克曼问吉布森，“星风”二字对

她而言是否有什么特别含义。确实如此。“小鸟在歌唱，蝴蝶在飞舞，”他后来如梦似幻般回忆道，“那就是我7年来一直在探寻的一切。”他后来继续说：“我过去以为这头白鲸就快要触到我的鱼叉尖上了，结果，现在发现其中的故事是一连串的。”

这其中的含义相当大。给威瑞森公司发出的秘密庭谕日期为2013年4月25日。该庭谕迫使美国最大的电信服务商向国家安全局提交其数百万美国客户的电话记录。于是，威瑞森公司就将“每天将正在进行的”秘密电话细节悉数提交上去。它将其系统中的所有电话信息交给国家安全局，包括美国境内电话，以及美国与他国间的长途电话。这极清楚地证明，国家安全局正在架起一张大网，去搜集美国数百万公民的通信记录，不管他们是否有犯罪记录或曾涉及恐怖活动。

该文件来自对外情报监视法法庭。这份经由罗杰·文森法官签署的庭谕授予美国政府无限制的权力，可以搜集为期90天内的电话元数据。其期限截止于7月19日。“那是我见过的最令人激动的东西。未经授权，任何人都无法看到对外情报监视法法庭的这份庭谕，”阿克曼后来回忆说，“我用最狂热、最有阴谋论的想象力也想不到他们（政府）会做这种事。”这类为期3个月的要求是否仅此一次？是否存在其他类似的庭谕？我们不得而知。斯诺登提供的是近期文件，但有理由怀疑国家安全局已强迫其他大型移动电话网络以同样方式对他们的数据进行共享。

在纽约办公室，吉布森制定了周密计划。该计划由三个基本部分构成：寻求法律建议；制定直通白宫的战略；从身处香港的记者手中获取新闻初稿。国家安全局此时似乎还不知道，此事件将引起惊天海啸，把它吞噬。具有讽刺意味的是，《卫报》本身倒开始变得像个传统的情报机构一样运行——以各司其职的小组为单位，用鬼鬼祟祟的加密通信的秘密方式运转。开放线路上的电子邮件和通话被完全弃用。吉布森在一块白板上写下了大体的计划进度表。（后来，该计划被命名为“凤凰传奇”，以向当年夏季法国电子二人组“傻朋克”的成功致敬。）

只有极少数人知道与斯诺登相关的这个计划，他们正向美国机密的心

脏地带掘进。报业人士都无可救药地喜爱传播流言，这是天性使然。但在这种情形下，一切信息都被严格控制，仿佛这是列宁时期的牢房。多数员工都不知道他们的同事们已被捆上了一辆新闻界的过山车。

《卫报》打算首先登出有关威瑞森公司的报道。在数千份文件中，这些最易被人理解。“它一目了然，清楚易懂。”米拉说。接下来，他们还要刊出有关代号为“棱镜”的互联网项目。然后，要曝光美国在积极进行的网络战争。最后，如果还能够继续报道下去，那么就是揭开代号“无国界线人”（BOUNDLESS INFORMANT）背后的真相。

为了此次独家报道，分散于世界各地——香港、美国、英国——的《卫报》新闻记者分头行动。但是，这也给完成任务带来困难，让人忧心忡忡。阿克曼被派回华盛顿特区，领命随时与威瑞森公司接洽，而且在恰当的时候还要与白宫取得联系。在伦敦，《卫报》总编艾伦·拉斯布里杰与外交版编辑朱利安·博格直奔机场，要赶上下一班飞往纽约的航班。

对《卫报》网站前主编珍妮·吉布森而言，这当然是一次令人极度紧张的旅程。一个错误就可能摧毁一切。其中有多重问题。“以前没人见过这些文件。对外情报监视法法庭文件的保密程度高得简直无可比拟。”她后来回忆说。她当时在焦躁地想，庭谕的文本是否太完美而有些不真实——这也许是欺人的把戏。

最大问题之一就是美国的《间谍法案》[1]。美国管理制度要比英国宽松一些。回到《卫报》英国本部，英国政府可以采取法庭禁令以阻止报道发表。但即使在《第一修正案》的诞生地美国，发表超级敏感密级的国家安全局材料，其潜在后果也相当严重。这毕竟是有史以来曾出现的最重大的情报泄密案。

美国政府极有可能传唤他们，并纠合起一个大陪审团。他们的目的将是迫使《卫报》公开线人身份。米拉和吉布森与两位首席媒体律师——先是戴维·科尔热尼克，后是戴维·舒尔茨——分别见了面。二人帮忙绘制

---

[1] Espionage Act，是美国于 1917 年 6 月 15 日通过的一部联邦法案。至今，该法案已多次被修订。——编者

了前进路线图。

《间谍法案》是一战期间制定的一部怪异法律。该法规定，将美国情报资料向外国政府“提供、发送或传递”均为犯罪。这条法规相当模糊。例如，该法是否适用于可能发表国家安全消息的新闻记者，就语焉不详。判例法对此也没有什么用处，此类诉讼并没有多少先例。

但也有保持乐观的理由。首先，该法通过96年来从未被用来对付过任何新闻机构。这一届政府似乎也不太可能冒天下之大不韪。第二，政治环境非常有利。白宫已处于烈焰中心，批评家会说其对参与调查的记者展开反复迫害。司法部已从为美联社工作的记者处取得了电话记录，这些人曾就基地组织的未遂阴谋撰写报道——这是对新闻采集行动的惊人入侵。司法部展开的另一项泄密调查针对的是福克斯新闻频道的一名记者。在遭到严正抗议后，司法部长埃里克·霍尔德在国会发言称，他所在的部门将不会因新闻记者从事正常新闻工作而对其提起诉讼。

不过，对《卫报》而言，至关重要的是要证明它是在以负责任的方式采取行动。该报必须表明，它在采取一切合理措施避免危及美国国家安全，还要表明它仅发表揭示政府监控政策宏观轮廓的材料，而对其破坏性的操作细节不予过问。问题是：依据《第一修正案》，公众是否真有知情权？该报的唯一目的，就是激起斯诺登及参议院中一贯的批评家，如怀登及其参议院情报委员会同仁马克·尤德尔等人求之不得的辩论。

事件的进展速度飞快。《卫报》的马卡斯基尔已从香港发回了四个词的短信：“吉尼斯好。”这条暗语短信意为他相信斯诺登所言属实。吉布森决定给国家安全局四个小时的“窗口期”，让其作出评论，这样该局就有机会对此进行否认。按照英国标准，这个期限还算公正——足够打几通电话，并就某种说辞达成一致意见。但从华盛顿的视角来看，这简直令人难以容忍：这里的记者与政府之间的关系一直相当温馨，有时形同乡村俱乐部，即使就复杂问题事前向发言人通报情况时，也毫无过分之举。

星期三，阿克曼就在哥伦比亚特区的《卫报》华盛顿办事处开始了第一天正式上班。他向新同事——《卫报》华盛顿站站长丹·罗伯茨打过招

呼，但对自己的超现实使命却只字不提。下午 1 时左右，他拨通了威瑞森公司的电话，然后又打电话给白宫的凯特琳 · 海登。海登是国家安全委员会首席发言人，国家安全委员会是由总统主持的负责协调美国国家安全与外交政策事务的强大机构。海登并没有接电话。

阿克曼随即发了一封主题为“需要尽快谈谈”的紧急电子邮件：

凯特琳，你好！

刚给你留了一封语音邮件——我希望留给了你的分机语音信箱。我现在在《卫报》工作，迫切需要和你谈谈有关美国监控活动的一篇报道。我想我们最好用电话交谈……请尽快给我回电。

此时，海登正忙得不可开交。恰巧就在当天，白宫宣布苏珊 · 赖斯大使将就任奥巴马的国家安全顾问，也就是国家安全委员会的头。海登发邮件说她会在一小时后给他电话。下午 3 时左右，海登来了电话。阿克曼告诉她《卫报》手中拿到的东西——一份对外情报监视法秘密法庭的文件，并说该报打算于当日下午 4 时 30 分公开发表。“凯特琳非常沮丧。”阿克曼后来回忆说。

海登在最初的震惊之余，就以专业的方式记录下了详情。她保证要“将此消息转达给相关人员”。那些人的心绪一定处于混乱之中——《卫报》究竟是什么报纸，这些讨厌的英国人到底从哪里获得了这些泄密消息？

下午 4 时，海登发来了电子邮件，说白宫希望阿克曼“尽快”和相关单位司法部和国家安全局谈谈。于是，阿克曼致电司法部，并与国家安全局的新闻官朱蒂 · 埃梅尔交谈。埃梅尔未做任何回应。“我的心跳在加速。”阿克曼说。

在吉布森授意下，阿克曼此时又给海登发了电邮，说他的总编已授权他将最后期限推迟至“5 时 15 分”。

海登随后直接从白宫给吉布森本人打电话。她提议，下午 5 时 15 分

举行电话会议。白宫正派出最优秀人士，这个团队包括联邦调查局副局长肖恩·乔伊斯，土生土长的波士顿人，有着极丰富的实干经历——哥伦比亚毒品调查员、反恐官员、驻布拉格法律参事。乔伊斯曾负责过联邦调查局 75 件海内外打击犯罪及威胁国家安全的任务，现在他是联邦调查局情报方面的领军人物。

团队中的成员还有国家安全局副局长克里斯·英格利斯。英格利斯与新闻界绝少接触，许多人认为他像独角兽一样，是个神秘人物。英格利斯的职业生涯丰富多彩。他获得了机械工程和计算机科学学位，然后在国家安全局迅速升迁。在成为亚历山大将军手下二号文职人物之前，2003—2006 年他曾被派往伦敦，担任美国高级情报联络官，负责与政府通信总部和英国情报界联络。人们认为，在伦敦的短暂工作期间，他已经与《卫报》发生过接触。

另外，还有被称为“鲍勃”的国家情报总监办公室总法律顾问罗伯特·S. 利特。利特毕业于哈佛和耶鲁大学。20 世纪 90 年代中后期，他曾在司法部工作过 6 年时间，知道对外情报监视法法庭的运转方式。利特精明、可爱、健谈，有戏剧性和律师风格，喜爱华丽辞藻。按阿克曼的判断，“他知道自己在做什么。聪明。这堆人中最聪明的一个。”

在《卫报》一方，吉布森和米拉这两位英国记者坐在吉布森狭小的办公室内。办公室里摆着廉价沙发，从这里可以俯瞰毫不起眼的百老汇街景。阿克曼也已通过电话从华盛顿特区加入到这次会议。眼前的这一切，看起来似乎有些希望渺茫——几个外地人对抗的是华盛顿巨兽。

通过任用重量级选手，白宫也许认为它可以奉承——如有必要也可恫吓——《卫报》，让它推迟发表威瑞森公司的报道，推迟几天当然不在话下，也许还能永绝后患。这一战略有其合理性，但其中还有几项假设。它假定白宫能够控制局面，也许还低估了吉布森。“这种时刻，你就能看到你的编辑们是怎样炼成的。”阿克曼说。

官方观点的基调——当然全部事关“背景”——就是他们（《卫报》记者）就威瑞森公司所作的报道远非公正。它既有误导性又有失准确。但

政府要员们愿意坐下来，从全局的角度作出解释。这项提议在本质上是想邀请吉布森到白宫详谈。过去，这类伎俩对美国媒体起过作用。其中，最重要的例子是在2004年，当《纽约时报》发现小布什总统的未经授权的监控项目时，这一策略就曾使该报就范。“详谈”之后，《卫报》也许就会明确表示不再那样热衷于发表报道。白宫这么做的潜台词就是：你们无法真正理解这里的事务如何运转。“我当时认为他们可能想对我用花言巧语蒙混过关。”吉布森后来回忆说。

吉布森的计划与此不同。在她看来，此次会面是一个让政府提出与国家安全相关的“具体”问题的合理机会。她告诉鲍勃等人，她相信公众对揭露这份秘密法庭庭谕的兴趣势不可挡。她说这份庭谕非常普通，并不带有操作细节、事实和线索。很难看出，有确切证据表明公开它会造成伤害。但是，她还是愿意倾听他们的顾虑。

这些人过去惯于独断专行，但此刻吉布森的态度令他们不知所措。即使在如此高度紧张的状态下，吉布森总编的腔调仍能随和而活泼——一种为消除敌意而进行的交流。在吉布森以前担任《卫报》媒体版编辑时，她就曾与许多趾高气扬、大摆架子的人们打过交道，包括CNN节目主持人皮尔斯·摩根和英国首相戴维·卡梅伦——后者当时不过是不太出名的卡尔顿（Carlton）电视台的一名公关人员。

随着压力的增大，吉布森感到她的口音越来越刻板地变为英国腔。“我的口音开始像玛丽·波平斯[1]。”她事后开玩笑说。与此同时，米拉用谷歌搜索了“国家情报总监”、“鲍勃·利特”、“克里斯·英格利斯”、“肖恩·乔伊斯”，想看看这些人究竟有什么背景。正坐镇华盛顿的阿克曼被吉布森的表现深深打动。他通过“谷歌聊天”（G-chat）给她发去了热情的鼓励。

20分钟后，白宫开始败下阵来。对话陷入停滞。但考虑到“谈论”威瑞森公司关于电话的秘密文件也会导致重罪，利特和英格利斯因此拒绝提

[1] Mary Poppins，一部同名音乐魔幻剧中的主角名字（一位懂魔法、乐于帮助孩子的保姆），该电影由迪斯尼公司1964年制作。——编者

及任何更多的具体企业。最终，白宫团队中的一名成员忍无可忍。他大发雷霆，厉声咆哮，如同警匪片中的明星一样吼道："你们没有必要公开此事！任何严肃的新闻机构都不会将此事发表。"

吉布森僵住了。先前的优雅与轻盈一去不返。她冷冰冰地答道："最最尊敬的先生们，我们会就发表什么内容作出自己的决定。"

"吉布森就是在说：'你们怎敢和我们这样说话？'"米拉事后回忆说。他还补充道："显然，政府当时根本不打算提出任何实质性的解决方案。我们只得将报道发表。此事已箭在弦上。"

白宫团队表示，他们可以就这个问题进行更高层级的沟通。吉布森答复说，我们总编辑正在飞越大西洋，此时联系不上。她说："我就是最终的决策者。"一蹶不振的白宫团队只得用这样一句话为此次电话会议做结语："我们似乎已陷入一个无法逾越的僵局。"

吉布森抵制住了美国政府哄骗、劝诱她的企图，在坚持法律战术的同时保持了冷静。阿克曼说："她纹丝不动，坚强不屈。"他补充说："奥巴马政府用了好长时间，才逐渐适应他们并不能控制局面这一事实，而她却能控制……他们多久才能和他们俱乐部之外的人打一次交道？"

这次遭遇显示了大西洋两岸报业文化的差异。在美国，三大报业巨头[1]实际上享有垄断地位。他们在几乎没有竞争的情况下，悠闲甚至绅士般地寻求领先地位。政治文化也有差别，报业通常对总统恭恭敬敬。如果任何人问了总统一个刁钻或尴尬的问题，这本身就会变成新闻。

与此相对，弗利特街[2]的媒体景观则大不相同。在伦敦，共有 12 家全国性报纸，永远处于令人精疲力竭的生存斗争中，达尔文适者生存的法则在这里完全适用。随着印刷报纸发行量下降，竞争变得日益激烈。如果你

---

[1] 根据美国稽核媒体联盟（Alliance for Audited Media，简称 AAM）对订数的统计，截止 2013 年 3 月底，全美排在前 3 名的报纸分别是《华尔街日报》《纽约时报》和《今日美国》。——编者

[2] Fleet Street，英国伦敦市内一条著名的街道，以邻近的弗利特河命名。由于地名"弗利特"与普通名词"fleet"同形但原意有异，因此也被译为"舰队街"。一直到 1980 年代，这里都是传统上的英国媒体总部。——译者

有一个独家新闻，你就要立即发表。如果你没有抢先，别人就抢先。这是一场相互蚕食，然后敲骨吸髓的斗争。

此刻，美国当局试图对英国施加压力。英国安全机构军情五局[1]给《卫报》伦敦总部的安全版编辑尼克·霍普金斯打了电话。联邦调查局人员以同样方式打电话给该报的第二号人物，副总编辑保罗·约翰逊。（联邦调查局副局长乔伊斯首先开腔：“你好，保罗。你今天过得好吗？我们一直在和吉布森女士通话。我们感到没取得什么进展……”）未能成功联系上拉斯布里杰，这位总编辑仍在飞机上。他早已清楚表态，此事由吉布森负责。

此时，联邦官员们与其说是愤怒，还不如说是哀伤。但在华盛顿特区，阿克曼变得紧张起来。他不知道荷枪实弹、全副武装的人员是否就守在杜邦环岛他的公寓门外，要将他绑走并带至暗牢中严刑拷问。他推理说：“我们刚和极有权势的三人通完电话，其中一人就是联邦调查局的二把手。他们不高兴，后果很严重。”

在香港那头，斯诺登和格林沃尔德也坐立不安。他们怀疑《卫报》能否放心大胆地将报道发表。格林沃尔德表示，如果《卫报》犹豫不决，他就自行发表，或将这份独家新闻拿到别处发表。时间正在流逝。斯诺登随时可能被抓获。

晚 7 时刚过，美国版《卫报》按计划刊载了事件报道。不管根据何种标准，这都是一篇不同寻常的独家报道，但还只是众多独家报道中的第一篇。

这篇由格林沃尔德署名的文章开头为：“依据一份今年 4 月被签发的绝密法庭庭谕，国家安全局当前正从美国最大一家电信服务商搜集数以百万计的美国客户的电话记录。”

尽管从电话会议中铩羽而归，白宫想必仍根本不相信《卫报》会胆大妄为地将这份机密庭谕公之于众。这条新闻被报道仅几分钟后，国家安全委员会发言人海登给阿克曼发来一条消息：“你们这帮家伙真要按计划进行了？”

---

[1] MI5（Military Intelligence, Section 5），亦译作“军情五处”，主要负责英国国家安全和反情报事务。而军情六局（MI6）则主要负责搜集国外情报。——编者

接下来数日里，白宫的反应一直落后于事态的发展。高级官员不敢相信，《卫报》竟会以如此致命的速度将报道发表。国家安全局一定正在追踪此次泄密的源头，但仍不知道《卫报》并非仅掌握一份绝密文件，而是数千份。吉布森说："我们绝对在飞速向前。我知道在追捕行动开始前，我们仅有十分短暂的机会进行报道。"

斯诺登一直认为，有关威瑞森公司的泄密定会引发一场舆论风暴。吉布森和米拉并未如此确信，这当然是不错的报道，但会产生多大影响？当天工作结束后，阿克曼携妻子曼迪到一家韩国餐馆中共进晚餐。他们点了一扎令人平静的啤酒。他从 iPhone 中调出这条有关威瑞森公司的消息，并拿给曼迪看。"我的天啊！"她惊叫。阿克曼又看了推特上的消息：《卫报》的揭露报道突然无处不在。"它在迅速变为晴天霹雳。"他后来回忆说。他四处张望，坐在邻座的那两个人会不会是联邦调查局派来的？

这种疑神疑鬼完全可以理解。从那时起，《卫报》就成了国家安全局加强情报监视的目标。世界突然变了样，开始出现紧张不安的情绪。国家安全局依据何种法律，对从事本职并受《第一修正案》保护的新闻记者进行监视，无人能道其详，但他们曾享有的一切电子私密空间现在都已不复存在。晚 7 时 50 分，米拉狂奔着出了办公室，坐上地铁回到布鲁克林的家中。当天是他的双胞胎孩子的 5 岁生日，他想在她们睡前再看她们一眼。(米拉对女儿说："亲爱的，我本不想错过你的生日。"她回答道："爸爸，可你已经错过了我的生日。")

20 分钟后，米拉又立即离家返岗工作，却发现挖掘路面的工人已神不知鬼不觉地来到百老汇大街 536 号。他们把紧邻《卫报》办公楼前的人行道挖个稀烂，在星期三傍晚，这真是个怪异举动。他们平稳高效地换好了路面。更多的挖掘者来到了布鲁克林区吉布森家门外。建筑队也开始在《卫报》华盛顿记者站外开始了震耳欲聋的施工。很快，与斯诺登项目相关的每个成员都遭遇到了不同寻常的相似时刻——"出租车司机"不认路，还忘记收钱；"擦窗人"一再来到编辑部窗外逗留。

接下来的数天，《卫报》的手提电脑反复死机。吉布森尤为不幸，只

要她在场就会出现灾难性技术问题。她与格林沃尔德等人在网络上进行加密交谈时，电脑或网络经常会突然崩溃。这增加了遭到黑客侵入的担忧。她在一台中毒机器上贴了一张便签，写着："已被监控，请勿使用！"浏览过斯诺登的文件后，大家就知道国家安全局显然可以"监控"一切，即它可从谈话双方的中间地带获取私密信息。参与"斯诺登事件"报道的所有人原先都是加密新手，现都变为加密专家。吉布森说："很快，我们就被迫更加擅长谍报技术了。"

当晚，睡眼惺忪的记者又开始准备下一篇独家报道："棱镜"计划。午夜时分，拉斯布里杰和博格迈步走入办公室。飞行途中，拉斯布里杰一直在恶补美国法律和《间谍法案》。翌晨，乘地铁前往距纽约办公室最近的"斯普林大街"站时，这两人坐过了站。他们又跑上台阶，冲入一列反方向行驶的列车。"这样就能把他们甩掉。"拉斯布里杰戏谑说。在通读下一篇有关"棱镜"计划的报道草稿时，拉斯布里杰心情非常愉快。

这篇报道同样不同凡响。国家安全局声称它有秘密渠道可以直接进入谷歌、Facebook、苹果等美国互联网巨擘的系统。按照这项此前从未披露的计划，分析人员能够搜集电子邮件内容、搜索历史、在线聊天和文件传输记录。《卫报》拥有国家安全局的41张幻灯片，它们被定为绝密，连外国盟友也不许看。显然，这是用于培训分析人员的。文件声称"直接采自美国大型服务供应商服务器"。可以想见，硅谷会对此予以强烈否认。

翌日上午，当《卫报》团队重新聚拢时，仍有艰难的编辑决策需要制定。如果能够发表的话，《卫报》应发表多少张幻灯片？就以前未曾披露过的国外情报行动，其中有几张幻灯片给出了细节。披露这些内容并不会涉及公众利益。但从法律和公平角度看，接触这些美国技术公司，了解它们的反应，这也是一件重要的工作。《卫报》美国分社商业版记者多米尼克·鲁舍领受了这项任务。然后，还涉及白宫的问题。"棱镜"计划甚至比威瑞森公司隐藏了更大秘密，在报道发表之前，白宫应该得到多大程度的警告呢？

吉布森抓起电话，准备进行另一个艰难的谈话。电话线另一端是鲍

勃·利特和国家情报总监新闻发言人肖恩·特纳，其他安全机构也临时加入了这次电话会谈。吉布森解释说，这是给白宫提出具体的国家安全问题的又一机会。有人以友善、玩笑的腔调问她："你们能否给我们发一份你们的报道？我们要替你们看一下。"这也许值得一试，但吉布森答道："我们不会这样做。"

幻灯片中有不少张都有问题，尤其是白宫和《卫报》的幻灯片平台不太匹配，造成颜色出现误差。吉布森一度曾说："我真的很抱歉，但你所说的紫色文本框，在我们听来，实在好笑。"对此，从《卫报》一方传出的是欢笑，而此刻的白宫一方却显得很茫然。这时，跨文化的困惑又出现了。

毫不意外，国家安全局当然反对发表任何一张这样的幻灯片。对国家安全局而言，这糟糕的一星期正逐渐变为彻头彻尾的灾难。然而，吉布森却坚持认为，《卫报》应披露微软、雅虎和其他技术巨头签署加入"棱镜"计划的具体日期。这是一张关键的幻灯片。"我们需要发表这一内容。这是我的底线。"她说，并强调，"我们已剔除了所有操作性内容。"

奥巴马团队显然尚未完全认识到，他们已对大批国家安全局绝密资料失去控制，而且情况已不可逆转。正如吉布森在反思美国当局并不存在的影响力时所言："我无法理解其中的'否则'究竟有何意义。"《卫报》决定，它将从 41 张幻灯片中只选出 3 张发表。毫无疑问，这是一种保守做法。白宫已被告知这篇报道将于下午 6 时发表。仅仅比 6 时更早几分钟，曾压着某些类似资料没有发表的《华盛顿邮报》，却发表了自己对"棱镜"计划的报道。这立即引起了这样的猜疑：白宫内部可能有人已向《华盛顿邮报》暗示过。然而，《华盛顿邮报》的文章缺少一个重要成分：Facebook 等公司矢口否认，它们与国家安全局在监控项目上串通一气。

下午 3 时左右，吉布森、拉斯布里杰等人齐集在办公室最边上的大会议室内。这片区域被戏称"牛角圈"，暗指政府通信总部炸面圈形的英国总部，也指苏豪区最近对介于牛角面包和炸面圈之间的一种食品——牛角圈——的狂热。在近旁的一张桌上，数名年轻的实习生正边用水泡着牛角圈吃，边撰写着长篇报道。"牛角圈"，也许并不是世上最滑稽的双关语，

但在这种热火朝天的时节，这一双关却恰到好处。

大家心情都相当轻松惬意——已发表两篇重量级报道，斯诺登仍在积极配合，与白宫的接触还在按部就班进行。但在连续几个漫长白昼和闷热潮湿的夜晚之后，这里的工作环境就如同一间脏乱不堪的学生宿舍。脏兮兮的比萨饼盒散乱堆放在桌面上，到处都是一次性水杯等废弃物。有人碰翻了一杯卡普契诺咖啡，恰好拉斯布里杰随手捡起地上一份报纸，动作夸张地擦着咖啡污渍，并戏称："我们正在用《纽约时报》擦地板。"

斯诺登对内幕的揭露，正在演变成一场洪水。星期五上午，《卫报》发表了一份时间为 2012 年 10 月的总统政策指令——这份文件是斯诺登透露给珀特阿斯的。指令显示，奥巴马曾命令官员列出美国网络攻击的潜在海外目标。和其他绝密计划一样，该政策有其缩略名 OCEO，即 Offensive Cyber Effects Operations（"进攻性网络战果行动"）。该指令要求，"建设独特的、非常规的网络攻击能力，在不给敌方预警时间或极短预警时间的情况下，在全球实现美国的目标。"指令宣称，进攻的潜在效果"或不易察觉，或非常严重"。

这篇报道给白宫带来了双重尴尬。首先，美国始终抱怨北京对其发动侵略性、有破坏力的网络攻击，直指美军基础设施、五角大楼等目标。这些抱怨此刻更显伪善，因为美国的所作所为与此别无二致。其次，更具辛辣讽刺意味的是，奥巴马预定于当日晚些时候在加利福尼亚举行的峰会上会见中国国家主席习近平。北京早已对美国的批评作出了反击。高级官员声称握有美国展开网络进攻的"堆积如山"的证据，任何一条都和美国所谓猖獗的中国黑客攻击一样严重。

当天，总统显然已开始关注此次泄密。奥巴马说，国家安全局项目有助于捍卫美国打击恐怖袭击。他补充说，不可能有百分之百的安全和百分之百的隐私："我们已做了适当的平衡。"

拉斯布里杰和吉布森看着电视上的奥巴马，心想：《卫报》启动的巨大使命开始产生效果了。吉布森后来回忆说："他突然谈起了我们。我们感到：'啊，真见鬼。已无法回头了。'"

吉布森再次给海登打电话，告诉她另一篇报道正在出笼，这次讲的是“无国界线人”。这一绝密项目允许国家安全局从各个国家逐个搜集电脑、电话网络上的海量信息。该工具利用国家安全局自己的元数据，能够绘制出该局无处不在的监视活动集中地带——主要是伊朗、巴基斯坦和约旦——的图谱。这来源于斯诺登泄露的一张“全球热点地图”幻灯片。该幻灯片表明，2013 年 3 月，从全球电脑网络中，国家安全局搜集了高达 970 亿条情报数据点。

吉布森说出了她的法律台词，并邀请白宫发表其最新关切。“我就是要说我的事。”她态度鲜明地对海登说。海登回复道：“请别这样。”也许，国家安全委员会勉强认可《卫报》采取了负责的行为方式。海登的腔调很真诚。当晚，英格利斯亲自打来了电话，话题是“无国界线人”。这位国家安全局副局长对吉布森作出的回应，是长达半小时的互联网运转原理讲座——一次居高临下的辅导。不过，吉布森注意到：“他们采取的新姿态表明，他们想要与我们交涉。”

和斯诺登的其他档案一样，“无国界线人”文件高度专业化，不易解读。计划在随后的星期五将其发表。记者们聚拢在周围时，拉斯布里杰逐行大声朗读了这篇报道的草稿。

他停顿了数次。“我不太明白这一点。”米拉说。

很快，这篇草稿就显示还需要付出更多努力。在香港，格林沃尔德又出去搜寻更多可能有用的文件。他找到了几篇，把报道进行重写，并于翌晨再度提交。吉布森对她那些没有介入报道“斯诺登事件”的员工说，他们周末可以自由休息。但实际上，所有人都来了，因为他们想要见证这个非凡的星期的非凡尾声。

现在，斯诺登本人已宣布他有意走向公开。他说，他要向世界亮明自己的身份。

7 世界头号通缉犯

香港　弥敦道
美丽华酒店
2013年6月5日　星期三

“如果我是中国间谍，为何我不直飞北京？那样的话，我此刻就能住上宫殿，养凤凰当宠物了。”

——爱德华·斯诺登

《卫报》的神秘线人究竟是何许人物？谁是泄密者？会不会是白宫内部人员？还是变节的将领？难道会是克格勃的超级“鼹鼠”？

斯诺登准备录制他的第一次公开采访。这一刻他要把自己介绍给全世界，并坦诚——更确切地说，是骄傲地供认——自己就是国家安全局泄密案背后的线人。

这段视频成了《卫报》有史以来点击率最高的一条新闻。

他就像一根避雷针，将整个现代化条件下有关国家权力、隐私和安全等议题及各种相互冲突的观点吸引并聚集在自己身上。

斯诺登身份现已暴露，他成了世界头号通缉犯。追捕已经开始。

斯诺登消失了。后来他发来信息说他处境危险。具体细节迷雾重重，但似乎斯诺登已在千钧一发之际得以脱身。

在美国抓获他之前，他还能支撑多久？

当地时间凌晨3时左右，《卫报》爆出了斯诺登关于美国国家安全局系列报道的第一篇。清晨，三名记者返回斯诺登在香港的酒店客房，发现他欣喜若狂。

他对秘密监控的揭露已成了CNN头条新闻。斯诺登将房间电视音量调大。CNN的节目主持人沃尔夫·布利策正和三名权威专家探讨：《卫报》的神秘线人究竟是何许人物？谁是泄密者？会不会是白宫内部人员？还是变节的将领？难道会是克格勃的超级“鼹鼠”[1]？这个时刻真是有些讽刺。“看着那些人胡乱猜测谁是泄密者，同时你就坐在他旁边，这真是滑稽。”马卡斯基尔说。

公众的反应甚至让斯诺登也震惊不已。互联网上的发帖给予了巨大支持，一场要求恢复宪法《第四修正案》权利的民众运动也已如火如荼地开展起来。报道的迅速发表有利于他与《卫报》的关系：它向斯诺登表明，该报言而有信。一直以来，他的目标就是激起一场辩论，而这篇事关威瑞森的报道已经在这方面激起了轩然大波。

马卡斯基尔想知道，这位泄密者是否会因为自己处于世界事件的焦点，而沾沾自喜或兴奋异常。令人惊异的是，他完全不以为意。他只是全神贯注地听着CNN的播报。他似乎理解所发生事件的巨大影响：自此刻起，他已经没有退路。如果他在这时飞回夏威夷，等待他的将是逮捕和监禁，他的生活从此将完全改观。

那么，具体而言，接下来会有什么事呢？据斯诺登描述，最有可能出现的景象是中国警察在香港逮捕他，届时将会出现一场法律纠纷，也许会历时数月，甚至会持续一年。最后，他会被送回美国，然后……哎，就在

[1] 指潜入敌方为自己国家服务的间谍。——译者

监狱中度过数十年吧。

斯诺登已利用便携式驱动设备获取了海量资料，不仅包括美国国家安全局内部文件，还有从政府通信总部传出的、英国人毫不怀疑地提交给美国同行的英国文件资料。

“你有多少份英国文件？”马卡斯基尔问道。

斯诺登回答说：“大概五六万份。”

就如何与媒体交涉，斯诺登已思考了数月时间。他十分挑剔。他对处理秘密材料有一系列严格条件。他坚持认为，揭露国家安全局和政府通信总部监视行为的文件应分别归类，为向各自监控的对象公开。比如，应该给香港媒体披露有关香港遭监控的信息，给巴西媒体应披露有关巴西被监控的信息，依此类推。在这一点上他决不动摇。与此相反，假如资料落入第三方敌对势力——如俄国人或中国人手中，这就会让他背上万劫不复的罪名——他就会成为不折不扣的变节者和外国间谍，而实际上他却两者都不是。

斯诺登警觉地意识到外国情报机构可能正在搜寻这些文件，他决心阻止此类事件发生。作为特工，他的一项任务曾是防止美国机密遭到中国攻击。他了解美国之敌的实力。斯诺登反复澄清过他不想损害美国在国外的情报行动。

“我曾经可以轻易获取国家安全局人员的全部花名册，能随时掌握分布于世界各地的整个情报界的力量和秘密资产，知道我们每个情报站的具体位置及其职责……如果我只是想损害美国，我本可以让监控体系在一个下午完全关门大吉。我却从未这样想过。”他说。

随后，当他面对“背叛”的指控时，他又用更加生动的话语表明心迹：“请你自问：如果我是中国间谍，为什么我不直飞北京？那样的话，我此刻就能住上宫殿，养凤凰当宠物了。”

在香港接受采访的那几日，斯诺登说，认可曝光及公众利益报道的多数公民，都有权了解事实真相。他希望《卫报》及其他媒体能够滤除任何具有操作性及有可能损害合法情报活动的内容。这些就是他提出的条件。

各方均表示同意。

另外，斯诺登还采取了技术性防范措施。文件都存在存储卡上，用多重密码进行高度加密。无任何一人知晓获取一份文件所需的全部密码。

斯诺登找到的这些自由撰稿记者现已拥有一个庞大的秘密材料宝库。2010 年，《卫报》在伦敦发表了维基解密泄露的文件，这些文件是美国士兵切尔西·曼宁泄露的有关美国外交函电及阿富汗战争和伊拉克战争的作战日志。其中只有少数文件——仅占 6%——被归类为相对中等级别的“机密”[1]。而斯诺登所持文件则截然不同，这些文件最低都是“绝密”。过去曾有一批在剑桥受过教育的间谍大规模变节投奔苏联——伯吉斯、麦克莱恩和菲尔比[2]，但此前从未有过如此高级别秘密文件大规模泄露。

斯诺登在房间内一般都穿一件随意的 T 恤，但 6 月 6 日，星期四，格林沃尔德让他换上一副新装束。斯诺登穿上一件熨烫平整的灰衬衫。他原来习惯坐在床上，现在改坐在一把椅子上：他身后放了一面镜子，这样房间就显得不那么狭小了。

斯诺登准备录制他的第一次公开采访。这一刻他要把自己介绍给全世界，并坦诚——更确切地说，是骄傲地供认——自己就是国家安全局泄密案背后的线人。他对格林沃尔德说：“我无意隐瞒我的身份，因为我知道我没有错。”

这是大胆而违反直觉的行动，斯诺登对此已深思良久。他的记者伙伴们都认为他的理由很实在。首先，他告诉马卡斯基尔，他曾经亲身感受过针对不知名线人泄密的调查给他的同事带来的痛苦经历。他曾亲见“被怀

[1] 《谁来监管泄密者？》（金城出版社，2013 年 10 月）一书第 172 页介绍，根据文件泄露后的危害程度，美国政府设定了 3 个保密级别：秘密（Confidential）——泄密会损害国家安全；机密（Secret）——泄密会严重损害国家安全；绝密（Top Secret）——泄密会造成“极为严重”的危害。——编者

[2] 三人均为苏联安插在英国的间谍，连同约翰·凯恩克劳斯和安东尼·布伦特，他们被称为“剑桥五杰”（“五杰”其中有四人身份已被确认，但第五人的具体身份却有不同说法）。——译者

疑者遭到的可怕结果”。他说，他不愿让他的同事们经历这样的煎熬。

其次，他知道国家安全局有着强悍的技术实力。他们追踪到他只是时间问题。他的一贯计划就是在最初几篇报道发表后就现身，使自己为世人所知。然而，这并不意味着斯诺登意欲效法切尔西·曼宁，后者2010年被捕后就立即遭到恐怖的监禁。斯诺登说：“曼宁是个旧式揭发者。他被公众利益激励。”结果，在米德堡国家安全局总部隔壁，曼宁被迫面对军事法庭的审判——这名年轻士兵被迅速判处35年监禁。

斯诺登暗示说，曼宁的遭遇证明揭发者不可能在美国受到公正审判。另外，长期监禁也会压制斯诺登想要的公开辩论。

自初次见面以来，珀特阿斯就一直在拍摄斯诺登。早前，她只能用相机来拍摄他们之间的交流瞬间，现在，斯诺登终于同意直接面对她的镜头进行录像。他自称是“初次面对镜头的线人”。此前，斯诺登一直避免与任何记者和媒体接触。他甚至避免在他女友的博客中露出真容。但他也敏锐地觉察到他面对的是多大的危险。现在，他终于认识到，公众对其行为的评判更为重要。在这样的背景下，接受采访有助于引导舆论。

格林沃尔德与斯诺登面对而坐，由前者进行提问。作为律师和经验丰富的节目主持人，格林沃尔德对电视采访驾轻就熟，但斯诺登的荧屏形象目前还是个未知数。

然而，斯诺登虽然是面对媒体的新手，却表现不俗，流畅地回答了问题，并雄辩地解释了他迈出这样激进的一步的动因。最重要的是，他显得格外清醒。

被问及他为何决定成为一名揭发者时，斯诺登说他曾在体制内进行过抗争，然而他最终得出结论，认为自己已别无选择，只能从外部来抗争：“情报机构中的系统管理员享有特别访问权。当你处于这个职位时，你就会比普通员工接触到更大范围的更多信息。”

他的亲眼所见让他“心神不安”。“即使你什么都没有做错，你的行动也会被监视、被记录。”他对《卫报》说。“这些系统的存储量每年根据命令递增，大得令人难以置信……不必等你做什么错事，甚至只因一通拨错

的电话，你就会被怀疑。然后，他们利用这一系统回溯过去，审核你做出的每项决定，审查每个你曾与之探讨过问题的朋友，开始平白无故给你安上莫须有的罪名，并把牵涉其中的人都贴上作恶者的标签。”

他解释了自己做出揭发决定的动机，以及这对他的余生都会造成的可以预见的后果。他又补充说：“你认识到这就是你曾参与创造的世界，在下一代和下下代人手中会变得更糟，这些人会进一步扩展这类压迫人的技术手段。”

珀特阿斯拍摄时，马卡斯基尔在一旁观察，并被斯诺登的表现所吸引。他感到斯诺登在镜头中的形象甚至比本人更好。

在香港的这几天，这几名英国记者不分昼夜地连续工作，本已精疲力竭，却因激动、肾上腺素和狂躁而干劲十足。

在美丽华酒店，珀特阿斯很快就能把她剪辑的视频短片交给另外两名同事。她已将采访编为一段 17 分钟的影片，片头加上了维多利亚港和蓝丝绒般天空的精美画面。题头非常简洁：“‘棱镜’计划揭发者”。他们讨论了可能的剪辑样式，最终由珀特阿斯将这段采访缩减至 12 分半，后来又发布了另一次采访的影片。

“我感到我已被卷入一部间谍电影当中。”马卡斯基尔说。他们究竟要怎样将关键资料送往纽约和伦敦？

通过加密聊天对《卫报》总编讲话时，马卡斯基尔说自己的团队需要技术援助。《卫报》网络系统版编辑戴维·布利申不仅有着在职记者几乎无人能及的计算机技能，还知道涉密报道的操作流程。在维基解密调查期间，布利申曾协助改写曾与美国外交官交谈的线人的名字。如果这些人的真实姓名被泄露，一旦现身阿富汗、伊拉克和白俄罗斯等国，他们就会遭遇危险。（这个工作十分重要，但最终失效。2011 年夏，基于美国外交函电的第一批报道发表 6 个月之后，朱利安·阿桑奇就发布了全部未经改写的文件。）

于是，布利申被派往香港。他直奔机场，次日抵达。对他而言，此行

也颇有怀旧色彩。他 1972 年出生于当时还是英国殖民地的香港，他的父亲是派驻这里的英国官员。当他和马卡斯基尔共进早餐时，二人还谈起了他们共同供职过的苏格兰报纸。布利申说："我糊里糊涂，还不知道为什么要来香港，埃文此时也没有透露任何消息。"然后，马卡斯基尔让布利申把手机留在酒店前台，并提议出去散步。出来后，马卡斯基尔交给他一张存储卡，一小块扁平的芯片。这张存储卡看似不大，却有 32 GB 的存储容量。

布利申需要将斯诺登的视频文件传给纽约的《卫报》美国分社。布利申首先看了视频，这给他留下了深刻印象："他（斯诺登）口齿清晰，看来很有原则。面对阿桑奇和曼宁时，人们会问他们是否正常。爱德看起来完全正常，言语可信。"拿上经剪辑的影片，他就焦急地跳上出租车，赶回自己在中环的酒店。

的士司机像歌唱一样用英语问布利申："你想不想去找妞儿？都很便宜，非常漂亮。你喜欢亚洲妞儿吗？"

布利申需要尽快赶回自己的房间。他表示没有兴趣。司机想了一阵，脸色突然一亮："噢，原来你喜欢男的！男的！像我一样？"布利申疲惫地回答："我现在好烦。我就想回酒店。"司机仍在坚持："你回到酒店想做什么？"虽然当时不过晚 7 时 30 分，布利申还是告诉司机说他想睡觉。"想必我是他曾见过的最差劲无聊的乘客。"布利申回想道。

回到兰桂坊酒店，布利申给《卫报》在纽约的同事詹姆斯·鲍尔发了一条加密信息。他通过安全连接方式将视频文件上载到一个加密文件夹内。他又将密码单独发送出去。随后，不幸发生了。《卫报》的美国团队居然无法打开该文件。时间在一秒秒地飞逝。最后，该视频文件被迫以非加密方式又发了一次，尽管仍是通过安全连接方式，但仍有可能遭到国家安全局窃取。文件终于安然抵达，这让所有人都长出了一口气。

尽管斯诺登一直以来就明确表示他计划透露身份，但斯诺登的讲话录像还是让在纽约的人们感到松了一口气，感觉安心多了。"看过视频后，我们都被打动了。我们认为他冷静，言之成理。有关他的一切都值得相

信。”米拉说。时候一到，视频准备直播时，新闻编辑室内的氛围令人深深动容。“这是令人提心吊胆的一刻。”吉布森补充说。但编辑们一直面对这样的问题：这样做是否正确？但斯诺登再次作出了自己的战略选择——以自己的方式打出日益受到限制的一手牌。

包括拉斯布里杰在内，共有5人同在办公室内。视频于当地时间下午3时左右被上传至网络。“这就像即将被引爆的炸弹，”拉斯布里杰说，“炸弹爆开后有数秒钟的沉寂，好像什么事情也没有发生一样。”多台电视监视器已被调至不同频道，近1个小时时间内，这些频道播出的是预先录制的周日新闻。下午4时，这篇视频报道的效应终于喷发了。每个频道都在放映斯诺登的影像。CNN播出了完整的12分钟视频。

视频上传至网络时正是香港时间凌晨3时。推特网站立即被点爆。这段视频成了《卫报》有史以来点击率最高的一条新闻。“一位线人以这种方式面对公众实属罕见。我们确信这段视频肯定会备受关注。”马卡斯基尔回忆说，“因为在几篇重要报道之后，再播出这段视频，时间安排得非常巧妙。”

斯诺登一度曾仅为家人、朋友和某些同事所熟知。突然之间，他不再是一个个体，而变成了一个全球现象。他就像一根避雷针，将整个现代化条件下有关国家权力、隐私和安全等议题及各种相互冲突的观点吸引并聚集在自己身上。

斯诺登冷静而又幽默地接受了这一切。他在1014房间同格林沃尔德与马卡斯基尔进行在线聊天，并就自己的外表和引发的网上评论开着玩笑。这是他首次看这段视频。（珀特阿斯先前曾将视频文件发给他，但他的网络连接有问题，无法获取。）视频导致了一个无法避免的结果：斯诺登身份现已暴露，他成了世界头号通缉犯。

追捕已经开始。CNN在格林沃尔德进行的采访中，在屏幕下方打出了“香港，格伦·格林沃尔德”的字幕——这为任何观看的人都提供了《卫报》线人所在地的重大线索。当地中国媒体和外国记者此时研究了视频的每一帧画面，以搜寻线索。他们一开始就被珀特阿斯最初拍摄于W酒店

的影片开头画面所影响，所以都以为斯诺登也在这家酒店内。但根据推特照片中的房间灯具，一位细心的记者后来认出他们是在美丽华酒店。

到了6月10日，星期一，斯诺登开始打起包裹，准备退房离开酒店。此时，珀特阿斯正在对他进行最后一次拍摄。她感到需要去保护他。她认识他最久，且从一开始就相信他。她拥抱了他。她说："我不清楚他当时有何打算。我不知道他下一步会去往何方。"

斯诺登消失了。

在W酒店，马卡斯基尔突然跑了出去。他要买一杯咖啡，还要给自己买一件西装和一件衬衫。来香港时，他只带了两天的衣服。一群CNN记者正在他的门前蹲守。他从马莎百货返回时，发现酒店一片混乱：电视与新闻记者挤满了大厅。酒店经理说，酒店已经"爆满"，只得请马卡斯基尔一行人离开。于是，他们通过货梯溜了出去，上了一辆正在等候的出租车，搬进了喜来登酒店。傍晚时分，各路记者再次找到他们的踪迹。临睡前，马卡斯基尔在门边叠起了椅子。他想，如果有人来找他，他就会收到预警。

两天后，为庆祝此次旅行圆满结束，在珀特阿斯那间能够俯瞰维多利亚港的房间内，格林沃尔德、马卡斯基尔和珀特阿斯三人一起享用了美酒和奶酪。马卡斯基尔酒后沉睡一宿。第二条一大早，珀特阿斯打电话通报了令人担心的消息。斯诺登发来信息说他处境危险。他暗示说自己即将被捕，然后就彻底失去联系了。这让人有了不祥的预感。马卡斯基尔给斯诺登的香港律师打了电话，这些人正在处理斯诺登的案子。但无人应答。他又给警局打了电话。只有语音留言。两小时后，一位律师回电说斯诺登没事。具体细节迷雾重重，但似乎斯诺登已在千钧一发之际得以脱身。

在美国抓获他之前，他还能支撑多久？

8 无时无处不监控

北康沃尔
比尤德监听站
2007年之后

“我们有人才，他们有资金。这种合作一直进行得很顺利。”

——英国政府通信总部前局长
戴维·奥满德爵士

斯诺登对震惊的香港记者说，相比美国国家安全局，英国政府通信总部是更恶劣的侵犯者。英国正在启动一个新项目，来“开发移动设备”，最终目标是，“实现在任何时段和任何地点对任何手机的监控”。

多亏斯诺登，我们现在了解，至少部分了解，英美之间的这种交易到了何种程度。

斯诺登公开的文件恰好说明了英美情报人员是如何亲密合作的。

斯诺登披露的文件，同时还使我们了解了英国间谍的隐秘世界。

国家安全局和政府通信总部大规模地从每个人身上获取海量的数据，而他们大多数是完全无辜的民众。

“五只眼”联盟所宣称的温文儒雅的西方盟友内部没有相互监控的说法似乎并不可信。

遗憾的是，斯诺登提供的文件似乎拆穿了这些谎言。

位于悬崖顶上的比尤德监听站，在方圆几英里的地方都能看到。它坐落在康沃尔“边隅”。这个地方深深延伸进了大西洋，壮观的比尤德监听站就屹立在这里。它周围毫无遮挡，根本无法藏匿。这里有些巨大无比的碟形卫星信号接收器，口径达30米，如同天外来客一般。这些碟形卫星信号接收器耸立在一个白色的高尔夫球似的天线罩四周，就像某个无名之神面前摆放的祈愿的供品一样。整个站区被一层安全性极强的栅栏包围着。每隔几米就有监控摄像头。监听站入口处挂着一块牌子，上面写着：“英国政府通信总部比尤德站”。门口有警卫，这里不欢迎游客。

正门附近是一个叫克里夫科莱森特的村子，村子里是一片破旧不堪的排屋。四周是树木繁茂的山谷，长满了白蜡树、金雀花、黑莓灌木。站在沿海小道上看，风景美不胜收：滚滚浪涛，青灰色的海面，下夏普诺斯角锯齿状的岩层。海鸥，有时还有一只雀鹰，翱翔在狂风肆虐的海岬上空。

斯诺登从政府通信总部内网数据库中，截取了一些较具吸引力的文件，其中有一份是情报学员参观比尤德之后的总结报告。他们得到了参观的机会，并且获准可以进入天线罩一睹其芳容，还可以爬上一座外号“海洋和风”（Ocean Breeze）的更大的碟形卫星信号接收器，仔细地瞧瞧那些天线。在返回的路上，他们中途停了车，吃了点冰淇淋，还在大西洋中泡了泡脚。这份游览日志还谈到了比尤德最初的角色——将“通信卫星信号”传递给“信号情报机构”。换句话说，向英美情报机构提供截收到的卫星通信信号。

长久以来，英国海岸线上这处引人瞩目的瞭望台一直被作为监控之用。18世纪的海关官员在这里监视走私贩。为了发现失事船只，维多利亚时代的牧师罗伯特·斯蒂芬·霍克尔自己在这里建了一间小木屋。霍克尔和他教区的居民会把溺水而亡的水手尸体搬上陡峭的悬崖。二战期间，这

里建成了一个军事基地，名叫克里夫营。现在这里还留存着一座幽灵般的碉堡，枪手们曾经在这里密切监视着是否有纳粹侵略者。

20 世纪 60 年代后期，英国政府通信总部在这块政府地产上建起了一座监听站，目的是窃听相距 60 英里的蜥蜴半岛上的贡希利（Goonhilly Downs）信号接收站所链接的商用卫星。贡希利接收站曾经包揽了全世界国际长途的大部分话务量，但之后逐渐被废弃，并于 2008 年关闭。

然而，比尤德如今又成了英国政府谋划的一个全新也是最野心勃勃的秘密项目的核心。它结出的果实都送给了在伦敦的美国后台老板。这个项目甚是敏感，遭到爱德华·斯诺登曝光之后，英国官员陷入了阵阵焦虑和狂怒。那些官员的梦想是“管控互联网”。而当斯诺登对震惊的香港记者说，相比美国国家安全局，英国政府通信总部是更恶劣的侵犯者时，他想表达的就是这个意思。

比尤德本身是个很小的海边度假胜地，深受冲浪者和泳客的欢迎。这里有一个高尔夫球场，一条有卖新鲜螃蟹的主街，一个露天泳池，还有一家塞恩斯伯里连锁商店。但是，比尤德最重要的角色却是看不见的。马路的尽头是威德茅斯海湾。在这里尽情玩水的度假者鲜有人了解这个海滩的重要性。来自美国东海岸的主要越洋海底通信光缆在这里登陆，包括北阿波罗、TAT–8、TAT–14 和黄色大西洋穿越二号，也称为 AC–2。其他跨大西洋光缆在附近的兰兹角登陆。这些光缆长达数千英里，通常以联营的方式，由大型私有电信运营商管理。

海底光缆的登陆点非常重要，（根据被泄露的美国外交电文显示，）美国国土安全部将它们列为国家关键基础设施。在这个互联网驱动的新通信时代，英国凭借其位于大西洋东岸的地理位置，成为一个重要的光缆枢纽。目前，全世界多达 25% 的互联网流量经由美国、欧洲、非洲和其他东部登陆点之间的光缆，穿过英国领土。剩余大部分流量则在美国有登陆或入境站点。因此，英美掌控了地球上绝大多数快速涌动的数据流。

为了窃听，英美两国的间谍机构都曾尝试利用自己的好运气，对海底所有的光缆探究一番。考虑到两国的历史，这也就不足为怪了。随着技术

的变迁，这两国间谍机构已先后成功截收过无线电信号、微波束和卫星链路。现如今，他们探求如何闯入在最新光电系统中传输的互联网和电话数据的洪流，也是很符合逻辑的。

战后，通过提供包括位于塞浦路斯、锡兰、香港、南非、迪戈加西亚、阿森松岛和中东（如阿曼）等地的全球监听站的入口，英国在所谓的电子情报“五只眼”联盟中赢得了一席之地，其他盟友包括美国、澳大利亚、加拿大和新西兰。但是，帝国的衰落使它失去了一部分优势。

英国还向美国共享了其本土的两个卫星站——位于约克郡河谷南缘的曼威斯山站和负责处理美国中央情报局通信的克劳顿站。但是，英国人借此不停伸手要钱。正如有人曾听英国政府通信总部的一位局长戴维·奥满德爵士乐观地说过：“我们有人才，他们有资金。”

感谢斯诺登，我们现在了解，至少部分了解，英美之间的这种交易到了何种程度。从 2009 年到 2012 年，美国政府向英国政府通信总部至少支付了 1 亿英镑。2009 年，美国国家安全局支付给英国政府通信总部 2290 万英镑。2010 年，美国国家安全局的支付金额涨至 3390 万英镑，这笔钱包含了资助政府通信总部为阿富汗的北约部队服务的 400 万，以及致力“管控互联网”的 1720 万英镑。美国国家安全局后续为比尤德站的再建又支付了 1550 万英镑。这一姿态在戴维·卡梅伦的联合政府财政紧缩时期“保证了（政府通信总部的核心）预算”。在 2011 到 2012 年间，美国国家安全局又向英国政府通信总部支付了 3470 万英镑。

英国官员却嗤之以鼻，说这个数目实际上很小。一位内阁发言人说：“英美两国的联盟合作长达 60 年，我们有一些共同项目，共享资源和各自的专长，这一点都不足为奇。”但是，这些钱却使美国国家安全局具备了一定的影响力。在一份 2010 年的文件中，英国政府通信总部承认米德堡曾就“能否满足国家安全局最低预期提出几个相关问题”。文件称，英国政府通信总部“仍无法完全满足国家安全局的需求”。

美国不满的阴霾一直潜藏着。有一份内部文件曾提出警告：“国家安全局的要求并不是一成不变的，要保持这种‘平衡’在不久的未来仍然是

一个挑战。”另外一份文件称，英国最害怕的是“美国对这种合作关系越来越不重视，从而导致其减少向英国提供入口和投资”。

换句话说，英国人需要保持并证明自身的价值。他们的人数规模只有美国同行的十分之一。如果他们在技术方面落后的话，那么强大的国家安全局可能会终止情报共享，英国在全世界表现出的这种勉为其难的能力随即将灰溜溜地画上句号。

在这种情况下，2009 年 5 月 19 日，“管控互联网”的政府通信总部局长对英国的一个新项目美言不已。他声称该机构一直在挣扎，想竭力跟上技术的新发展：“政府通信总部越来越难获得丰富的流量源，来保证我们有能力协助英国政府、武装部队及海外的合作对象。”

但是，他说，突破性的改变近在眼前。比尤德站在过去两年一直在试验，并且已经取得成效。

问题不在于如何侵入互联网管道——这一点英美两国都能做到。问题是找到一种方法，当数据流在被侵入的光缆内以每秒至少 10 GB 的速度匆匆而过时，去读取并分析数据。

政府通信总部取得的成果将能够建立一个巨大的计算机化的互联网缓存区。该缓存区能存储通信流量。随后，分析员和数据挖掘专家可以回过头来查看并分类整理这一大摊数字材料。完整的内容，比如电子邮件，可以保留 3 天，稍小一点的元数据，如电子邮件联系人和主题行，可以保留 30 天。平淡无奇的材料，如点对点（peer-to-peer）的电影下载，将会过滤出去。

运气好的话，情报机构可以从残留的信息中搜集到感兴趣的目标的有用情报。这个系统就类似一个庞大的回看式（catch-up）电视服务，你可以回到过去，观看之前错过的任何节目。

在比尤德附近，几条重要的跨大西洋光纤电缆设有登陆点。因此，可以相对以低成本侵入，而窃取的数据则改道经过一段较短的距离，到达新的“地区处理中心一站”（RPC–1）。这座处理中心是由几家私有公司组成的联营公司秘密就地建造的，领头的是洛克希德·马丁公司，其他

两家公司分别是英国航空航天系统公司[1]的德蒂克（Detica）子公司和洛基卡（Logica）软件公司。这个信息的秘密提取过程也有其专用缩略语：SSE，代表特殊源数据利用。

到 2010 年 3 月，美国国家安全局的分析员取得了进入比尤德项目的初步权利。比尤德项目最初的代号是“电传打字机翻译器”（TINT），后来被命名为“TEMPORA”。项目被描述成“政府通信总部和国家安全局的共同研究行动”，其独特之处就是允许对互联网数据“进行回顾性分析”。

很快，英国政府通信总部开始夸耀自己的重要成果。“我们开始‘管控互联网’了。我们目前的能力非常惊人。”一份报告提到，全球有 20 亿的互联网用户，其中超过 4 亿是 Facebook 的常规用户，而手机数据流量比上一年增加了 6 倍。该机构认为自己处于这些发展的领先地位。这份报告还称当今的英国“是‘五只眼’联盟成员中拥有最大互联网接入量的国家”。

当然，并不是所有的一切都那么完美。一份备忘录还指出，美国的互联网服务供应商正向马来西亚和印度迁址，而为了不落后，国家安全局“正在这些地方购置地产”。备忘录的作者说：“天呀，我们将看不到这些互联网流量经过英国了。”言外之意，英国也应该如法炮制，“在海外购置设施”。

但是，在 2010—2011 年度的年中总结里，英国政府通信总部的总体基调却比较乐观。总结称，在 24 小时的时段中，该机构能够处理并存储“超过 390 亿次事件”，由此“增强了我们在目标使用互联网的过程中获得独有情报的能力”。显然，这意味着政府通信总部在一天的时间内能成功搜集到 390 亿条信息。

美国国家安全局对英国所做的这一切印象深刻。一份 2011 年“合作活动”的报告写道，英国现在“提供的元数据比国家安全局更多”。到 2012 年 5 月，一份报告称第二座互联网缓存中心已经在切尔滕纳姆[2]

[1] BAE Systems，一般译作英国 BAE 系统公司，是 1999 年 11 月由英国航空航天公司（BAE）和马可尼电子系统公司（Marconi Electronic Systems）合并而成的。目前，它是世界上第二大防卫公司，第三大国防航空公司，以及第三大电子航空公司。——编者

[2] 英国政府通信总部大本营所在地。——译者

建成，具体位置就在庞大的设备先进的圆形总部综合大楼中。这个中心有6000名员工，他们习惯上称大楼为“炸面圈”。第三座海外处理中心也在中东的某个地点顺利组织并建成。整个项目能够收集“大量的数据”！通过“TEMPORA”项目，目前超过“300名政府通信总部员工和250名国家安全局情报分析员”共享着“海量的数据，来协助完成发现目标的任务”。

斯诺登公开的文件恰好说明了英美情报人员是如何亲密合作的。斯诺登在日内瓦为中央情报局工作时，曾参观中央情报局克劳顿站，这个通信基地位于北安普敦郡乡村、牛津以北30英里处。斯诺登曾用“真实的呼哈”网名写道，当看到基地附近绿色的草地上大群的羊在吃草时，他震惊了，这是一幅多么经典的英国景象。

自20世纪50年代起，美国国家安全局在位于切尔滕纳姆的英国政府通信总部和伦敦都有自己的行动分部，而政府通信总部在美国人的曼威斯山站也有工作人员。只要提前通知一下，政府通信总部的员工就可以参观这些警卫森严的美国基地。

国家安全局有一位派驻英国情报部门的高级联络人员，称作高级美国联络官，而英国情报部门在华盛顿以外交名义做掩护的联络官则称为高级英国联络官。级别较低的政府通信总部员工会被分派到国家安全局几乎所有的办事机构，他们被称为“联合员工”。甚至在斯诺登工作过的国家安全局夏威夷基地，也有一名政府通信总部员工。

通常来说，政府通信总部员工在国家安全局办事机构至少要工作到指定的期限。总部会给去那里的英国人提供一份关键词表，帮助他们在美国生活，关键词表会说明如何租车，甚至提醒英国人，美国人说的“行李箱（boot)”其实就是“后备箱（trunk)”。这两家机构之间还有联席会议、培训课程、交流考察、密码学专题研讨以及庆祝晚宴等。人们会怀疑——尽管斯诺登的文件并没有明确说明——两家机构间这种怪异的亲密关系。

这种源于1947年的情报交换一直很成功。一份文件提到“国家安全局和政府通信总部良好合作关系的另一个实例”：英美之间的信号情报合作关系，在个人层面上也通常非常友好，对双方有益，并且持续时间长。

你可以称之为联姻。

斯诺登披露的文件，同时还使我们了解了英国间谍的隐秘世界。政府通信总部员工的薪水可能较低，但是它给自己的语言学家和数学家提供了很多的休闲活动：酒吧竞猜之夜、蛋糕折扣、巴黎迪斯尼乐园旅行以及称作“密码之谜”（Kryptos）的内部猜谜游戏。它甚至还有自己的社交网站“间谍空间”（SpySpace）。在政府通信总部工作的主要不足在于该机构偏远的地理位置，其招聘指南中就写着这样一条：“请描述格洛斯特郡[1]的位置。”

“TEMPORA”项目特别敏感的一个方面，是拥有或运营光缆的通信公司所扮演的秘密角色。政府通信总部称它们为“截收伙伴”，与它们的联络是通过“敏感关系处理小组”完成的。这些公司包括全球的一些龙头运营商。主要的截收伙伴包括：英国电信，其代号是“补救”（REMEDY），威瑞森通信公司的代号是“达可纶”（DACRON），沃达丰光缆公司的代号是“老头儿”（GERONTIC）。四家小规模的运营商也有各自的代号。2009 年，环球电信公司代号为“别针”（PINNAGE），Level 3 通信公司代号是“小可爱”（LITTLE），维尔特尔公司的代号是“玻璃体”（VITREOUS），而因特路特的代号是“街车”（STREETCAR）。

上述公司共同截收了经过英国的绝大多数光缆链接。这些链接在英国的洛斯托夫特、佩文西湾、霍利黑德港（连接英国和爱尔兰共和国间的海上航线）、白沙湾、贡希利等其他海边市镇都有登陆点。

这些公司名称的密级程度比“绝密”还高，定为“电信公司 2 级绝密”——“非常需要控制的信息”。可以预测，这些信息一旦泄露，将导致客户极为不快。斯诺登披露的一份文件就警告说，如果这些公司的身份曝光，将可能造成“严重的政治影响”。情报线人强调，这些公司没有选择的余地。像在美国一样，他们也可以借口他们是被法律所迫。

得益于与企业的合作，到 2012 年，英国政府通信总部每天处理 6 亿

[1] Gloucestershire，该郡位于英国西南部，英国政府通信总部（GCHQ）大本营所在地切尔滕纳姆镇就在这个郡的辖区内。——编者

条“电话记录”，共监听超过200条途经英国境内的光缆，并能同步处理至少46条光缆的数据。这个数据量其实是非常大的——相当于每天超过21拍字节[1]——也就是每24小时将大英图书馆全部馆藏信息传输192次。电信运营商在合作中也得到了英国纳税人丰厚的回报。

然而，政府通信总部内部却仍然担心该机构可能会落后。一位负责管理“TEMPORA”项目的小组成员解释了该机构“使命和作用”的增强模式。新的技术给通信总部提供渠道，去获得海量新数据或“真相”——电子邮件、通话信息和网络电话内容。他说，“在过去的5年间，政府通信总部截取的‘真相’增加了70倍”，分析和处理的材料数量增加了30倍——这是一个惊人的数字。该机构正在“开辟新的天地”，但同时也在努力地迎头而上。“我们的使命变得非常复杂，现有的管理能力已经无法满足需要”。

一份2011—2012年年度内部总结也发出警告：“我们（政府通信总部）在下一年不得不面临两个主要技术风险，一是无处不在的数据加密在互联网上的广泛应用，二是智能手机作为移动互联网设备的爆炸式应用。随着时间的推移，这两种技术可能会对我们目前的情报手段产生重要的影响。”

该机构预测，到2015年，互联网流量的90%将来自于移动电话。2012年，全球已经有1亿部智能手机。移动电话是“所有发明中最能吸引客户的产品”。上述文件还提到，政府通信总部正在启动一个新项目，来“开发移动设备”，意思是“在iPhone和黑莓手机提供的额外功能中获取情报”。政府通信总部的最终目标是，“实现在任何时段和任何地点对任何手机的监控”。

“TEMPORA”及其相关项目可能让我们印象深刻，但在项目成形的过程中，西方间谍机构似乎疏忽了对整体大局的考虑，以至于目前的状态演变成了在大众不知情或没有征得他们同意的情况下，对数百万人的通信内容进行不加选择的收集。

过去，英国间谍会把弹簧线夹接在铜线上，窃听盗贼、恶棍或爱尔兰共和军恐怖分子的电话。这些都是经过批准的政府搜查令上列出的个别目

[1] petabyte，10^{15} 字节。——译者

标，都是身份明确的坏人。但是现在，国家安全局和政府通信总部却大规模地从每个人身上获取海量的数据，而他们大多数是完全无辜的民众。

官方人员坚称，他们并没有那么多分析员来筛选所有的私人通信信息。“大多数数据没有看就全部丢弃了……我们根本没有那么多物力来这么做。”一位官员这样对《卫报》说，“你认为我们正在阅读数百万封电子邮件，但我们实际并没有这么做。整个项目并没有打算利用这些数据来查看英国国内的流量信息——也就是英国人彼此聊天的信息。”在公众场合，政府通信总部局长伊恩·洛班爵士多次使用间谍们的最爱“巨大的数据干草堆”来做比喻。当然，这一“干草堆”里确实有“针”要找。

这个巨大的“干草堆”里既有英国人的通信数据，也有外国人的。在政府通信总部这堆规模庞大的数据垃圾中，除了其他东西，还包括在英国过境的连接谷歌和雅虎国际数据中心的光缆中的内容。

英国间谍机构援引的是英国2000年通过的晦涩不清的法律，该法律批准可以无限制搜集国外情报。他们声称，根据这部《调查权监管法案》，他们可以大规模搜集所有“外部”互联网通信内容。一位情报人员说，“我们做了180度的改变，来遵循这部法案的精神实质和字面条文”。“外部信息”这个词被解释成——有些人会说被曲解成——从至少一端在国外的光缆中监听到的任何信息。考虑到互联网链接的工作方式，这意味着在英国的任何人在发电子邮件时实际上也在与政府通信总部对话。这些不是英国电信公司和谷歌的普通付费注册用户能在合同上发现的内容，甚至不会以最小的字出现在合同的脚注中。

在这堆海量数据的“干草堆”中，英国人和美国人都能对行为模式、朋友圈的联系链环以及目标个人进行秘密检索。英国外交大臣签署的密函——首先是2009年工党的戴维·米利班德，接着是保守党的威廉·黑格——都明显批准了检索请求，目的就是为了调查外国政治意图、核扩散、恐怖主义、严重的金融犯罪和英国“经济状况”。那么，这一切是如何监管的呢？就英国的情况看，政府律师在案件中已一再表明，“恐怖主义”这个词能够被阐释得非常广泛。

每当英国政府通信总部员工成功向美国伙伴提供了有价值的情报时，他们就会大肆宣扬。据说，这样的事情最近至少发生过两次。一次是涉及自杀式袭击者乌马尔·法洛克·阿卜杜勒马塔拉布。2009 年，他把炸弹藏匿于其内衣中，试图炸毁一架飞往底特律的客机。还有一次是时隔 5 个月之后，出生在巴基斯坦的 30 岁美国公民费萨尔·沙赫扎德试图在纽约时报广场引爆汽车炸弹。

针对在美国安放炸弹的恐怖分子，英国政府通信总部做出了“特殊贡献”，美国国家安全局对此表示“非常高兴”。具体的贡献是什么，我们不得而知。就本身的角色而言，2005 年残暴的伦敦“7·7 爆炸案”发生后，美国国家安全局也协助英国政府通信总部进行了相关调查。这次爆炸是自第二次世界大战之后伦敦遭受的最严重的袭击。4 名自杀式袭击者炸毁了 3 列地铁列车和 1 辆公交汽车，共造成了 52 人丧生。

英国政府通信总部否认经常绕过“五只眼”联盟本身的克己规则，代表美国国家安全局对美国公民进行监控。而在搜集英国国民情报方面，美国国家安全局也拒绝承认向英国提供相同的“旋转门”服务。

遗憾的是，斯诺登提供的文件似乎拆穿了这些谎言。他披露了美国国家安全局 2005 年到 2007 年间的备忘录，暗示有时候两家机构确实会互相瞄准彼此的公民。“如果符合两国的最佳利益”，可以允许美国国家安全局将英国人纳入到其大规模监控数据库中。此外，还制定了一个详细的程序，根据这个程序，可以背着英国对英国公民进行监控。“在一定的条件下，当符合美国最佳利益及国家安全需要时，可能建议并允许单方面针对第二方人员和第二方通信系统进行监控。”

由此可见，“五只眼”联盟所宣称的温文儒雅的西方盟友内部没有相互监控的说法似乎并不可信。所有这些被披露的令人惶恐的秘闻和随后引发的全球骚动都意味着——正如泄密者和相关记者很快就会发现的那样——他们的大胆行为，会使得大西洋两岸的秘密情报组织首脑勃然大怒。斯诺登本人、格林沃尔德和《卫报》在伦敦的英国记者很快就能感受到这股怒气带来的影响。

9 你们都玩够了

伦敦　艺文中心

《卫报》总部办公室

2013 年 6 月

“给我自由，让我依着良心去知晓、去言说、去争辩，这是第一自由。”

——约翰·弥尔顿

《论出版自由》

斯诺登把这些材料交给《卫报》，是因为他认为美国国会无法信任。

如果公众对国家的这种“宁可错杀一千不可放过一个”的监视泛滥程度一无所知的话，这种讨论则无从谈起。

这份通告以英国政府通信总部的名义，劝阻这几家媒体不要跟进报道《卫报》美国分社的“棱镜”项目内幕消息。

互联网的创始人蒂姆·伯纳斯·李、起草《爱国者法案》的国会众议员吉姆·森森布雷纳都很支持。甚至连奥巴马总统都说，他欢迎大家来讨论。

在“斯诺登事件”上，《纽约时报》会乐意与《卫报》合作吗?

《卫报》目前处境险恶，警察会随时冲上楼来，拿走斯诺登的资料。

《卫报》总编辑明确表示，他们不打算将文件交出去。最后，电脑终于被砸了个稀巴烂，记者们再把碎块投入消磁器。数据终于被销毁了。英国政府竟然强迫一家大型报社砸碎了自己的电脑。事实上，这并非英国官方高压手段的最高潮。

在原本安静的伦敦艺文中心[1]三楼，深夜还在工作的清洁工推着胡佛牌电动吸尘器，在他旁边，一群人围在一台电脑旁边。他一边走，一边忙着用西班牙语打着电话跟人聊天，似乎并没有留意到这群人看到他时流露出的不安眼神。

在副总编保罗·约翰逊的注视下，进展得奇慢无比的文档汇编和格式处理正在进行，这个过程已经持续了一个晚上。他们并不是想把这些文本传输到普通的《卫报》网络版上，而是拷到了一个大的橘黄色莱斯（LaCie）外置硬盘上——这是为数不多的不常用的设备之一，能够存储几十 GB 的数据。这些文档都是斯诺登的——是被泄露的数万份高度加密的密级文件。

其中有超过 5 万份的文件属于英国情报部门。显然，英国政府通信总部已经将这些文件传给了美国，从而使这些文件落入了这位年轻的美国私人承包商之手。但是，让约翰逊紧张的原因之一是，在英国，拥有这些文件会带来特殊的——而且让人不安的——法律问题。

《卫报》的历史可以追溯到 1821 年曼彻斯特一份特立独行的街头小报，但如今，在伦敦的外形雅致的玻璃墙办公楼看不到任何一点当初的迹象。倒是在大厅里立着一个令人生畏的大胡子人物的半身像，这就是查尔斯·普雷斯特·斯科特，在《卫报》供职长达 57 年半的传奇总编。“意见是自由的，事实是神圣的”，是他的至理名言，这至今仍然是赋予《卫报》生命力的重要原则。

过去，在斯科特强硬作风的影响下，总编艾伦·拉斯布里杰曾处理过

[1] Kings Place，一幢位于英国伦敦国王十字街的 7 层建筑。2008 年 12 月，《卫报》总部搬到了这里。——编者

一些大的泄密事件，其中维基解密是最近、也是最广为人知的一次。但这一次的事件却也史无前例。

英国记者不像美国同行，能享受到宪法对言论自由的保护。同时，美国还有浓厚的文化意识，认为新闻业在社会中扮演重要的作用。虽然这种认识有时可能会导致关注既成事实的行为，但同时也造就了调查性报道的传统，“水门事件”即是这种精神的具体体现。在20世纪70年代，《华盛顿邮报》两名年轻的记者直接导致了尼克松总统的下台。

相比较而言，英国对国家机密采取的却是一种压制性的方式。就在伍德沃德和伯恩斯坦由于披露“水门事件”在华盛顿备受追捧的时候，英国这边一些年轻的记者写了一篇题为《窃听者》的文章。这篇文章首次披露，政府通信总部其实是英国的无线电秘密监听机构。这些记者当即被起诉，并依据《官方保密法》被中央刑事法庭定罪。其中一位记者叫马克·胡森堡，是美国公民，因为被怀疑对“英国国家安全造成威胁”，未经审判就被驱逐出境了。

在这种历史背景下，在一家英国报纸上刊登政府通信总部的绝密文件，是一个相当大的挑战。

由于惧怕德国间谍活动，英国于1911年通过（又在1989年修订）的《官方保密法》规定，英国官员泄露情报信息是犯罪行为。同时，该法令还有条文可以将记者入罪。因为无法以为了特定的公众利益作为抗辩理由，《卫报》编辑可能会触犯该法律条文，其行为便属违法发布情报信息，而这样的披露行为肯定会被视为具有破坏性。此时，唯一可抗辩的就是刊登的文章事实上不会具有破坏性，或者无论如何都不是有意如此。这样，警方也只能近在咫尺，拿《卫报》无可奈何。

伦敦办公室拿到斯诺登文件之后，如果英国政府知晓这些文件确实存在，还可能导致国内发布禁声令。无疑，这些文件都是高度机密，虽然不可能依据它们暴露类似于詹姆斯·邦德的卧底特工，但是这些文件确实是政府财产。国家安全受到了威胁。

依据英国的保密法规，政府可以请求法官立即发布禁令，禁止刊登或

发表一切此类材料，并要求将所有文件返还。法官很有可能会同意这样的请求。虽然报纸本身可以申辩自己披露的文件具有公众利益，并在法庭上对禁令提出质疑，但最好的结果是，这个案子将会使拉斯布里杰卷入一场漫长的、前景并不明朗且代价高昂的法律战。在此期间，《卫报》还将无法报道机密文件的任何内容。因此可以说，禁令是记者的灾难。

第二天，拉斯布里杰与著名的王室媒体法律顾问加文·米勒相对而坐，从法律层面上考虑了自己面临的选择。百分百保险的处理方式就是立即销毁所有有关英国的机密文件，还有一个安全的备选方式是将文件交给通过保密审查的政要，并要求调查其内容——显然，可以接受这些文件的人是保守党前外交大臣马尔科姆·里夫金德。现如今，他是声名狼藉、软弱无能的英国议会情报和安全委员会的主席，理应负责监督如政府通信总部这样的机构。而里夫金德很可能将到手的文件原封不动地直接返回到情报机构手中。

米勒的建议是一方面，但是拉斯布里杰不得不考虑他对斯诺登的责任。拉斯布里杰想，斯诺登是“冒着生命危险才拿到了这些东西”。而且，斯诺登把这些材料交给《卫报》，是因为他认为美国国会无法信任。美国负责处理情报事宜的特别法庭只会秘密运作。只有报纸能够发起他想要的全民大讨论。但是，如果公众对国家的这种“宁可错杀一千不可放过一个”的监视泛滥程度一无所知的话，这种讨论则无从谈起。

“作为一名记者，在一生中要面对的所有职业道德难题中，这是相当大的一个。”拉斯布里杰说。

他决定让一些可信的工作人员详细研究一下所有的文件。该数据集非常庞大，有几份文件明显非常敏感，但大多数都很混乱，且与企业相关：PPT 文件、培训幻灯片、管理报告、数据挖掘程序图表等。虽然很明显，政府通信总部拥有卓越的技术能力和庞大的野心，但是也还有很多情况不清楚。而英国政府通信总部与它的姊妹组织美国国家安全局之间的“特殊关系”出奇地深厚。

《卫报》团队设立了一间小“作战室”，而且对安全性有非常严格的

要求。走廊里安排了 24 小时全天候的警卫人员，他们对照一张人数非常有限的名单，检查出入人员的身份。所有电话禁止在这里使用：一排排的黑莓和智能手机只得躺在室外的桌子上，上面用黄色的百事贴标明了手机主人的名字。这座“碉堡”的窗户全都糊上了纸。所有的电脑都是新的，都没有连接过互联网或任何其他网络——这是针对黑客或网络钓鱼攻击的预防措施。他们要自始至终保持“物理隔离”。

系统登录需要多个密码，没有工作人员知道一个以上的密码。所有的工作内容都是存储在 U 盘里，所有的内容都不上网。角落里的空调机发出低沉的嗡嗡声。房间里还有一个碎纸机。

因为没有自然光，且清洁工严禁入内，“作战室”很快就变得很脏，空气很差。一位来访的客人说：“这间屋子闻起来像一个十几岁男孩的卧室。”

白板上贴的是拉斯布里杰的备忘录：“爱德华·斯诺登找到《卫报》，是因为他说，公众对他所认识到的监视程度一无所知。他认为，技术已经超越了法律或任何人——无论是公民、法庭、媒体还是国会——的能力，导致人们不能够对正在发生的事情进行有意义的监督。这就是为什么我们现在会有这些文件。”

这份备忘录还说：“我们应该寻找与具有较高公众重要性的问题相关的材料。我们不是在进行一般的信息搜罗。”

斯诺登机密资料整编小组由值得信任的资深新闻工作人员组成，其中有《卫报》防务和安全版编辑尼克·霍普金斯，数据编辑詹姆斯·鲍尔，穿梭于伦敦和纽约之间的老将尼克·戴维斯和朱利安·博格。在巴西的格林沃尔德为主报道人。马卡斯基尔则在美国境外进行一切活动。

拥有材料是一回事，理解这些材料又是另一回事。起初，记者们对“1 级”、“2 级”的意思毫无头绪，只是到后来，他们才意识到这是比“绝密”的密级还高的分级方式。格林沃尔德已经给了马卡斯基尔一个有用的线索——寻找一个叫“TEMPORA”的项目。第一天，整个小组一直加班到午夜，第二天早上 8 点又回到了办公室。“TEMPORA”项目引导他

们进入了斯诺登上传的英国政府通信总部的内部“维基”，这让整个过程变得容易得多。大多数情况下，这些资料都是用通俗易懂的英语写的。

很快，白板上就写满了国家安全局和政府通信总部合作项目的各种代码——如塞缪尔·佩皮斯（SAMUEL PEPYS），巨小猪（BIG PIGGY），坏狼（BAD WOLF）。早期的资料分析进展得艰难缓慢。“这些文件技术性特别强，而且极其单调，但绝对精彩。”霍普金斯如是说。霍普金斯有时会大声问：“查库（QFD）是什么意思？”有人就会回答说：“查询数据库。”什么是“10 GB 数据承载设备”？什么是“突变肉汤”、“肌肉男”、“自私自利的长颈鹿”？等等。

最初披露的让人倍感震惊的一份材料是，英国政府通信总部曾监听参加 2009 年在伦敦举办的两次二十国集团峰会的外国领导人。时任工党首相戈登·布朗和外交大臣戴维·米利班德显然授权进行此次监听活动。

英国政府通信总部通过安装密码登录软件，建立了虚拟的本地网吧系统。这使得该机构能破解与会代表们的登录密码，以便随后加以利用。政府通信总部同时还侵入了他们的黑莓手机，以监控其电子邮件和电话。由 45 名分析师构成的小组创建了实时日志，对峰会期间谁与谁进行过通话加以记录，其目标包括土耳其财政部长和其代表团中的其他 15 名成员。当然，这与恐怖主义根本扯不上一丝关系。

《卫报》披露上述材料的时机令人兴趣盎然。戴维·卡梅伦即将在北爱尔兰风景如画的厄恩湖畔承办一次国际会议——八国集团峰会。奥巴马和普京，以及其他国家元首，都将到访。政府通信总部会对他们实施监听吗?

由于担心随时会收到禁令，保罗·约翰逊决定赶制印刷版，投放到英国街头。6 月 16 日，周日的傍晚，他拿到了印刷完毕的 200 份特刊。晚上 9 点 15 分又印刷了 3 万份。这就使得任何工作到深夜的法官更难下令“停止印刷！”，并阻止报纸派送。因为到那时，一切已经为时已晚。

那天晚上，拉斯布里杰的电话响了。在电话那一端的是退休空军少将安德鲁·瓦兰斯。瓦兰斯掌管英国独有的“国防通知”（D-Notice）系统，

通过这个系统，政府可以谨慎地限制媒体，以防其发表据称将危害国家安全的报道。

1993 年，作为促进政府政策公开透明化的试验性举措的一部分，这些特效令被更名为“防务咨询通知”。这一变化是为了向人们说明一个事实，那就是各家媒体可以自愿选择是否寻求政府的建议。

无论“自愿”与否，一般来说，他们可以依靠防务咨询通知来阻止媒体进行相关报道。瓦兰斯此前曾发过一份通告，不仅是给《卫报》，还有英国广播公司、天空电视台和其他英国广播公司和报纸，阐明这些资料是“非公开的、保密的”。这份通告以英国政府通信总部的名义，劝阻这几家媒体不要跟进报道《卫报》美国分社的“棱镜”项目内幕消息。绝大部分英国媒体都表示遵守通告内容，几乎没有对该事件进行报道。而现在，瓦兰斯在电话中明确表示，《卫报》在向全世界报道二十国集团监听事件之前，未能提前咨询他，对此他很关注。

这是英国政府和《卫报》之间斗争的开始。自 2010 年保守党党魁戴维·卡梅伦成为首相以来，拉斯布里杰跟他见面的总时间还不到半个小时。拉斯布里杰说：“这不能说是亲密或建设性的关系。”但第二天，当卡梅伦在厄恩湖畔主持八国集团领导人峰会时，他的新闻官克雷格·奥利弗溜了出去，给拉斯布里杰打了电话。此时，奥利弗身边还有前英国广播公司编辑、资深外交官金·达罗克爵士，他是政府的国家安全顾问。

奥利弗呼呼地抽着鼻子——他正遭受花粉过敏的痛苦——说，《卫报》对二十国集团的报道使国家安全面临着“无意的伤害”。他说，官方对这一事件的披露很不满，有人想直接把拉斯布里杰扔进监狱，“但我们不打算这样做”。

拉斯布里杰说，《卫报》是以一种负责任的态度在处理斯诺登的泄密材料。焦点不是具体的行动项目或姓名，而在于安全和隐私之间的界限。他补充说，《卫报》愿意在今后的报道中与唐宁街加强联系，并就任何具体的安全问题听取他们的意见。

接下来关于“TEMPORA”项目的文章，讲述了英国“全球电信开

发”的丰功伟绩。拉斯布里杰心知肚明，这篇文章可能会招致英国情报组织首脑的更大麻烦。

他主动向奥利弗提出召开电话会议的建议，会上《卫报》会提前把有关“TEMPORA”项目的报道中的关键细节确定下来，其目的是为了避免真正危害到国家安全，同时也是为了避免被处以禁令。在与美国白宫打交道时，吉布森曾使用过同样的方法。早在2010年，在公布一些维基解密电文之前，拉斯布里杰与美国国务院也有过类似的对话。奥利弗表示赞同，他认为政府想要“理性的对话”。但是，当被问及禁令的可能性时，奥利弗拒绝作任何保证。他闪烁其词，说：“啊，如果这个报道异常……”

《卫报》继续跟进，把“TEMPORA”项目的事告诉了国家安全顾问金·达罗克爵士。两天后，政府作出了正式回应。奥利弗抱歉地说：“事情进展得非常缓慢。”他还说，在普京和其他客人走了之后，才在最近向首相介绍了“斯诺登事件”的基本情况。首相表示很“关注”这件事情。奥利弗补充说：“我们假设你拿到的东西确实很多，我们正在就此进行处理。”

结果，卡梅伦最崇高的使者、内阁秘书长杰里米·海伍德爵士亲自到访了。这位高层官员曾为3任首相和3位财政大臣提供过建议。自信、彬彬有礼、睿智的海伍德曾在牛津和哈佛接受过教育，他向来有自己的行事方式。

《镜报》在2012年的人物小传中，称海伍德为“英国最具影响力的人物……但你可能永远都不会听说过他是谁”。文章说，海伍德住在伦敦南部的克拉珀姆，颇具个人风格（他当时正在建一个酒窖和一个健身房）。唐宁街的政策组前负责人尼克·皮尔斯开玩笑地对《镜报》说：“如果我们国家有一部成文宪法，那就要这样说，‘除了杰里米·海伍德永远处于权力中心这个事实之外，我们都是自由平等的公民。’”

就出动内阁秘书长完成类似使命的做法，之前曾发生过不幸的先例。1986年，当时的首相玛格丽特·撒切尔为了从法律角度平息情报机构的泄密事件，派罗伯特·阿姆斯特朗爵士一路到澳大利亚，结果一切都是徒

劳。军情五局当时正在竭力阻挠出版《抓间谍者》——一位不满的前军情五局官员彼得·赖特的回忆录。在这本书中，赖特声称军情五局前任负责人罗杰·霍利斯爵士曾是苏联间谍，而军情五局用"监听及盗窃"的方式纵横伦敦，并窃听了英联邦会议。此次政府通信总部监听二十国集团是彼时事件的重现。

撒切尔的举动导致了一场大灾难。证人席上的阿姆斯特朗被嘲讽，尤其是他自以为是的那句"公务人员有时会'简化事实真相'"。随着事件的公开，赖特的回忆录在世界范围内卖出了几十万册。

6月21日，星期五上午8点30分，海伍德抵达《卫报》位于伦敦艺文中心的办公室。约翰逊说："他那时已经明显很恼火了。""首相、副首相尼克·克莱格、外交大臣威廉·黑格、总检察长和'政府其他官员'对这件事都'非常关注'"，杰里米爵士（海伍德）说。（他故意提及总检察长多米尼克·格里夫，因为所有违反《官方保密法》的起诉案件都是他判决的。）

海伍德想要确保在阿富汗的英国驻军位置，以及"我们的卧底特工"不会被泄露。"绝对保证！"拉斯布里杰对此表示赞同。海伍德承认，政府对《卫报》到目前为止的合理表现方式表示"感谢"，但进一步公开文件可能只会有助于恋童癖者，并危及军情五局的特工。

拉斯布里杰说，《卫报》揭露的监听项目主导了美国的新闻议程，并引发了一场大讨论。每个人都在关注，从阿尔·戈尔到格伦·贝克，从米特·罗姆尼到美国公民自由联盟。互联网的创始人蒂姆·伯纳斯·李、起草《爱国者法案》的国会众议员吉姆·森森布雷纳都很支持。甚至连奥巴马总统都说，他欢迎大家来讨论。

"我们希望你们的看法与奥巴马相同。这场讨论很有意义。"拉斯布里杰说。

海伍德回应道："你们已经引发了大讨论，而且这场辩论正在白热化。你们没有必要再刊登更多的文章。我们不能让这种材料滴滴答答不停地流入公共领域。"

至于是否对《卫报》采取法律行动，他并没有说死。他说，现在是否

让事态“进一步发展”，取决于总检察长和警方。他强调说，“你的确持有赃物”。

拉斯布里杰解释说，英国的行动是徒劳的。斯诺登的材料目前在几个非英国司法管辖区都有存在。他听说过格伦·格林沃尔德吧？格林沃尔德住在巴西。如果《卫报》受到管制，格林沃尔德肯定会辞职，并继续报导。海伍德说：“相比一个美国人的博客，首相对《卫报》要关注得多。首相如此看重你，你应该受宠若惊。”

《卫报》现在已成为外国政府的目标，他接着说。它可能会被中国特工或俄国人潜入。“你知不知道有多少中国特工正盯着你的员工？”他指了指窗外闷热的摄政运河对岸的现代公寓。《卫报》坐落在一个繁忙的十字路口，而在它的一边不远处是国王十字火车站和圣潘可拉斯火车站，两者之间是一个旧货场，这里很快将成为谷歌新的欧洲总部。运河上有驳船、水鸭和水鸡。海伍德指着对面的公寓说：“不知道我们的人在哪里？”根本没法知道他是不是在开玩笑。

显然在幕后，很多人对《卫报》怒不可遏。他们想要采取极端措施。“你了解斯诺登什么呢？政府很多人认为你们应该关门大吉，认为中国人是这一事件的幕后操纵者。”

拉斯布里杰回应道，这些绝密的政府通信总部材料已经共享给了……好吧，成千上万的美国人。毕竟，出纰漏的不是《卫报》，而是政府通信总部在大西洋彼岸的搭档。海伍德眼珠转了转，意思是“你来说说看”。但他坚持认为，英国本身的审查程序是严格的。“写这些东西不符合公众利益。所有这些资料都要经议会仔细审查。我们是在请你们遏制你们的热情。”

拉斯布里杰礼貌地提醒这位杰里米爵士新闻自由的基本原则。他指出，40年前，针对《纽约时报》披露“五角大楼文件”，曾产生过类似的激烈争论。美国官员声称讨论越战行为应该是美国国会而不是新闻界的工作。无论如何，《纽约时报》最终还是报道了这份机密文件。“你现在认为我们披露斯诺登揭发的事情是不对的？”拉斯布里杰向这位政府高官发问。

这次会面无果而终。对于政府来说，这次会面说明《卫报》非常顽固。对《卫报》来说，这次会面表明政府想在幕后施加压力，尝试让讨论之声停止。海伍德的指控——你是在协助恋童癖者等等——从本质上来说是无法证明的。正如后来事情明朗之后的那样，英国政府事实上根本不想使用它严厉的法律权力。据推测，原因很简单：他们担心斯诺登和格林沃尔德有某种像核保护一样的安保措施。如果英政府让警方介入的话，也许所有敏感文件都会泄露到网上，就像维基解密的作风一样。

奥利弗·罗宾斯后来在证人证词中含蓄地说道，政府的想法是“只要《卫报》表示合作，那么最好的战略就是接触”。为了响应《卫报》就即将刊登的内容进行对话，双方提出召开一次高层简报会。会后，《卫报》将“TEMPORA”项目的报道稍作修改，刊登了出来。

这篇报道下午5点28分在《卫报》网站上线，立刻引起反响。公众的愤慨波澜起伏，其中一份评论这样写道：“是谁赋予他们（政府通信总部）权限来窥探我们，而且未经我们同意就把我们的私人信息交给另外一个国家？”

《卫报》编辑尼克·霍普金斯与情报机构之间有联络，这也是他平常的工作之一。“TEMPORA”项目被披露后，霍普金斯向一位政府通信总部官员提议举行和会以消除隔阂。但这位官员回答道：“我宁愿挖出自己的眼睛，也不愿意被别人看到跟你们在一起。”霍普金斯回应道：“如果你把眼睛挖了，就看不到我们下一篇揭露报道了。”另一位政府通信总部职员则建议——半开玩笑地——他应该考虑移民到澳大利亚。

记者们担心报纸的后续报道可能会面临严重的法律压力。“在某个时刻我曾觉得我们不可能完成后续报道。”拉斯布里杰说。他们需要一些应变策略。

2010年，《卫报》曾与《纽约时报》，以及包括德国《明镜周刊》的其他国际媒体成功合作，对维基解密披露美国机密外交电报和战争日志事件进行过相关报道。

目前看，找人合作也有类似的优势，尤其是与美国同行合作。《卫

报》可以利用美国宪法《第一修正案》来保护自己。此外，如有必要，可将整个报道活动搬到大洋彼岸的纽约。在那里，因为吉布森的麻利管理，绝大多数报道已经陆续在写了。

拉斯布里杰与独立新闻网站 ProPublica[1] 的创始人保罗·斯泰格尔取得了联系。这家机构是个非常合适的选择。非营利性的 ProPublica 网站享有"严谨"的良好声誉，其新闻编辑部曾两次获得"普利策奖"。拉斯布里杰通过联邦快递把高度加密的一小部分编选好的文档寄给了斯泰格尔。事实证明，这个简单的低技术含量的方法非常不显眼且绝对安全。于是，ProPublica 的技术记者杰夫·拉尔森随后加入了《卫报》位于伦敦的这座"碉堡"。作为一名计算机科学的毕业生，拉尔森对自己的专业很了解。利用一些图表，他就能够解释美国国家安全局的复杂数据挖掘程序——而这绝非易事。

拉斯布里杰也与《纽约时报》的执行主编吉尔·阿布拉姆森进行了对话。拉斯布里杰与她的前任比尔·凯勒很熟，因此跟阿布拉姆森关系也不错。他们进行对话显得很奇怪。按理说，《纽约时报》和《卫报》是竞争对手。而且实际上，《卫报》刚刚发表了一系列高调的国家安全内幕消息，这是在深度袭击《纽约时报》的传统疆域，大幅侵占其美国阵地。值得称道的是，《纽约时报》跟进了国家安全局的新闻报道，创作了一些值得注意的作品。

在"斯诺登事件"上，《纽约时报》会乐意与《卫报》合作吗？拉斯布里杰直接对阿布拉姆森说，这些资料尤其炙手可热，谁也不能保证《纽约时报》以后会不会有机会看到，对这些资料的使用将会有严格的条件。他还说，"（英国这里的）气氛正在升温"，就像维基解密的那次合作一样，双方可以从中获益：《纽约时报》拿到 U 盘，《卫报》得到美国宪法《第一修正案》的保护。阿布拉姆森表示同意。

[1] 位于美国纽约的一家非政府、非营利、独立的网络新闻机构，自我定位为"致力于公众利益的调查新闻"，曾在 2010 年和 2011 年两获"普利策奖"。其名称出自拉丁语"pro publica"（为了人民）。——编者

斯诺登会如何理解这样的安排呢？他会很高兴？这不太可能。斯诺登曾多次猛烈抨击《纽约时报》。他感觉，这家报纸过于接近美国的权力阶层，而不可信。

然而，另一种方法更糟糕。《卫报》目前处境险恶，警察会随时冲上楼来，拿走斯诺登的资料。接着，专家不可避免会通过各种鉴证手段对硬盘进行详细的检查。可以想见，其结果将可能导致美国加紧正在对斯诺登进行的刑事调查。

两个星期过去了，《卫报》的相关报道还在继续。对于身处“作战室”的那些人来说，这段时期过得艰难且紧张。他们不能跟朋友或同事聊天，只能跟圈子里信任的人交流。随后，在7月12日星期五这一天，海伍德又出现了，陪同他的是身穿粉红色条纹衬衫的克雷格·奥利弗（首相的新闻官）。他们带来的信息是，《卫报》必须返还政府通信总部的资料。政府虽然对此事还是了解不多，但态度似乎正在变得强硬。“我们很清楚你们有什么东西，”杰里米·海伍德爵士说。“我们认为你们大概有30—40份文档。我们很担心这些文件的安全。”

拉斯布里杰说：“你们意识到我们在美国有（这些文件的）备份吗？”海伍德说：“这件事我们可以愉快地解决，或者我们诉诸法律。”然后，拉斯布里杰提出了一个显而易见的妥协建议：政府通信总部可以派技术专家来《卫报》，指导工作人员如何安全地处理这些资料；如有可能，在适当的时候，可以销毁这些文件。他明确表示，《卫报》不打算将文件交出去。“我们还在研究这些文件。”他说。海伍德和奥利弗表示，周末他们会研究下这个建议，但他们希望拉斯布里杰重新考虑拒绝返还文件的做法。

过了3个晚上，在伊斯灵顿附近一家叫“皇冠”的维多利亚风格酒馆，拉斯布里杰正安静地喝着啤酒。这时，他收到了首相新闻官奥利弗的一条短信，询问他是否安排了与卡梅伦的副国家安全顾问奥利弗·罗宾斯的会面。

“你没有同意海伍德提出的与罗宾斯会面的建议，海伍德很是关切。”

拉斯布里杰很困惑，不知道该如何回答。他回了条短信：“（与罗宾斯会面是）关于安保措施吗？”

奥利弗回道 ：“关于返还文件。”

拉斯布里杰说 ：“我以为他提出会面是为了商讨安保措施？”

奥利弗说 ：“不是的。他目的很清楚，会面是为了拿回文件。”

现在看来，这个周末事情发生了变化。拉斯布里杰告诉首相的这位新闻官，双方并没有达成交还斯诺登文件的协议。

奥利弗直截了当地说 ：“你们都玩够了。现在是把文件交回来的时候了。”

拉斯布里杰回答说 ：“我们显然不是在谈同一件事。这不是我们同意的内容。如果你们改变了想法，可以。”

接着，奥利弗转向了他的大棒策略，他说 ：“如果你不返还文件，今天晚上我们就不得不跟‘其他人’聊聊了……”

这次谈话让拉斯布里杰颇感震惊。因为 6 个星期前，第一份斯诺登档案发表的时候，唐宁街的处理方式并非那么紧急——经常要经过几天的时间才能做出反应。这种官僚作风式的延迟近乎到了懒惰的地步。而现在，唐宁街却想在几小时内解决问题。一位知情人士说，“我们（刚开始）只能坐在那里，想‘噢，我的上帝’”。现在，安全部门有可能从某个敌对势力那边侦察到某个迫在眉睫的威胁，抑或政府官员被激怒了，抑或慵懒的卡梅伦下了命令去处理这件事。

第二天上午，罗宾斯打来电话。38 岁的罗宾斯一直平步青云——牛津大学，财政部，托尼 · 布莱尔的首席私人秘书，内阁办公室的情报总监。罗宾斯称，一切“都结束了”。部长们亟须确保斯诺登的文件已被“摧毁”。他说，政府通信总部的技术人员也想对斯诺登文件进行检查，以便查清其“旅行经过”：是否曾被第三方截获过。

拉斯布里杰不停地说 ：“这没有道理。这些文件在美国人手上。我们也将继续从美国进行报道。你们将失去对事态任何意义上的控制。你们不会与美国新闻机构进行这样的对话。”

拉斯布里杰接着问 ：“你是不是在明确表示，如果我们不交出文件，你们就关停我们报社？”

“是的，我就是这个意思。”罗宾斯回答道。

这天下午，《纽约时报》的吉尔·阿布拉姆森和她的编辑部主任狄恩·巴奎特，偷偷溜进了《卫报》的伦敦办公室。

《卫报》提出 14 条合作条件，条理清晰地写在一张 A4 纸上。

合作条件规定，这两家报社将携手合作，共同研究斯诺登文件。拉斯布里杰知道，《纽约时报》新闻部有记者具备丰富的国家安全专业知识。而后，拉斯布里杰说：“这个人（斯诺登）是我们的线人。我认为，你们也应该把他作为你们的线人一样对待。”他还补充道，确切来说斯诺登和格林沃尔德都算不上《纽约时报》的粉丝。英国记者会加入团队，和《纽约时报》的同行并肩战斗。

阿布拉姆森冲着他苦笑了下，表示同意这些条件。

接着，阿布拉姆森和巴奎特抵达希思罗机场，准备飞回纽约。但是，安保人员把他们拦到了一边。这是一次偶然的停留？还是在找政府通信总部的文件？他们身上没有发现文件。文件已经被秘密带到了大西洋彼岸。

拉斯布里杰自己也到了要离开的时间，他要去参加在法国中部洛特河谷（Lot Valley）定期举办的“钢琴夏令营”。他最近新出版了一本书，书名为《再弹一遍》，书中讲述了他如何一边完成耗时耗力的编辑职责和维基解密的报道，一边学习弹奏肖邦最难弹的作品——《第一叙事曲》。与约翰逊商议之后，拉斯布里杰决定，虽然发生了这么多戏剧性的事情，他不妨按计划离开。他登上了开往波尔多的“欧洲之星”高铁。刚开始他很难集中精力听音乐，然而不久之后，他就完全陶醉于德彪西[1]的曲子中了。

在拉斯布里杰苦练钢琴演奏技巧的同时，伦敦的事件也在发展，他后来将这段时间发生的事情形容为《卫报》悠久历史上最奇怪的插曲之一。奥利弗·罗宾斯又出现了。“他礼貌得一丝不苟，举止相当得体。没有一丝明显的侵犯言行。”约翰逊说。但这位高官表示，政府要没收《卫报》的

[1] Claude A. Debussy（1862—1918），法国作曲家，代表作有《浪子》《牧神午后》等。——编者

电脑，并进行司法鉴定。约翰逊表示拒绝。他说他对斯诺登和《卫报》记者负有责任。这位副总编提议走另一条路：为避免被停业，《卫报》将在政府通信总部的指导下砸毁自己“作战室”的电脑。罗宾斯表示赞成。

这就像是一出卢德运动[1]拙劣而滑稽的模仿剧：一些人被派过来砸电脑。

7月19日，星期五，两位来自政府通信总部的男子拜访了《卫报》。他们自称“伊恩”和“克里斯”，见了《卫报》行政主管希拉·菲茨西蒙斯。伊恩对她说：“你桌子上有塑料杯，塑料杯可以变成麦克风，俄罗斯人可以透过窗户发射激光束，把你的塑料杯变成监听设备。”说得好像克里姆林宫能玩詹姆斯·邦德小说里的那些技巧似的。《卫报》戏谑地称这一对为“霍比特人”。

两天后，“霍比特人”又回来了，这一次是和罗宾斯一起，另外还有一个叫卡塔的难对付的公务员。两个“霍比特人”当中，伊恩更年长些，身材矮小，更爱说话，穿着衬衫和休闲裤，从口音可以判断他来自南威尔士。克里斯个子高一些，但沉默寡言。他们带着一个神秘的大背包。这两人之前都没有与记者打过交道，对他们来说这是全新的体验，而正常情况下他们是禁止与媒体友善交往的。

伊恩做了一番解释，讲他可能会如何侵入《卫报》的秘密“作战室”：“我会给警卫5000英镑，让他安装一个仿制键盘。然后，派秘密行动人员收回仿制键盘。这样，我们就会看到你们所做过的一切。”（这个计划基于多个极其乐观的假设之上。）卡塔对此摇摇头：很明显，伊恩的一番自说自话根本不受她欢迎。

伊恩接着问：“我们能看看那些文件吗？”约翰逊说不能。

接下来，政府通信总部的这行人打开了自己的背包，里面的东西看起来像一个大微波炉。这个奇怪的东西其实是一个消磁器，其目的是破坏磁场，从而擦除硬盘和数据。这东西是泰利斯（Thales）电子公司制造的。

[1] Luddism，指1811—1817年间在英国，以破坏机器为手段反对工厂主压迫和剥削的自发工人运动。——译者

（消磁器字面意思是“去高斯设备”，其叫法源于一个叫卡尔·弗里德里希·高斯的人，他的名字“高斯”被用作表示磁感应强度的单位。）

那两个“霍比特人”，与其说是“好警察和坏警察”——不如说是“坏警察和沉默警察”。

伊恩说：“你们会用到这个设备。”

约翰逊说：“谢谢，我们自己会买消磁器。”

伊恩说：“不，你们不会买的。这东西要3万英镑。”

约翰逊说：“哦，那我们也许不会买。”

不过，《卫报》的确同意购买这个政府情报机构推荐的其他所有的东西：角磨机，达美牌电钻机——带旋转套头的钻孔机，防护面罩。“到时会有很多烟和火花。”伊恩警告着，然后，严肃而又饶有兴趣地补充道，“我们现在可以取消黑色直升机[1]了……”

到了第二天中午，也就是7月20日，星期六，那两个“霍比特人”又回来了。他们跟随（《卫报》副总编）约翰逊、（网络系统版编辑）布里森以及（行政主管）菲茨西蒙斯一起下到没有窗户的混凝土地下室第三层。房间是空置的，但堆满了旧报纸时代的遗物：20世纪70年代用于设置版面的行式排版机，《卫报》报名的巨型拼写字母，这曾经是法灵顿路[2]旧办公室的装饰物。

3名《卫报》员工穿着牛仔裤和T恤衫，在伊恩的指导下轮流把电脑的部件一块块地砸碎：黑色的方盒子，电路板，芯片。这份工作很吃力，让人大汗淋漓。不久，就蹿出火花、火焰，还有大量的灰尘。

伊恩惋惜地说，因为政府通信总部的泄密事件，他不能再讲自己最喜欢的笑话了。伊恩以前会去毕业招聘会，希望吸引聪明的求职者来应聘政府间谍的职业。他每次讲话结束的时候都会说：“如果你想往前再走一

[1] black helicopter，常用来喻指政府情报机构。最早源自美国，这些人通常穿黑衣，并驾驶黑色或深色的直升机。——编者

[2] Farringdon Road，《卫报》总部在搬到现址前的办公所在地，位于伦敦中部，始建于19世纪40年代，是世界第一条建有地下铁轨的街道。——编者

步，打电话给你的妈妈，告诉她。剩下的让我们来做！”他抱怨说，政府通信总部的新闻办公室已禁止他这样插科打诨。

随着打砸和拆卸的继续，伊恩透露说，他是一个数学家——而且是一个很非凡的数学家。他说，他加入政府通信总部的那年，共有700人申请这个职位，100人参加面试，只有3个被录用。菲茨西蒙斯评论说：“你一定很聪明。”伊恩回答道：“是有人这么说。”克里斯翻了个白眼。这两个政府通信总部的人还用iPhone手机拍了照片。最后，电脑终于被砸了个稀巴烂，记者们再把碎块投入消磁器，就像孩子们把模制塑胶品扔进了一个箱子。所有人都往后站了站。伊恩弯下身子仔细查看。什么都没有发生，还是什么都没有发生，最后终于砰的一声巨响。

整个过程花了3个小时。数据终于被销毁了。拿着三角激光器的俄罗斯间谍没有可能得到这些数据了。两个“霍比特人”很高兴，布里森则很怅惘。他后来说：“这个东西我们曾一直在设法保护，最后却完全被毁掉了。”这些情报人员和《卫报》三人组握了握手，而伊恩却匆匆离开了。（他说自己有点急，因为第二天他有一个婚礼要参加。）“霍比特人”显然不经常来伦敦。他们离开的时候还大袋小袋拿着买好的东西，都是给家人的礼物。

约翰逊说：“这种情况令人匪夷所思。”英国政府竟然强迫一家大型报社砸碎了自己的电脑。这个非同寻常的时刻掺杂着闹剧般的滑稽和斯塔西[1]的铁腕。事实上，这并非英国官方高压手段的最高潮。高潮还没有来到。

---

[1] Stasi，也译成“史塔西”，民主德国国家安全部，曾经是世界上最强大的情报机构，全称是“德意志民主共和国国家安全部”，成立于1950年2月8日，因监控国内民众而声名狼藉。——编者

10 不作恶

加利福尼亚州
硅谷
2013 年夏

“他们不到觉悟的时候，决不会造反。”
——乔治·奥威尔
《一九八四》

这些行尸走肉者就是公众，他们并没有意识到 iPhone 给情报机构提供了原先连“老大哥”都难以想象的新的监听能力。美国国家安全局已经研发出侵入 iPhone 手机的技术。

绝密的“棱镜”项目，使得美国情报界能够获得大量的数字信息，而从“棱镜”项目中提取的情报大多数都被递上奥巴马总统的办公桌。

斯诺登说，正是由于他对“棱镜”项目的忧虑促使他揭露这些秘密。在过去的 10 年里，美国一直在秘密搜集几乎所有进出美国的通信信息。

美国国家安全局最初的使命是搜集对外情报，但它似乎离最初的目标已经渐行渐远……现在，它正在大量搜集国内通信信息。在这个“大数据”的新时代，该机构的情报监控从具体变得包罗万象，从面向国外变成了斯诺登所说的“无所不知、全自动、大规模的监控”。国家安全局的分析师是人类历史上最强大的间谍。

国家安全局成功破解的正是这些电缆，时机就选在它们在英国过境的时候。

国家安全局继续推进，偷偷将“陷阱门”植入被数百万用户使用的商业加密软件中。普通大众并不知道他们加密的日常通信现在可以被破解了。问题在于国家安全局偷偷摸摸的反加密运动可能带来灾难性的不必要的后果。

为了追求让美国人更安全，国家安全局降低了美国通信的安全性，也无形中破坏了整个互联网的安全性。这是多么荒谬的悖论啊。

这是一个标志性的商业广告。1984 年，为了推出麦金塔（Mac）电脑，史蒂夫·乔布斯制作了一则征服世界的广告。这则广告借用了乔治·奥威尔著名反乌托邦小说的主题，并更换了这部小说的主角——用苹果公司替代温斯顿·史密斯。这家充满勇气的公司将与“老大哥”[1] 的暴政作斗争。

正如沃尔特·艾萨克森在他所著的乔布斯传记中讲述的那样，苹果公司创始人是反主流文化思潮的追随者。他奉行禅宗、抽大麻、赤着脚到处走动、崇尚风靡一时的素食。“花的力量 [2] 和处理器力量的完美融合”在他身上得以体现。甚至随着苹果快速成长为一个价值数十亿美元的公司，乔布斯依然支持计算机应用的早期颠覆分子和长发的先驱们——正是这些黑客、盗版者、电脑迷和怪胎，使未来成为可能。

这个商业广告由雷德利·斯科特执导，他因为导演《银翼杀手》而享有盛名。在广告中，大屏幕上放映着“老大哥”的训话画面，下面坐着一排排的工人。这些光头寄生虫身着相同的制服。突然，一位年轻貌美的女子闯进这灰色的噩梦。她穿着橙色短裤、白色背心，还拎着把锤子！在她身后，手持防暴装备的警察在追赶。当“老大哥”大声宣布“我们必将胜利”时，女主角用力把锤子向他扔去。顿时屏幕爆炸，光芒四射，工人们目瞪口呆。正在此时，一个声音平稳流畅地宣布 ：“1 月 24 日，苹果公司将推出麦金塔电脑。你会明白为什么 1984 年不会是小说中的 1984 年。”

[1] Big Brother，小说《一九八四》中的独裁者。后来，此名称也泛指一切操纵别人的独裁组织和政府。——编者

[2] 花的力量（flower power），嬉皮士的一种非暴力政治主张，主张用和平与爱情进行社会改良。——译者

在“超级碗”橄榄球大赛期间，共有大约1亿美国人观看到了这个时长60秒的广告，这个《1984》后来也被誉为有史以来最好的广告之一。艾萨克森写道：“最初，技术人员和嬉皮士未能好好地交流。反主流文化思潮中，许多人认为电脑是不祥的东西，会像奥威尔描述的那样把社会统治得非常严格而失去人性，而这是五角大楼的职权所在，是一种权力取向的文化。”

但是，这个商业广告宣传的却是相反的观点——电脑是很好的东西，它是革命性的产物，赋予人能力，是自我表达的工具。麦金塔电脑是一种反对国家监视一切（all-seeing state）、坚持自由的方式。

近30年后，也就是2011年乔布斯去世之后，美国国家安全局的一位分析师提出一个自鸣得意的想法，反驳苹果公司的观点。他准备了一个绝密的陈述报告，为了更好地说明开场幻灯片，他从乔布斯的广告中截取了几幅图——一幅是“老大哥”，另一幅是拿着锤子、穿着橙色短裤的金发女主角。

在标题“iPhone定位服务”下面，他打了下面几个字：

“在1984年谁知道……”

下一张幻灯片是刚去世的乔布斯，他手里拿着一部iPhone。

“这才是‘老大哥’……”

第三张幻灯片显示的是成群激动得大喊大叫的顾客在庆祝买到了iPhone 4，一个粉丝脸上还印着乔布斯的名字。分析师的最后一行总结性文字写道：

“……而花钱买iPhone的消费者才是行尸走肉者。”

这些行尸走肉者就是公众，他们并没有意识到iPhone给情报机构提供了原先连“老大哥”都难以想象的新的监听能力。“花钱买iPhone的消费者”成为了奥威尔笔下无意识的寄生虫。

对于任何认为数字时代就是关于创造性表达和“全盛权力”的人，上述陈述报告令他们震惊不已，这是对史蒂夫·乔布斯愿景的一种侮辱。这样做就像将污垢泼向嬉皮士的长衫，践踏他们的手鼓。这位国家安全局分析师的具体身份我们不得而知，但这个观点似乎反映了这个情报机构在

"9·11"之后日渐傲慢和不负责任的思维。斯诺登称国家安全局行事只需"自我批准"。在有关谁是互联网统治者的辩论中，国家安全局的答案令人沮丧，他们说："我们是。"

这些幻灯片后来交给了劳拉·珀特阿斯，并由德国《明镜周刊》发表。幻灯片表明，美国国家安全局已经研发出侵入 iPhone 手机的技术。国家安全局还选派专业团队研究其他智能手机，比如安卓手机。他们也瞄准黑莓手机，这种手机以前被认为是白宫高级助理坚不可摧的首选设备。国家安全局可以截取大量照片和语音信箱。它还可以侵入 Facebook、谷歌地球和雅虎通。地理数据尤其有用，它可以定位目标何时去过什么地方。该机构每天搜集数十亿条世界各地手机用户的位置记录，然后进行筛选——使用强大的分析学方法——来发现"旅游同行者"。这些都是以前未知的某一目标的联系人。

另一个秘密项目拥有一个标志，该标志源于 20 世纪 70 年代平克·弗洛伊德的经典专辑《月之暗面》。它展现的是一个白色三角形将光分割成五颜六色的光谱。这个项目叫"棱镜"。斯诺登泄露了一份由 41 张幻灯片构成的解释"棱镜"功能的 PPT 演示文稿。

其中，一张幻灯片强调了硅谷的科技公司签约成为国家安全局企业合作伙伴的日期。第一家向"棱镜"提供资料的是微软公司，时间是 2007 年 9 月 11 日，即"9·11 事件"发生 6 年后。接下来是雅虎（2008 年 3 月）和谷歌（2009 年 1 月）。再接下来有 Facebook（2009 年 6 月）、Paltalk（2009 年 12 月）、YouTube（2010 年 9 月）、Skype 公司（2011 年 2 月）和美国在线（2011 年 3 月）。不知什么原因，苹果公司坚决抵制了 5 年，是最后一家签约的大型高科技公司。它于 2012 年 10 月——乔布斯去世整整一年后——才加入。

绝密的"棱镜"项目，使得美国情报界能够获得大量的数字信息——如电子邮件、Facebook 的帖子以及即时消息。这样做的理由是需要通过"棱镜"项目跟踪居住在美国以外的外国恐怖分子。很明显，这个数据搜集项目不需要单个的许可证。相反，联邦法官根据《对外情报监视法》笼

统地批准了“棱镜”项目。到“棱镜”项目被斯诺登披露时为止，至少有9家高科技公司已经加入该项目。（幻灯片显示，Dropbox在待加入名单上，推特网没有被提及。）

最尖锐也是最具争议的问题，是国家安全局如何访问这些个人资料。上述关键幻灯片称，数据是“直接”从谷歌、雅虎等9家“美国服务供应商”的“服务器上”搜集的。

在香港时，斯诺登坚决表示，这种“直接访问”模式实际是“棱镜”项目的工作方式。他告诉格林沃尔德：“美国政府拉拢美国企业的力量来实现自己的目的。像谷歌、Facebook、苹果和微软这样的公司都与国家安全局走到了一起，（他们）向国家安全局提供直接路径，让后者可以访问你使用的所有系统的后门，包括通信、数据存储、云存储甚至是送生日祝福以及记录生活点滴的一切系统。他们给国家安全局直接访问权限，这样他们就不需要监督，因此也就不能被追究法律责任。”

被披露的“棱镜”项目文件来源于国家安全局工作人员培训手册。这个手册制定了几个步骤。首先，是复杂的“设定任务”过程。分析师利用“棱镜”或给“棱镜”设定任务，去寻找新的监控目标。接着，一位主管会审核该分析师的搜索词，这些搜索词被称为选择因子。然后，这位主管将同意分析师的“合理看法”，认为目标居住在美国境外。（这个标准是相当低的，根据规定，只要有“51%的信心”就行。）

一旦一致确定目标，“棱镜”就开始工作。在高科技公司里，联邦调查局精良的设备提取匹配的信息。联邦调查局有自己的数据库，用来剔除——或者用幻灯片里的话说叫“研究并验证”——数据可能被误取的美国人。（但是，这个系统并非万无一失。）接着，联邦调查局把这个数据交给国家安全局，然后国家安全局用一套分析工具对数据进行处理。这套分析工具包括：“码头”（MARINA），筛选并保存互联网记录；“主干道”（MAINWAY），筛选并保存通话记录；“灯芯绒”（PINWALE），筛选并保存视频记录；“核子”（NUCLEON），筛选并保存声音记录。

另一张幻灯片说，美国国家安全局拥有“实时报告能力”。换句话

说，目标每发送一封电子邮件、写一条短信、开始聊天甚至打开电脑，这家情报机构就能收到通知。

斯诺登的幻灯片，使人们大概认识到“棱镜”项目对美国情报工作的重要性。到2013年4月5日为止，美国的“棱镜”项目数据库中有117675名被监控的活跃目标。据《华盛顿邮报》报道，从“棱镜”项目中提取的情报大多数都被递上奥巴马总统的办公桌，占总统所获情报报告的七分之一。英国间谍也能读到这些情报。

这份培训手册给人的印象是，硅谷的各家公司尽管热情程度不同，但都积极地在与美国国家安全局合作。9家高科技公司的企业标志会出现在每张“棱镜”幻灯片的顶部。乔布斯的苹果公司就是其中之一。这些标志看起来仿佛是许多只色泽鲜艳、光彩夺目的蝴蝶。

斯诺登说，正是由于他对“棱镜”项目的忧虑促使他揭露这些秘密。“棱镜”项目是他泄露给格林沃尔德和珀特阿斯第一批文件中的一份。但“棱镜”项目只是整个令人不安的局面中重要的元素之一。在过去的10年里，美国一直在秘密搜集几乎所有进出美国的通信信息。

美国国家安全局最初的使命是搜集对外情报，但它似乎离最初的目标已经渐行渐远，就像一个巨大的超级油轮离它的锚越漂越远。现在，它正在大量搜集国内通信信息。在这个“大数据”的新时代，该机构的情报监控从具体变得包罗万象，从面向国外变成了斯诺登所说的“无所不知、全自动、大规模的监控”。

该机构还有另一个大动作，也是高度敏感的电缆窃听项目，与英国政府通信总部的“TEMPORA”项目并行展开，其代号为“上游”（UPSTREAM）。这个项目使国家安全局可以直接接入光缆，搜集其中携带的进出美国及美国周边的互联网和电话数据。

其中的一张幻灯片将“上游”项目解释为：“随着数据流经，对通过光缆和基础设施的通信进行搜集”的项目。幻灯片显示了美国横贯太平洋和大西洋两个方向的棕色光缆的地图。这幅图看起来像一只巨大海洋生物

浓密的触须。从图上看，美国对南美、东非和印度洋等的国际光缆都有窃听。光缆周围有绿色的环，这些绿环链接到一个标着“上游”的盒子。这个盒子下面还有个标着“棱镜”的盒子，两个盒子中间有一条给国家安全局数据搜集员的指令：“这两者你都应该利用。”

作家詹姆斯·班福德援引前国家安全局揭露者威廉·宾尼的说法，认为“上游”项目能搜集到80%的通信情报，而“棱镜”项目则能挖出“上游”项目可能错过的任何信息。

斯诺登告诉格林沃尔德：“美国国家安全局并不局限于外国情报。它搜集所有从美国过境的通信信息。实际上，所有从美国大陆任何地方的入口或出口站进出的通信信息没有不被监视、搜集和分析的。”他指的这些就是“上流”项目。

由于全球大量互联网流量流经美国，25%流经英国，美国国家安全局和英国政府通信总部这两大情报机构有能力侵入全球大部分的主要通信。斯诺登泄露的资料显示，美国国家安全局监察长2009年的一份报告也承认了这一点。报告中说：“美国通过各种手段执行对外情报搜集活动。其中最有效的方法就是与商业实体合作，以便获取其他方式无法获得的信息。”

该报告提到“美国自己的地盘作为全球电信主枢纽的优势”。报告还说，国家安全局目前与超过“100家美国公司”有关系。这种私营企业和间谍机构的合作关系一直可以追溯到“第二次世界大战时期”。

特别是，多亏与两家未提及名称的公司联手，国家安全局才能够窃听世界，或像这位监察长所说的那样，获取“大量在美国过境的通过光纤电缆、网关交换机和数据网络传输的外国对外国通信信息”。

在国际长途电话方面，美国具有相同的“优势”。在国际电话系统中，绝大多数国际长途电话在到达最终目的地的途中，都要通过为数不多的几个交换机或“咽喉要道”，而很多交换机都在美国。报告称，美国是“国际转接电话业务的一个重要十字路口”。报告中的数字非常惊人：2003年，在1800亿分钟通话中，20%来自或终止于美国，13%从美国过

境。关于互联网的数据更大。2002 年，只有一小部分国际互联网流量不经过美国。

美国国家安全局与电信公司的合作是非常有利可图的。为了换取 81% 的国际电话进入权，华盛顿每年向私营电信巨头支付数亿美元。英国政府给其国内的“截收合作伙伴”，特别是原国有企业英国电信以及沃达丰，支付多少费用，我们不得而知，但这笔款项将跟美国的差不多，同样数额巨大。

过去 10 年，美国国家安全局的能力是惊人的。有英国和其他“五只眼”盟友作为后盾，该机构能够进入光纤电缆、电话元数据以及谷歌和 Hotmail 的服务器。国家安全局的分析师是人类历史上最强大的间谍。斯诺登称，他们几乎能够在任何时候把任何人作为目标，包括美国总统。

“国家安全局和整个情报界基本上都致力于在任何地方、通过任何可能的方式获取情报，”斯诺登说，“原本我们看到他们将重点仅限于国外情报上，现在却看到情报搜集也在国内发生。要做到这一点，国家安全局确切地说是瞄准了所有人的通信。默认情况下，国家安全局把所有信息收入其系统，然后进行过滤、分析、评估，并将信息存储一段时间。这样做的原因很简单，这是达成目的最容易、最有效、最有价值的方式。”

斯诺登曾断言，作为国家安全局的一名分析师，他拥有超能力。整体来看，曝光的这些文件也使斯诺登的话更为可信。

“虽然国家安全局可能瞄准的是某个与外国政府有牵扯的人，或是恐怖主义犯罪嫌疑人，实际上为了达成目的，他们正在搜集你的通信信息。通过设定任意选择因子，任何分析师可以随时瞄准任何地方的任何人。这些通信信息能否被截取，取决于该分析师的传感网络范围和被赋予的权限。并非所有分析师都有能力瞄准任何人。当然，我有这个权限，只要有个人电子邮件（地址），我坐在办公桌前就可以窃听任何人，从你自己到你的会计师，到某联邦法官，甚至是总统。”

“棱镜”项目的披露，激起了旧金山湾区高科技生活圈咆哮般的回

应。人们先是困惑，然后拒绝接受，继之变得愤怒。坐落着众多大型科技公司的圣克拉拉谷[1]喜欢将自己视为反政府典范。飘荡在库比提诺[2]和帕罗奥图[3]的哲学思潮是自由主义和反建制精神，这是自黑客界崛起的硅谷的遗产。同时，这些企业还争夺政府合同，为了创造有利条件聘请华盛顿的前政府员工，花费数百万进行游说，制定有利于自己的立法。

显然，被指控与美国最强大的情报机构合作是企业的一大灾难，也是对硅谷自我形象的侮辱，更是对高科技产业具有创新性和反传统性的看法的侮辱。谷歌一直为自己的使命宣言“不作恶”而自豪；苹果使用的是乔布斯式的命令式“不同凡想”；微软的座右铭是“你的隐私是我们的首要任务”。这些企业的口号现在似乎适得其反，嘲笑着这些口号的创始人。

《卫报》发表“棱镜”报道之前，它的美国分社商业版记者，多米尼克多·卢瑟，浏览了一遍自己的通讯簿。他给前奥巴马政府官员、现在 Facebook 担任公关人员的萨拉·斯坦伯格和苹果公司的公关经理史蒂夫·道林分别打了电话。他还致电给微软、PalTalk 以及其他公司。他们都否认与国家安全局有自愿合作关系。

“简直一片恐慌。他们说从来没有听说过‘棱镜’项目。”卢瑟回忆说，“他们说没有给任何人直接访问权。越来越高级的技术主管打电话过来，他们的问题比答案还多，我完全被轰炸惨了。”

这些高科技公司都表示，他们只是为了回应某一具体法庭庭谕，才向国家安全局透露相关信息。他们说，根本不存在所谓（提供信息的）一揽子政策。Facebook 透露，在 2012 年的后 6 个月内，该公司共将 18000 到 19000 名用户的个人资料交给美国各执法机构，不仅是国家安全局，还有联邦调查局、联邦机构和当地警察。

---

[1] Santa Clara Valley，位于美国北加利福尼亚的旧金山湾南部，因主要坐落在圣克拉拉县境内，故得名。它主要由南湾（South Bay）和硅谷（Silicon Valley）组成。——编者

[2] Cupertino，圣克拉拉县西部的城市，与该县县府圣荷西（San José）相邻，是硅谷核心城市之一，也是苹果公司、赛门铁克（Symantec）等大公司总部所在地。——编者

[3] Palo Alto，也是圣克拉拉县内的一座城市，位于旧金山湾区西南部，西侧毗邻著名学府斯坦福大学。——编者

有几家公司强调，他们已经在对外情报监视法法庭提出法律质疑，试图披露更多有关政府秘密要求得到信息的内容。谷歌坚持说："我们不向任何政府，包括美国政府，提供访问我们系统的权限。"谷歌首席架构师约纳坦·曾格尔说："我们打冷战不是为了把自己变成'斯塔西'"。雅虎表示，它已经斗争了两年，想要披露更多的信息，并对 2008 年《对外情报监视法》修正案提出质疑，但它的努力迄今未果。

不过，美国国家安全局的文件看起来却很清晰明了。这些文件说，他们拥有"直接访问权"。

当被问到怎么解释其中不一致之处时，一位谷歌高管称，这是一个"谜题"。他完全不理会"棱镜"幻灯片，认为这是一份没谱的"内部营销"文件。他补充道："根本没有可以把数据给国家安全局的后门方法，一切都是通过前门进行的。他们给我们发了法庭庭谕。我们必须依法遵循。"

但 2013 年 10 月，人们发现确实存在这么一种后门，只是所涉及的公司对此一无所知。据《华盛顿邮报》披露，国家安全局从雅虎和谷歌秘密窃取数据。它的方法真是精妙："在英国领土范围内"，美国国家安全局侵入雅虎和谷歌内部连接自己世界各地数据中心的私有光纤链路。

国家安全局为这个项目起的代号是"肌肉男"（MUSCULAR）。表面上看，似乎是英国代表美国在进行实际的监控。（关于"肌肉男"的幻灯片上写着"2009 年 7 月运行"，并补充道："大量的国际入口位于英国。"）

各家高科技公司竭尽全力保证自己用户数据的安全，然而，他们需要在位于欧洲和美国的数据中心之间传输信息，传输信息的互联网光缆都是从私有公司租借来的，而且每家公司有自己的保护协议。国家安全局成功破解的正是这些电缆，时机就选在它们在英国过境的时候。大众的好奇心都集中在 Level 3 公司。据报道，Level 3 是雅虎和谷歌聘用的光缆运营商，在绝密的英国文件中被命名为"截收合作伙伴"，代号为"小可爱"（LITTLE）。这家总部设在科罗拉多州的公司回应说，在营运所在国家，它符合其法律要求。

国家安全局的一位分析师画了幅孩子般的草图，解释“肌肉男”项目的工作程序。图上有两个区域，分别标着“公共互联网”和“谷歌云”。在国家安全局截取数据的接口处画着一张笑脸。这幅草图在推特上遭到了上千人恶搞。“他们这么多的幻灯片，让人感觉国家安全局里面的人在炫耀自己的项目。”ProPublica 网站的杰夫·拉尔森评论道，“他们好像在说：我们可以破解密码！我们可以攫取协议！”

来自国家安全局情报采集处的一份文件称，因为有后门入口，该机构能侵入亿万用户账户，然后数据被送回国家安全局的米德堡总部存储。这个数据量相当庞大。在 2012 年底的 30 天时间里，共有 181280466 条新记录——包括元数据——传回“迷宫”[1]。

谷歌和雅虎对监听事件的披露很是愤怒。谷歌首席法务官大卫·德拉蒙德说，美国政府不遗余力地从“我们的私有光纤网络中截取数据”，这让他满腔愤慨。雅虎不断重申，它对国家安全局的后门网络盗窃行为一无所知。

到 2013 年秋季为止，所有的高科技公司都表示，他们正在努力防御自己的系统，以防国家安全局监听。他们成功的可能性是存在的。因为，虽然斯诺登的爆料使国家安全局搜集世界通信情报的能力看上去很可怕，实际上它并没有那么厉害。侵入全球数据流是一回事，能否看得懂是另一回事，如果数据开始加密，那么情况尤其如此。

1642 年 10 月 23 日，在英国牛津北部的田野上两支军队发生冲突。一支军队属于国王查尔斯，另一支属于议会。埃吉山战役是血腥的英国内战的第一场战役，战斗非常混乱。议会军队发射了大炮，保皇党率领骑兵冲锋，双方缺乏经验的战士都逃跑了。相比击败敌人，有些人更想抢夺战利品。但双方都没有取得真正的胜利。这场战争后来又拖了 4 年。

两个世纪后，1861 年 7 月 21 日，又发生了一场小规模战斗。这一次的交战双方是美国的北方联邦和南方邦联，这是美国内战的第一次大规模陆地遭遇战。地点在弗吉尼亚州波托马克河的支流——布尔朗河。北方军

[1] “迷宫”，指代国家安全局，本书前文曾提及此说法。——编者

期望速战速决。但是，南方军发起凶猛的反击。最后，欧文·麦克道尔准将只得带着北方士兵朝华盛顿特区逃跑。这次战役说明，取得胜利没有那么容易。

许多年以后，美国和英国的情报人员反复思考着两个绝密计划的名称。这场新的战斗是电子战，而非领土战。他们的敌人是日益增强的加密技术。他们为自己的新战役选择的名字是“布尔朗”（BULLRUN）和“埃吉山”（EDGEHILL）。那么，强调内战有什么特殊的意义吗？当然，情报人员如今要对自己国内的公司宣战了。

密码最早是在古埃及和美索不达米亚使用的，其目的和现在一样，是为了保护秘密。在两次世界大战中，军事密码学和密码分析——对敌方行动的编码信息进行解密的能力——起到了关键作用，但在很大程度上，它是四面楚歌的国家的专属领域。通常情况下，那些热衷于密码的英国数学家，为打败纳粹在战时的布莱奇利庄园秘密工作，后来又是为了战胜苏联人。

然而，到了20世纪70年代，个人以及商业组织都能得到诸如“绝好的私密性”（PGP）之类的加密软件。因此，在西方情报机构急于继续阅读对手消息的情况下，加密技术成为其显而易见的挑战。为了应对这个挑战，克林顿政府试图在商业加密系统中植入后门，这样就能让国家安全局成功侵入。但是这个尝试因为政治原因而失败了。一个由两党参议员和技术主管共同组成的小组认为，这样做将对硅谷不利。此外，它还会违反宪法《第四修正案》。

到2000年，因为在日常进行网上通信中，服务供应商和个人越来越多地使用加密技术，所以国家安全局花费了数十亿美元，竭力想克服这个困难。国家安全局面对的被加密目标包括网络搜索、网络聊天、电子邮件、个人数据、电话甚至银行与医疗记录，其面临的挑战是将“密文”——经过加密的数据以原始数据形式呈现，也就是一堆无意义的数字和符号——转换成“明文”。

2010年，英国政府通信总部的一份文件警告说，随着时间的推移，因为“信息流发生变化”，以及“加密被广泛应用，变得更司空见惯”，盟国

的能力可能会降低。

起初，这些窃听者似乎面临着失败，或者至少可以说要面对僵局。泄露的一份2006年文件显示，截至该日，美国国家安全局只破解了1个外国核能部门、1个旅游预订系统以及3家外国航空公司的密码。

直到2010年，美国国家安全局才取得了较大进步，这要归功于“布尔朗”和“埃吉山”计划。国家安全局利用超级计算机来破解算法——加密技术的基本组成部分。（算法生成密钥，密钥可以对信息加密和解密。密钥越长，加密程度越强。）

但最重要的是，斯诺登的文件显示美国国家安全局欺骗了大众。尽管植入后门的方式由于政治原因失败了，国家安全局却继续推进，偷偷将“陷阱门”植入被数百万用户使用的商业加密软件中。它和程序开发员以及高科技公司合作，故意将可利用的缺陷植入硬件和软件。有时，这种合作是自愿的；有时，飞扬跋扈的法律命令迫使人们就范。如果需要的话，国家安全局会侵入保存加密密钥的服务器，偷取密钥，这一招十拿九稳。

不出所料，美国国家安全局和英国政府通信总部都积极地记录着这些最鲜为人知的秘密项目的细节。斯诺登的一份2010年文件说明了外部对“布尔朗”项目的了解是如何有限——以及“布尔朗”项目是如何卓有成效。这份PPT演示文件被用来向切尔滕纳姆的英国员工简要说明美国国家安全局最近取得的突破。正是因为这种突破性的进展，被解密的互联网数据正突然涌向分析师的办公桌。

该文件说：“在过去10年里，美国国家安全局一直积极地、多管齐下地努力破解互联网广泛使用的加密技术。密码分析能力如今已应用到互联网上。之前被丢弃的大量加密的网络数据现在可以加以利用了。”

其幻灯片还写道：必须保证“新的大型处理系统”到位，“以利用这个机会”。关于“布尔朗”项目，先前被蒙在鼓里的政府通信总部工作人员对国家安全局强大的新能力感到惊讶不已。英国的一份内部备忘录写道：“那些先前没有听过简报的人都目瞪口呆了。”

斯诺登公开发表的第一批揭露文件中，没有披露与美国国家安全局在

反加密方面合作的公司详情，也没有透露可能存在后门的商业产品具体有哪些。虽然如此，其揭露文件却的的确确让大家对“布尔朗”项目的超大规模有了一些概念。美国整个情报界的一份预算报告称，2013 年该项目的专款资金为 254900000 美元。（相比之下，“棱镜”项目每年的资金只有 20000000 美元。）2009 年以来，国家安全局挥霍了超过 8 亿美元，用于提高“信号情报能力”。报告中还说，这个项目“积极地联手本国和外国的 IT 企业，潜在地影响或公然地利用他们的商业产品设计”。

国家安全局称，该项目的喜人之处在于，普通大众并不知道他们加密的日常通信现在可以被破解了。这份 178 页的财年报告还提到一点，当国家安全局将“变更的设计”插入到商业加密系统上时，“对消费者和其他对手来说……这个系统的安全性完好无损。”

美国国家情报总监詹姆斯·克拉珀也强调过加密的重要性。他曾经写过这样一段话：“我们正加大投入，发展突破性的密码分析能力，以攻克对手的加密术，并利用互联网信息流。”

美国国家安全局并非缺乏野心。斯诺登的文件显示，该机构正在破解 4G 手机的加密系统。它如今还瞄准上了安全的银行往来业务和商业交易的网上协议，如超文本传输协议（HTTPS）和安全套接字层协议（SSL）。它想“影响”全球的加密市场。很快，它将有望形成能力，获取“一家主要通信供应商的交换机上流经的数据”，并进入一个“大型的互联网点对点语音与文本通信系统”，后者听起来像是 Skype。

同时，英国也在加紧其并行项目“埃吉山”的推进。一份文件显示，英国情报机构已成功侵入 3 家互联网服务供应商和 30 种商业虚拟专用网络（VPN），以远程访问他们的系统。到 2015 年，该项目有望渗入 15 家互联网公司和 300 种虚拟专用网络。

情报机构坚持认为，破解加密法的能力是完成任务使命必不可少的一部分，如果这个能力缺失，他们将无法跟踪恐怖分子或搜集有价值的外国情报。但正如《纽约时报》指出的那样，问题在于国家安全局偷偷摸摸的反加密运动可能带来灾难性的不必要的后果。

通过在加密系统中故意植入薄弱环节，国家安全局使这些系统具有了利用价值。但是能利用这些系统的，不仅有政府机构——它们也许用意良好——还有任何可以弄到密钥的人，如黑客或敌对的情报机构。为了追求让美国人更安全，国家安全局降低了美国通信的安全性，也无形中破坏了整个互联网的安全性。这是多么荒谬的悖论啊。

美国设置网络空间安全规范的主要机构是国家标准与技术研究院。照情况来看，国家安全局把这家机构也收买了。斯诺登的一份文件显示，2006 年国家安全局在该研究院的一个主要加密标准中植入后门。（该标准生成用于文本编码的随机素数。）该研究院随后鼓励另外一家国际标准机构以及全世界采用这个标准。这似乎在吹嘘："最终，国家安全局成为了唯一的程序编辑员。"

同时，英美两国情报机构还投入了大量的精力破解 Tor——一种保护网上匿名的常用工具。讽刺的是，美国政府是 Tor 的最大支持者之一。美国国务院和国防部——国家安全局的上级单位——提供其资金的 60% 左右。其原因很简单：在像伊朗这样的专制国家，记者、积极分子、活动家需要通过 Tor 来保护自己，避免政治报复和网络审查。

然而，到目前为止，美国国家安全局和英国政府通信总部一直无法对 Tor 的大部分流量去匿名化。但这两家机构可以去攻击网页浏览器，例如火狐浏览器，这使得他们能控制目标的终端计算机。同时，他们还研发出一种能力，当流量在 Tor 系统附近经过时，可以对流量进行"颜色标示"。

尽管国家安全局和政府通信总部已经尽了最大努力，事实似乎是他们并没有赢得反加密新内战的胜利。经过正确的培训，利用一些专业技术，企业和个人（毫无疑问，当然也包括恐怖分子和恋童癖者）仍然可以使用加密技术成功地保护自己的隐私。

在香港藏身时，斯诺登曾与《卫报》读者进行互动问答。他说："加密是有效的。只有几个东西你能信任，其中一件就是正确安装强大的加密系统。"

他对这个当然很了解。

11 航　班

俄罗斯　莫斯科
谢列梅捷沃国际机场F航站楼
2013年6月23日　星期日

“我们一直想象，永恒是一个无法理解的概念，是一个浩瀚无边的东西。可为什么一定浩瀚无边呢？设若并非如此，万一它只是一间小房子，就像乡下的澡堂，漆黑肮脏，角落里挂满蜘蛛网，万一这就是永恒，那又如何呢？”

——陀思妥耶夫斯基
《罪与罚》

斯诺登匆匆从香港美丽华酒店退房后就不见了踪迹。

斯诺登低声告诉他，每个人都必须把自己的手机放在冰箱里。

美国窃取了中国几百万条私人手机短信内容。斯诺登宣称该机构还攻击过中国名校清华大学。多年以来，华盛顿一直抱怨北京在网络空间进行工业规模的数据窃取和间谍活动。现在的情况则表明，美国国家安全局也在做相同的事，而且有过之而无不及。作为回应，新华社严厉指责美国“伪善”的间谍活动。

美国政府正式指控斯诺登犯有间谍罪。

在地面上，当美国官员发现斯诺登已经摆脱了他们布下的网，正在前往莫斯科的途中时，一场国际大混乱即刻上演了。这个混蛋竟然脱身了！

普京以其特有的方式——挖苦夹带着几乎一点儿也不真诚的同情——称斯诺登是“一份不想要的圣诞礼物”。普京肯定也很享受那种作为超级大国与美国平起平坐所带来的兴奋感。这一想法印证了他关于俄罗斯重新崛起、成为全球事务中与美国抗衡的另一极的观点。美国人得央求俄罗斯才能要回斯诺登！现在，奥巴马要求俄罗斯把斯诺登交出来。普京拒绝对斯诺登进行引渡。他指出，俄罗斯与美国之间没有此方面的双边条约。

斯诺登在声明结尾说：“我的信念不会屈服，我会将众人的努力铭记在心。”

有些荒谬的是，斯诺登现在发现自己恰恰处在他曾讲授过的那种敌对环境中——被外国情报机构的特工们重重包围。

斯诺登去哪儿了呢？这名由黑客转变而成的揭露者最终找到了他的避难所。

斯诺登匆匆从香港美丽华酒店退房后就不见了踪迹。他在香港的法律团队成员罗伯特·提博律师和文浩正律师知道他的下落。知道他下落的还另有人在。斯诺登有一个神秘的保护人——这是位人脉极广的香港居民。斯诺登对中国的兴趣由来已久，可以追溯到他在日内瓦为美国中情局效力的岁月，他还曾支持“自由西藏运动”。

这期间的具体细节并不为人所知，但情况表明，该保护人邀请斯诺登待在他的一个朋友那里。另外一名律师何俊仁称，斯诺登辗转于几处住所，至少在一处临近中国大陆的新界地区的房子内停留过。他在这个拥有700万人口的密集大都市里失去了踪影。

提博是位人权律师，习惯于和身处困境的客户打交道。他是加拿大人，为人友善、衣着考究、发际线较高，经常为那些饱受折磨的弱势群体出头——包括面临被驱逐风险的斯里兰卡人，避难申请被无端拒绝的巴基斯坦人，以及受到虐待的难民。

在他受理的案子中，有一件早至托尼·布莱尔当政时最黑暗的一段日子。2004年，利比亚伊斯兰教徒萨米·萨阿迪和妻子及家人一起来到香港。他认为自己正在返回英国的途中，很快就能回到自己在那里的家。然而，英国军情六局和穆阿迈尔·卡扎菲的情报机构密切配合，把他塞上了返回的黎波里的飞机。他在那里受到了审讯、折磨和监禁。之后不久，时任英国首相布莱尔就和利比亚独裁者达成了交易。2011年卡扎菲垮台后，军情六局在这件事中扮演的不光彩角色终于浮出水面。

提博担心，斯诺登会像萨阿迪一样，成为西方情报机构的另一个目标，被移交然后监禁在某个阴暗潮湿的鬼地方。在斯诺登从美丽华酒店溜出来后，提博和他见了第一面。这名律师援引客户保密原则，拒绝谈论这

次见面的细节。但他显然认为，斯诺登是个聪明、理性的人，并且根据良知做了自己的抉择，尽管这个年轻人麻烦缠身。在接下来的两周时间里，提博既要完成日常工作，还要代理斯诺登的案子，常常一忙就是一整夜。

律师们很快就卷入了斯诺登神秘的“斗篷与匕首[1]”的世界里。何俊仁讲述了一次会面的情况。某天晚上，他在约定地点上了一辆车，斯诺登就坐在车里，戴着帽子和一副墨镜。这名律师告诉《华盛顿邮报》说，斯诺登并没有说话。直到他们到达斯诺登当时的住所时，斯诺登才低声告诉他，每个人都必须把自己的手机放在冰箱里。在接下来的两个小时里，律师们和斯诺登一道仔细研究了摆在他面前的几个选择。何俊仁还带了吃的，比萨、香肠和鸡翅，加上百事可乐，大家匆匆解决了晚饭。何俊仁事后说：“我认为他（斯诺登当时）没有什么周全的计划。我真觉得他还是个孩子。”

律师们的看法并不乐观。在与美国政府要求引渡的较量中，斯诺登可能会最终胜出。但与此同时，最可能出现的情况是，在香港法院考虑他的避难请求期间，他将身陷囹圄。这场司法角力可能会拖上若干年。当得知入狱后可能无法用上电脑时，斯诺登大惊失色。

他并不介意被关在一个小房间里，但无法接受上不了网。“他并不外出，一直待在狭小的空间里，但他说这样没问题，有电脑就行了，”何俊仁这样告诉《纽约时报》，“如果你不让他用电脑，他完全忍受不了。”

会面后，何俊仁被要求去探探香港政府的态度。如果斯诺登被捕可不可以得到保释？他能不能设法离开中国香港？这个揭露者给香港当局出了个难题。香港是中国的一部分，在“一国两制”的框架下进行治理：它名义上拥有自主权，却由北京对外交事务总负责。

一方面，如果中国情报机构可以得到斯诺登手上数万份美国国家安全局的高度敏感性文件，了解美国监视活动的范围及方案，它们肯定会对留住斯诺登感兴趣。另一方面，如果香港拒绝将其遣返，这将会使中美关系

---

[1] *cloak and dagger*，这个短语在英文中常用来形容与阴谋、秘密或间谍等有关的情形。——编者

极为紧张。当时，美国已经不断施压。一场大的国际争端将会是件不受欢迎的麻烦事。

据报道，香港特首梁振英和他的高级顾问们召开了无数次会议，对美国拘留斯诺登的棘手要求，试图决定应该采取何种对策。

在斯诺登有针对性地披露了一些情况之后，香港公众支持斯诺登的意见高涨。6 月 12 日，斯诺登在藏身处接受了《南华早报》的采访。他在采访中透露，美国窃取了中国几百万条私人手机短信内容。他对该报称，“美国国家安全局无所不及，比如说入侵中国移动电话公司的电脑系统，窃取所有的短信数据。”他宣称该机构还攻击过中国名校清华大学。清华是中国主要的数据网络中心，在此可以截获数以百万计的中国公民的数据。

多年以来，华盛顿一直抱怨北京在网络空间进行工业规模的数据窃取和间谍活动。在无数份文件中，英国政府通信总部和美国国家安全局都认为中国和俄罗斯应对绝大多数网络间谍活动负责。现在的情况则表明，美国国家安全局也在做相同的事，而且有过之而无不及。

斯诺登肯定曾经希望，在他揭发这些情况后，香港政府会带着同情心处理他的案子。在何俊仁与官方进行接触后，一位中间人联系了斯诺登。该中间人传话称，香港司法是独立的，并且可以肯定的是，他有可能会坐牢。但是——还有重要一点——香港政府对他离开香港表示欢迎。

何俊仁做了进一步确认。他告诉飞抵香港的《卫报》驻北京记者萧安玲：“我和政府官员进行了交谈，确认他们是否真想让他离开。如果真是这样，他是否会得到安全放行。”

6 月 21 日，星期五，美国政府正式指控斯诺登犯有间谍罪。它发出了一份紧急官方引渡请求。奥巴马政府的一位高级官员称，“如果香港不迅速采取行动，这将使双边关系复杂化，并引发关于香港是否坚持法治的怀疑。”

留给斯诺登的合法选择随着时间流逝越来越少，他做出了一个重大决定：他将离开香港。

远在6000英里之外，有个身处藏匿状态的人一直密切关注着事态的发展。朱利安·阿桑奇一直想和这名逃亡中的美国国家安全局雇员进行联系。阿桑奇以维基解密主编的身份自居。他已经在厄瓜多尔驻伦敦的小使馆里躲藏了一年多时间。

在阿桑奇丧失了合法选择后，他自己就躲在使馆寓所里避难，藏身于汉斯新月街3号3b公寓。2012年夏天，英国最高法院判决：瑞典当局发出的引渡令有效。该法院称，为回应阿桑奇于2010年8月性侵两名瑞典女性的控诉，应对其进行引渡。

阿桑奇立即躲进厄瓜多尔使馆，左倾的厄瓜多尔政府向他提供了政治庇护。对一些人来说，该做法太过夸张。冷战期间，匈牙利异见人士明曾蒂主教[1]确实在美国使馆里待了15年。但现在是2012年，不再是1956年。伦敦骑士桥的豪华阁楼中间找不到国家暴行的痕迹；这里有的是宾利和法拉利，而非苏联坦克。由于阿桑奇这样蛰伏起来，维基解密有一段时间没有发布什么重要内容。正如《纽约时报》的大卫·卡尔所说，阿桑奇“像是一个被遗忘了的人”。

现在，阿桑奇闯入了“斯诺登事件”当中，其中很多情况并不为人所知。但我们只知道，他是通过中间人和自己在香港的律师与斯诺登联系上的。这发生在斯诺登发布视频声明之前，而且他们在此后接触更加密集。

从阿桑奇的角度来说，这种接触是合乎情理的。很明显，斯诺登就像他一样，是另一位身处困境的美国政府黑幕的揭发者。2010年，阿桑奇披露了几千份从美国士兵切尔西·曼宁处得到的机密文件。这些文件的公开，加上《卫报》及其他报纸的宣传报道，轰动了全球。曼宁被捕入狱，而且据报道，大陪审团就泄密一事对阿桑奇进行了调查。阿桑奇和前述瑞典女性之间的麻烦事与此不相干，虽然这名前黑客会经常——有些人认为是可笑地——把两者混为一谈。但是，阿桑奇在寻求庇护方面确实有些本

[1] 红衣主教明曾蒂（József Mindszenty，1892—1975），是匈牙利天主教会领袖，第二次世界大战期间被亲纳粹的当局囚禁，战后因反对匈牙利政府遭受酷刑，在1956年匈牙利革命中获得自由，随后得到美国驻匈牙利大使馆的政治庇护，在使馆内生活了15年之久。——编者

领，而“斯诺登事件”也为他重返聚光灯下打开了大门。

两个人在意识形态方面确实有很多相似之处：他们都热衷于网络和信息公开透明，在涉及信息时均持崇尚自由理念，而且都有极强的数字信息防御技能。斯诺登曾一度考虑把手上美国国家安全局的资料透露给阿桑奇，但后来出于风险考虑又重新做了打算。阿桑奇被限制在位于伦敦的使馆里，就处在英国官方及其美国国家安全局盟友的眼皮底下，这势必意味着他正受到监听且行动也一直被监视。

在性情方面，斯诺登则一点儿也不像阿桑奇。他为人腼腆，对拍照极为厌烦，也不愿成为媒体关注的焦点。他从不做出名的打算。对他来说，应对新闻媒体是完全陌生的事。阿桑奇正好相反。他喜欢得到公众关注。他富有魅力，能够不动声色地插科打诨；但也容易发怒，动辄反唇相讥甚至发火。阿桑奇易变的性格给他带来的，既有狂热的追随者，也有看他笑话的人：支持者认为他是与国家机密进行抗争的激进侠士，反对者则把他看作让人难以忍受的自我陶醉者。

阿桑奇策划了一个方案，其中有两个关键因素。第一，就是确保斯诺登能从厄瓜多尔的平民主义总统拉斐尔·科雷亚那里得到和他一样的庇护。科雷亚是诸多对美国不友好的左翼拉美领导人之一。第二，帮助斯诺登从香港脱身，前往厄瓜多尔首都基多。鉴于美国中情局和地球上几乎所有其他情报机构都在对斯诺登进行追踪，这并不是件容易事。

阿桑奇开始与他的朋友——厄瓜多尔驻伦敦领事菲德尔·纳瓦埃斯进行私下协商。他们俩已经是老朋友了。他的目的是给斯诺登搞到某种官方文件——临时旅行许可，有外交护照就更好，这可以使斯诺登快点前往凉爽的安第斯地区。最终，阿桑奇派他前女友莎拉·哈里森到香港，带去了纳瓦埃斯签署的前往厄瓜多尔的安全通行证。哈里森，31 岁，一心想成为记者，也是维基解密的积极分子，完全忠诚可靠。

斯诺登的首选流亡地一直是冰岛。他认为该国拥有世界上最进步的媒体法律。但从香港到冰岛首都雷克雅未克需要绕道美国，或者持有美国逮捕令、可能抓捕他的欧洲国家。而经过不可能听从美国指示的古巴和委内

瑞拉，就可以安全抵达厄瓜多尔。

不幸的是，第二条路线明显还需要经过俄罗斯。

让斯诺登去莫斯科又是谁的主意呢？这是个极重要的问题。但斯诺登的律师提博不肯回答。他只是说情况很“复杂”。哈里森称，她和斯诺登想避免经停西欧国家。绝大多数得在美国转机的空中航班，显然也并不可选。然而，斯诺登的行程安排似乎确实受到了阿桑奇的影响。

当美国和其他西方国家滥用人权时，阿桑奇常常迅速加以指责。但对于那些支持他免于引渡的政府，他并不愿直言反对。对待俄罗斯更是如此。由维基解密披露的美国外交电报可以看出，普京领导下的俄罗斯状况令人担忧。这些电报表明，克里姆林宫和它的强大间谍机构以及有组织犯罪已经发展到几乎彼此不分的程度，俄罗斯算得上“事实意义上的黑社会国家”。

而在2011年，阿桑奇与普京治下的英语全球电视宣传频道“今日俄罗斯”签署了一项利润颇丰的交易。该频道的任务就是对西方世界的虚伪进行指责，同时对俄罗斯自身的缺点默不作声。俄罗斯本国揭露者的命运显而易见。死得不明不白的俄罗斯持异见记者有一份长长的名单，其中包括调查记者安娜·波利特科夫斯卡娅（2006年被枪击身亡），以及人权活动人士纳塔丽娅·埃斯蒂米洛娃（2009年在车臣首府格罗兹尼被绑架后遭谋杀）。

从根本上来说，阿桑奇对世界的看法以自我为中心并且属于二元论，他将各国分成那些支持他的国家（俄罗斯、厄瓜多尔、拉美地区）与不支持他的国家（美国、瑞典和英国）。正如众多对其丧失信心的前维基解密支持者之一杰米玛·柯寒所说：“阿桑奇阵营的问题在于，用小布什的话来说，世界在他眼中就是‘非友即敌的’。”

2013年6月23日，星期日，瘦高的斯诺登穿一件灰色衬衫、背一个背包，来到了香港赤鱲角机场，和他一道的还有那名年轻的维基解密工作人员莎拉·哈里森。当天上午天气炎热潮湿。两个人很紧张。他们在俄罗斯航空公司营业柜台办理了飞往莫斯科的SU213次航班的登机手续，走的

是正常的登机通道。斯诺登拿着阿桑奇的朋友纳瓦埃斯签发、哈里森带给他的安全通行证。几名身着便衣的中国官员紧盯着他们。对于眼看着他离开香港的美国中情局官员来说，这一场景肯定让人十分恼火。

理论上，斯诺登离开香港的大胆举动本不可能发生。此前一天，美国政府已经宣布作废其美国护照，还向香港官方传真了引渡文件，要求香港立即对其进行拘捕。但香港宣称美国提供的文件存在“不规范之处”，除非错误得到更正，否则他们无权阻止斯诺登离境。

之后不久，在离地约 4 万英尺的高空，斯诺登和他的同伴开怀畅用了第一份航空热餐，他们要在飞机上吃两顿。俄罗斯航空公司正竭力为过去苏联没有空乘服务的名声正名。在地面上，当美国官员发现斯诺登已经摆脱了他们布下的网，正在前往莫斯科的途中时，一场国际大混乱即刻上演了。这个混蛋竟然脱身了！对于这个世界上最大的超级大国来说，香港政府貌似有理的尊重法律的解释简直是在污辱美国。斯诺登不但匆匆逃跑了，现在还似乎正直奔华盛顿的对手——俄罗斯、古巴和委内瑞拉的怀抱！

美国国会毫不掩饰其愤怒。美国众议院情报委员会主席迈克·罗杰斯怒言：“那些国家的每个人都仇视美国，美国政府必须动用一切法律手段把他弄回来。想想他说自己想要的东西，再想想他的行为，根本不合逻辑。”民主党参议员查尔斯·舒默语气同样严厉：“普京似乎一直热衷于找美国麻烦，叙利亚、伊朗问题上都是这样，当然，现在对待斯诺登的案子也是如此。”

美国国家安全局局长、斯诺登曾经的上司基斯·亚历山大将军也高兴不到哪儿去。他说：“（斯诺登）明显辜负了我们对他的信任及信心。照我看来，这个人的行事动机并不高尚。”

然而，中国人并没有道歉的意思。作为回应，新华社严厉指责美国“伪善”的间谍活动：“长期以来企图以网络攻击受害者姿态装无辜的美国，原来才是我们这个时代最大的恶棍。”

斯诺登安全登上空客 A330-300 飞机时，阿桑奇发表了一份声明。他

宣称整个营救活动都是自己的手笔。维基解密支付了斯诺登的机票。在香港期间，该机构还向斯诺登提供了法律建议。随后，在接受《南华早报》的采访时，阿桑奇还把自己比作“人口贩子”。

该声明自作主张，把斯诺登说成是维基解密团队的最新明星队员，称：“爱德华·斯诺登先生，揭发美国及英国情报机构开展全球监控活动的美国黑幕揭发者，已经合法离开香港。出于寻求庇护目的，他正经由安全路线前往某民主国度，现由维基解密的对外事务人员及法律顾问陪同。”

莫斯科各路记者丢下各自周日的休息安排，冲向谢列梅捷沃国际机场的F航站楼，斯诺登将由此转机。该机场是以俄罗斯最著名贵族王朝谢列梅捷夫家族命名的。谢列梅捷夫家族曾为诸多沙皇效力，变得异常富有，并建造了两座莫斯科宫殿——奥斯坦金诺宫和库斯科沃庄园。尼古拉·谢列梅捷夫伯爵和他的前农奴普拉斯科维娅相爱并偷偷结婚，这段浪漫史成就了无数的历史佳话。

一大群俄罗斯记者和国际记者挤在一扇小门前，抵达乘客会从这里出来。较聪明的记者还带来了斯诺登的照片，拿给和他同机从香港来的乘客辨认。

俄罗斯便衣特工也在航站楼内排查找人，他们装作慕尼黑商人和俄罗斯国立电视台NTV的记者，以规避有关他们代表哪个国家机构的问题。一支委内瑞拉分队据称也在那里，引发人们关于委内瑞拉首都加拉加斯可能是斯诺登最终目的地的猜测。厄瓜多尔大使也乘坐其7系宝马车出现在机场。他在航站楼内转来转去，似乎迷了路。他问一群记者：“你们知道他在哪吗？他来不来这里？”一名记者答道：“我们认为你知道答案。”

飞机于当地时间下午5点钟在莫斯科降落，俄罗斯安全车辆已经就位。在越南访问的厄瓜多尔外交部长里卡多·帕蒂诺发送推特信息称，斯诺登已向厄瓜多尔寻求政治避难。但是，他人在哪儿呢？新闻机构俄罗斯国际文传电讯社称，斯诺登已经在俄罗斯航空公司次日飞往古巴的乘客名单里。他本人似乎躲在莫斯科的转机区。有俄罗斯航空公司人员称——后

来被证实是假的——他正待在E航站楼一家小过夜旅馆的“胶囊”客房内。

对于斯诺登的到来，克里姆林宫又掌握了什么呢？普京总统称，直到斯诺登落地前两个小时，他才得知斯诺登已在飞往莫斯科的航班上。他说，美国在技术上犯了个低级错误，由于注销了斯诺登的护照，他就不可能继续接下来的航程。

普京以其特有的方式——挖苦夹带着几乎一点儿也不真诚的同情——称斯诺登是“一份不想要的圣诞礼物”。对于斯诺登最终被困在俄罗斯，俄官方看似真的很吃惊。然而，通常较可靠的俄罗斯《生意人报》接下来声称，斯诺登曾秘密地在俄罗斯驻香港领事馆待了两天。对此，斯诺登本人予以强烈否认。

普京本人对于爆料的行为无疑是持否定态度的。他后来称斯诺登是个奇怪的家伙。他说：“实际上，他让自己的处境相当困难。我一点儿也不清楚他接下来要做什么。”

普京过去是克格勃官员，曾于20世纪80年代在共产党东德工作，也是克格勃主要传承机构俄罗斯联邦安全局的前局长。他不欣赏叛徒。2006年，叛逃的俄联邦安全局官员亚历山大·利特维年科在服用放射性物质钋后死于伦敦，英国政府认为这是俄罗斯的国家暗杀行为。克格勃让间谍闭嘴的沉默原则[1]是有绝对效力的。

在执政13年后，普京变得多疑、容易猜忌，认同各种国内外阴谋论的说法，而且比以往更坚信自己具有无人匹敌的能力。他透过前苏联排外的有色眼镜来看待俄罗斯与西方、尤其是与美国的关系。鉴于他所受的克格勃专业训练，他肯定怀疑过斯诺登是不是美国的欺骗伎俩，这可是冷战期间使用的经典手法。

但实际上，斯诺登确实是份大礼。他给克里姆林宫提供了绝佳机会，可以就其认为的华盛顿在人权、国家监视及引渡方面的双重标准进行大肆

[1] code of omerta，“沉默原则”（code of silence），源自意大利黑手党的一种犯罪组织文化，强调“不与当局合作，不妨碍组织活动”的原则。——编者

渲染。普京肯定也很享受那种作为超级大国与美国平起平坐所带来的兴奋感。这一想法印证了他关于俄罗斯重新崛起、成为全球事务中与美国抗衡的另一极的观点。美国人得央求俄罗斯才能要回斯诺登！

在斯诺登落地后几小时内，支持克里姆林宫的一派纷纷献言，认为俄罗斯联邦应向斯诺登提供庇护。

第二天，众多媒体再次扎堆谢列梅捷沃机场。几名工作积极的记者已经买好机票，正在转机区仔细搜索斯诺登的任何踪迹。一些人已经在那里安营扎寨了好几天，还有一些人甚至办理了古巴签证，预订了同一个飞往古巴首都哈瓦那的俄罗斯航空公司航班。人们普遍认为斯诺登会在那架飞机上。

《卫报》驻莫斯科记者米丽娅姆·埃尔德等候在登机口准备登机。这时发生了一件事。俄罗斯航空公司的员工比平常更为粗暴。他们阻止了电视台工作人员通过航站楼窗户对飞机进行拍摄。一些魁梧的保安人员也一直在附近转悠。

埃尔德没能登上飞机：她没有签证。其他记者则成群登上飞机，沿着走道搜寻那个寻求避难的人。斯诺登和哈里森预订的座位是17A和17C，靠窗的位子。芬兰报纸《赫尔辛基新闻》记者尤西·涅梅莱恩的座位在走道另一侧的17F——这个位置足够近，或许可以和这个世界头号通缉对象聊上几句，还能搞定一篇极好的头版文章。但直到飞机起飞前几分钟，仍然没有斯诺登的影子。他的座位是空的。还差最后四名乘客。

这时，乘客们中间低声传着一句话：“*Ne uletayet, ne uletayet*！”这是俄语“不飞”的意思。原来斯诺登不来了。一些俄罗斯记者反复齐声喊着：“为旅程开香槟庆祝吧！为旅程开香槟庆祝吧！”但飞机乘务长郑重宣布，这个飞往古巴的12小时航班为禁酒航班，将提供无酒精饮料。“你只能笑笑了事，”涅梅莱恩这么说，“在飞行期间，我看了《布偶大电影》。那种情况下看这部影片正合适。”

地球上失去了斯诺登的踪影。在接下来几周时间里，克里姆林宫坚持斯诺登没有入境的说法——毕竟他没有俄罗斯签证——而且他们和他没什么关系。同时，莫斯科大概会最大限度地利用好他在俄停留的时间。斯诺

登的具体行踪成谜。理论上，他还在谢列梅捷沃机场的转机区，但是没有人能在那里找到他。或许，官方把“转机”看作一个灵活概念，某种左右摇摆的线，如有必要的话，这条线还可以在地图上进行拉伸。他可能在看守严密的机场诺富特酒店，或者其他什么地方。

在斯诺登抵俄后，美俄关系急转直下。奥巴马的外交政策重心之一就是“重新定位”与莫斯科的关系。小布什总统任期内，随着伊拉克战争和俄罗斯2008年入侵美国支持的格鲁吉亚，两国关系就已经日益紧张。“重新定位”两国关系已经变得问题重重，美俄在诸多问题上存在分歧，其中包括叙利亚问题、美国在中欧地区的导弹防御计划，并为北约针对利比亚开展军事行动、美国关押被指控为前克格勃特工的俄罗斯军火商维克托·布特等争吵不休。

奥巴马曾试图拉拢普京的临时接班人梅德韦杰夫总统，以使其成为不那么强硬的对手。然而，事实上，梅德韦杰夫从未能独立自主。2011年，普京把他挤到一边，第三次担任俄罗斯总统。在一份泄露的电文中，一名美国外交官报告称，梅德韦杰夫和普京的关系就像是罗宾对蝙蝠侠一样。这个比喻激怒了普京，他指责这是美国高傲自大的一个表现。

现在，奥巴马要求俄罗斯把斯诺登交出来。俄罗斯资深外交部长、老谋深算的拉夫罗夫狡猾地回避问题，称斯诺登实际并不在俄罗斯“境内”，也从未越过边境。普京拒绝对斯诺登进行引渡。他指出，俄罗斯与美国之间没有此方面的双边条约。他还说——这种说法令人难以置信——俄罗斯安全部门对斯诺登不感兴趣。两天后，奥巴马宣布，他不会为了把斯诺登弄回美国而动用地缘政治资本。

然而，在这背后，奥巴马政府却使出一切手段来中断斯诺登剩下的行程：对盟友施压，将其列入禁飞名单，以及对南美诸国进行劝诱。厄瓜多尔开始还支持斯诺登的避难请求，现在也变得不冷不热。美国副总统拜登致电科雷亚，指明如果基多收留他会有什么后果。科雷亚随后撤销了斯诺登的安全通行证，称其是被错误发放的。厄瓜多尔似乎对阿桑奇也很恼火。其驻华盛顿大使称，似乎是维基解密在“操纵着事态发

展”。6月30日，斯诺登向20个国家提出避难申请，其中包括法国、德国、爱尔兰、中国和古巴。

第二天，7月1日，斯诺登通过维基解密发表了系列声明中的第一份。他说，“说出真相使得我的自由和安全受到威胁，在这一事实变得明显之后”，他已经离开香港，并对自己“继续享有自由”而感谢“新老朋友、家人及其他一些人”。

之后，斯诺登指责奥巴马通过拜登“向我请求过避难的国家领导人施压，让其拒绝我的避难申请”。美国总统先前曾承诺说不会参与任何外交“运作”，这种表态现在看来与撒谎差不多。

斯诺登继续道：“作为一名世界大国的领导人，这种欺骗并不合乎正义，未经法律裁定的流放惩罚也同样与正义相违背。这些是陈旧、腐败的政治侵略手段。它们的目的不是要恐吓我，而是恐吓那些将效仿我的人。”

斯诺登称，白宫过去曾捍卫“寻求庇护的人权”，但现在却不给他那种选择。他抱怨道：“奥巴马政府现在采取了把公民身份作为武器的战略……最终，（它）就不用担心像我、曼宁或托马斯·德雷克这样的揭露者。我们没有国籍、被捕下狱、无权无势。不，奥巴马政府害怕你们。它害怕那些掌握情况、愤怒的要求建立立宪政府的公众——立宪政府是美国宪法给人们的承诺，它应当成为这样一个政府。”

斯诺登在声明结尾说：“我的信念不会屈服，我会将众人的努力铭记在心。”

声明中提到“立宪政府”，这似乎真的是斯诺登所为：他揭秘的动机是因为国家安全局违反了美国宪法。可是，声明其他部分明显带有阿桑奇的痕迹，特别是用到第二人称的这句话：“不，奥巴马政府害怕你们。”斯诺登之前曾请格林沃尔德帮着起草他的个人宣言，但被格林沃尔德婉拒了。但格林沃尔德仍然是斯诺登最坚定的公开支持者。现在，他似乎有了为他提供文字帮助的新搭档。这个人就是阿桑奇。

7月2日，克里姆林宫主持了一次天然气主要输出国论坛峰会。飞来

参加这次会议的人中，有玻利维亚总统埃沃·莫拉莱斯。莫拉莱斯是土生土长的印第安人，曾费力地读完其就职演说，他并非美国权势的崇拜者。在接受《今日俄罗斯》西班牙语频道的采访时，莫拉莱斯被问到有关斯诺登的问题。这位玻利维亚总统当场做了回答，称其并没有收到美国国家安全局揭露者的避难请求，而如果收到，玻利维亚会乐于接受。

当天晚些时候，莫拉莱斯和他的随行人员从莫斯科启程回国。飞行几个小时后，从飞行员那里传来不好的消息：法国及葡萄牙均拒绝玻利维亚总统专机通过它们的空域。还有更坏的消息——西班牙和意大利也撤销了航空许可。绝望之中，飞行员与奥地利官方取得联系，并在维也纳迫降。究竟发生了什么情况？

美国情报界有人暗示华盛顿称，莫拉莱斯私带斯诺登上了他的飞机。这真是实时报道的典型示范！他们这下可得手了！可是唯一的问题在于，斯诺登并不在飞机上。由于情报失误，白宫及其欧洲盟友情急之下做出抉择却铸成大错。这可能是俄罗斯巧妙散布假消息的结果，或者说是中情局的经典情报失误案例。

在维也纳，玻利维亚总统和他的国防部长萨维德拉坐在机场长沙发上，为美国竟敢羞辱他们这个主权小国而愤愤不平。当被问及飞机是否偷运斯诺登时，萨维德拉脸都气白了。“这是谎话，是诽谤，是美国政府捣的鬼。”他说，“真是骇人听闻，这是诋毁行为，违反了国际空运的各种公约和条约。”

拉丁美洲各左翼国家纷纷表达愤慨谴责。玻利维亚副总统阿尔瓦罗·加西亚宣称莫拉莱斯已被“帝国主义所绑架”。委内瑞拉、阿根廷、厄瓜多尔以及其他国家相继发表抗议。莫拉莱斯在机场贵宾休息室拨打电话，想办法撤销空域禁飞令。他的 4 名飞行员在红色皮椅上睡着了，抽空休息上几个小时。莫拉莱斯在孤立无援的境地中度过了 15 个小时，这才最终得以再次起飞。一回到国内，他便公开谴责这次飞机被迫改线是“北方美帝国主义”的“公然挑衅”。

这是一段不光彩的插曲。在华盛顿，美国国务院承认与其他国家讨论

过斯诺登搭乘航班的问题。曾有漫画把美国勾勒成运动场上准备好随时践踏国际准则的一名嚣张恶霸，而美国此次拙劣的干预行动表明这种刻画在此时看来相当准确。但这也表明，斯诺登前往拉丁美洲的计划并不真正可行——除非他准备好让俄罗斯核潜艇偷运他到那里去。

在斯诺登飞到俄罗斯3个星期后，塔尼娅·洛克申娜收到一封电子邮件。洛克申娜是“人权观察组织”驻莫斯科的副主管。她的工作很棘手——与不友好并且常常有攻击性的克里姆林宫抗衡，保护俄罗斯的公民社会。自从2011年5月普京重新当选总统以来，这项工作更加困难了。普京发起了自苏联时期以来对人权最严厉的打压，以回应发生在莫斯科的反对其统治的抗议活动。其他大城市也存在类似的抗议活动，但规模稍小。这些抗议活动始于有舞弊行为的俄杜马选举之后的2011年年末。洛克申娜为人活跃、风趣，英语及俄语运用自如。她是一个桀骜不驯的人权活动家。

电子邮件的内容简直让人难以置信。该邮件署名“爱德华·约瑟夫·斯诺登”，要求洛克申娜前往谢列梅捷沃机场的到达大厅。在那里，“会有机场工作人员等候，拿着标有G9的指示牌接你”。确定这不是场恶作剧吗？她在博客中写道：“这一来自于据称世界上最炙手可热的人的邀请，本身就带有一些冷战时期间谍故事的刺激。”而现在，她一边给孩子喂胡萝卜泥，一边还应付着来自世界各地媒体的电话。

后来情况变得明朗，邀请是真的。机场安保部门打来电话询问她的护照号码。洛克申娜坐上机场特快列车。在路上，美国大使馆给她打了电话。一位美国外交人员想让她给斯诺登带个信儿：在美国政府看来，他并非人权卫士，而是一名违法人员，必须为他犯下的罪行负责。她答应把这个口信带到。

在谢列梅捷沃机场，洛克申娜找到了拿着“G9”指示牌的人。至少有150名记者也找到了这个人，他们都急于发现斯诺登的踪影。洛克申娜写道：“我见惯了人多的场合，也见惯了记者，但现在我眼前是一片混乱：

人们不停吵嚷，话筒捅来捅去，数不清的相机，国内外的媒体乱作一团，我担心自己可能会在狂乱中被扯成两半。”

拿着“G9”指示牌的男子穿着一身黑色西服，宣布道：“请受邀的朋友跟我来。”他带洛克申娜走过一条长长的走廊，另有其他8名人员随行，包括俄罗斯特派员，一名议员和其他来自于人权组织的代表——绝大多数都是独立人士，但也有几个与克里姆林宫及其间谍机构联邦安全局有联系。

洛克申娜被带上一辆巴士，车子开向另一个入口。斯诺登就在那里，看上去精神状态不错，穿着他皱巴巴的灰色衬衫。和他在一起的是莎拉·哈里森。“我想到的第一件事就是，他看上去真年轻——就像个大学生。”洛克申娜这样写道。现场还有一名翻译。

斯诺登站在一张桌子后，念着一份准备好的声明，他的声音很高，有几处倒是沙哑低沉。他看上去有些害羞、紧张，这是他的第一次公开新闻发布会。这次发布会也比较怪异。多年来，克里姆林宫一直诋毁人权组织为西方的间谍和走狗，现在却在向它们示好。看来，克里姆林宫确实很想做政治文章。

斯诺登开始念道：“大家好，我叫爱德·斯诺登。仅仅一个来月以前，我有家庭和幸福的家，我活得极为舒适，我还可以在没有任何法律授权的情况下对你们的通信内容进行搜索、获取以及阅读。”

他接着读道：“（美国情报部门）可以监控任何时间任何人的通信，他们的这种权力能够改变一个人的命运，这是对法律的严重亵渎。我的国家的宪法《第四修正案》、《第五修正案》，《世界人权宣言》第十二条，以及无数的法令和条约都禁止此类大规模的、无孔不入的监控活动……”

这时响起了一阵很高声的音乐！机场突然进行俄语和英语播报，广播称商务休息室在三楼，位于第39号登机口旁边。斯诺登身子一弯，笑了起来，那一小群听众也跟着他大笑。当他重新开始时，另一条高声广播再次把他打断。“过去几周我听过很多次了。”斯诺登声音沙哑地说。哈里森开玩笑道，她太清楚广播内容了，几乎都能跟着一起唱。

斯诺登声明的实质性观点比较有意思。他说，美国对外情报监视法秘密法庭的裁决“设法使违法活动合法化”，且“的确腐化了司法的最根本概念——那就是它必须在受到监督的情况下完成”。他还把自己的行为追溯到1945年的纽伦堡审判，引述道：“个人拥有超越其国家服从义务之上的国际责任。”对于那些指责他故意损害美国国家安全，甚或对它造成无可挽回损失的批评，他为自己做了辩护：

因此，我做了自己认为正确的事，并且开展了一场纠正错误做法的战役。我并没有从中牟利。我没想出卖美国秘密。我没有和任何外国政府合谋来保证自己的安全。相反，我把自己知道的公之于众，这样影响我们所有人的事情可以在光天化日之下由我们所有人进行讨论，我向世界人民寻求公道。将影响我们所有人的间谍活动昭白于天下，这个合乎道义的决定代价沉重，但这是正确的事，我并不后悔。

斯诺登把美国政府对他进行全球范围内的通缉，诠释为“对于其他所有可能会像我一样敢于直言的人的一种警告”。禁飞名单、制裁威胁、“命令军事盟友迫降拉丁美洲国家总统专机的史无前例的手段”——这些都是他所说的“危险的事态升级”。随后，他称赞了那些面对“这种历史上超乎寻常的侵犯性行为”仍向他提供支持及庇护的国家。斯诺登提到了俄罗斯、委内瑞拉、玻利维亚、尼加拉瓜和厄瓜多尔：

我感激和尊敬（它们），因为它们最先站出来反对由强权国家针对无势个人开展的违反人权行为。在面对胁迫时，它们拒绝在自己的原则上进行妥协，这使它们赢得了全世界的尊重。我有意到上述每一个国家去，向这些国家的人民及领导人表达我的感激之情。

接下来是一项公告，斯诺登表示他正向俄罗斯提出避难申请。他说这只是权宜之计，是形势所迫，直到他能前往拉丁美洲国家为止。他说，他想让各维权人士向美国及欧洲请愿，不要干预他的活动。这次新闻发布会共持续了 45 分钟。

“斯诺登先生并非虚构，确实存在这样一个人。”在和其他受邀人员一起与 F 航站楼的媒体大军重新汇合后，辩护律师亨利·列兹尼克如是说。“我和他握了手，我能感受到他的皮肤和骨骼。”俄罗斯人权专员弗拉基米尔·卢金告诉俄罗斯电视台，“他（斯诺登）说，他当然担心行动自由，担心失去自由行动的权利。但至于其他，他没有抱怨生活条件。他说：‘我还经历过更糟糕的情况。’”

斯诺登并非自愿延长在俄逗留时间。他被困住了。但这使得他自己的说法——坚持原则的流亡及航行——愈发复杂。批评人士现在更会说他并非政治难民，而是 21 世纪的金·菲尔比——把祖国及其秘密出卖给苏联的英国叛徒。

其他批评者则把他比作伯尔农·F. 米切尔和威廉·H. 马丁，这两名美国国家安全局情报分析员于 1960 年叛逃到苏联，并在那里悲惨地度过余生。马丁和米切尔先飞往古巴，随后搭乘一架苏联货轮离开，几个月后突然现身莫斯科，出席在记者之家举行的新闻发布会。在那里，他们谴责了自己的前雇主，并透露说，美国在秘密监视其盟友，还故意派飞机前往苏联领空，以触发并捕捉苏联的雷达信号制式。

这种类比并不公允。斯诺登并非叛徒。他不是米切尔、马丁或菲尔比。但不管怎样，这个 30 岁的美国人现在有赖于克里姆林宫及其神秘的间谍机构的保护和资助。

对于任何了解俄罗斯——它在车臣的残酷战争、舞弊的选举、对于批评人士的无情打压——的人来说，斯诺登发言中的部分内容并不贴切。在斯诺登这件事情上，俄罗斯可能采取了反对违反人权的立场。但这并不是因为俄罗斯政府信奉人权，它并不信奉。普京经常用诋毁性语言来谈论人权。事实上，他更愿意把斯诺登看作新的大博弈中的一枚棋子，将这看作

一个绝佳机会，以羞辱华盛顿这个莫斯科过去和现在的对手。

就在斯诺登举行这场不太可能的新闻发布会的前一天，司法史上最离奇的时刻之一发生了：俄罗斯对死人进行了审判——这只有在果戈理创作的文学作品里才可能出现。37 岁的审计员谢尔盖·马格尼茨基于 2009 年死于狱中。马格尼茨基揭发了俄罗斯内务部的税务欺诈案。涉事的贪腐官员拘捕了他，在狱中，他得不到医疗护理，还饱受折磨。美国和一些欧盟国家对牵涉其中的俄罗斯官员发出禁令，并冻结了他们的海外资产。之后，该案件对克里姆林宫和白宫而言成了一个极有象征性的案例。本应有被告人的被告席空空如也。这真是个达达主义的场景。

一周后，俄罗斯主要反对派领导人阿列克谢·纳瓦尔尼也出现在法庭上。纳瓦尔尼是一名律师和反腐博客写手，拥有大量中产阶级追随者，有时隐约带有民族主义观点，是普京最有名的对手。（普京无法让自己说出纳瓦尔尼的名字，轻蔑地称他为“那位先生”。）纳瓦尔尼入狱 5 年，罪名是对一家木材场进行“盗窃”。没有人真正相信这一指控。该判决后来在一场看似克里姆林宫的内耗中终止了。

俄罗斯的前行方向变得更加让人捉摸不定。对腐败进行摆样子式的公审，对司法部门进行政治施压，这些已成为这个国家的常态。普京使用克格勃式的手段通过了一项新的法律，要求所有接受西方资金支持的非政府机构都注册为“外国代理机构”。在黑海胜地索契举办 2014 年冬季奥运会之前，俄国家杜马制定法律反对“同性恋宣传”。这些举措是俄罗斯更大政治战略的一部分，在此战略中普京直接拉拢他的保守势力基础——工人、养老金领取人员以及公务员——跳过了莫斯科受过教育、难以驾驭的资产阶级。

据在谢列梅捷沃机场与斯诺登会面的活动人士称，斯诺登有几名新陪同人员。他们是谁？整个莫斯科都认为他们是来自于俄罗斯联邦安全局的密探。

联邦安全局是莫斯科出名的情报机构。它是个资源异常庞大的组织，按照自己的秘密规定运转。在苏联解体后，克格勃也被解散，但它并没有

消失。1995 年，克格勃绝大多数职能都移交给了新成立的联邦安全局。它名义上与美国联邦调查局以及其他西方执法机构具备相同的职能——刑事诉讼、调查有组织犯罪以及反恐。但是，它最重要的工作是反间谍行动。

阿纳托利·库齐利纳是受邀参加斯诺登 7 月 12 日[1]新闻发布会的律师之一。事后，斯诺登给库齐利纳发了一封电子邮件，寻求他的帮助。库齐利纳同意了。他两天后又去了谢列梅捷沃机场，并与斯诺登进行了长谈。他解释了俄罗斯法律，还建议斯诺登放弃其他避难申请。“我不清楚他为什么选了我。”这位律师如是说。

第二天，库齐利纳再次前往机场，并制定了这样的计划：斯诺登向俄罗斯移民部门提出临时庇护的申请。突然之间，库齐利纳成了斯诺登的公众代言人、他与外界联系的渠道。“现在他想待在俄罗斯。他有选择。他有朋友和大量支持者……我认为所有事都会好起来。”他这样告诉记者。

人们不清楚斯诺登为什么找上库齐利纳，但是这名辩护律师各方面的关系都恰到好处。他是克里姆林宫的拥趸，公开支持普京 2011 年重新竞选俄罗斯总统。52 岁的库齐利纳身体肥大、头发灰白、为人和蔼，擅长与名流打交道。（他曾为数位俄罗斯名人代理，其中包括亲克里姆林宫的电影导演尼基塔·米哈尔科夫。）

但除了上流社会人脉外，库齐利纳还有其他有用的交往关系。他是俄联邦安全局的“公众院”成员，这是普京于 2006 年创立的一个机构，其任务界定模糊，这是因为它涉及一个间谍机构：它主要为这个安全部门与公众“建立关系”。时任联邦安全局局长的帕特鲁舍夫批准了库齐利纳的工作，于是后者就成了 15 位成员之一。律师同行称，他不能算作联邦安全局的密探。但他们表示，他应被视为“体制内人员”。

没有几个人认为库齐利纳是独立人士。他是少数几个获准接触斯诺登的人员之一。几次去机场，他都带了礼物，其中包括一册《孤独星球俄罗斯指南》和一本莫斯科指南。这位律师还挑选了几部经典著作，以“帮助斯诺登理解俄罗斯人民的精神世界”：陀思妥耶夫斯基的《罪与罚》、契诃

[1] 原书写成“6 月 12 日”，与语境和事件发展过程明显不符，经查证应为“7 月 12 日”。——编者

夫的小说集以及历史学家尼古拉·卡拉姆津的作品。斯诺登很快就读完了《罪与罚》。在读完卡拉姆津这位写下首部俄罗斯国家史的19世纪作家的选集后，斯诺登索要了他的全部作品。库齐利纳还给他一本关于斯拉夫字母的书籍，帮他学习俄语，还带来一些换洗衣物。

斯诺登不能到外面去——“他呼吸着令人难以忍受的空气——机场里的空气。”库齐利纳说——但他的身体状况良好。虽然如此，但是长期等待带来的心理压力影响已开始显现。“他一直处于一种期待的状态之中，这对他来说很艰难。”库齐利纳说，“而内心里，爱德华是绝对独立的，他完全追随着自己的信念。就其心理反应而言，他确信并且真正相信，一旦他率先这么做，美国人民和世界人民就会发现他们对我们进行的监视。”

从斯诺登刚抵达俄罗斯开始，人们就越来越想问这样一个问题：俄罗斯人到底有没有获取斯诺登手里的美国国家安全局文件？6月24日，《纽约时报》引述了“为主要政府间谍机构工作”的“两位西方情报专家”的话。在没有提供任何证据的情况下，这两名专家称，他们认为中国政府已经成功提取了斯诺登带到香港的4台笔记本电脑中的内容。

斯诺登对这些迅速扩散的媒体传言予以断然否认。他同时坚称，他并未与莫斯科分享过任何美国国家安全局材料。“我从未向这两个国家的政府提供过任何信息，它们也从未在我的笔记本电脑里提取任何内容。”斯诺登在7月份的两次采访中这样告诉格林沃尔德。格林沃尔德后来就上述指责全力为斯诺登进行了辩护。

斯诺登极其擅长电子数据的防护。当他受雇于中情局和国安局时，他的工作之一就是向美国国家安全官员与中情局雇员讲授，在高威胁性的数字环境下如何保护他们的数据。他在美国国防情报局授课，这个情报局向美国国防部提供顶级外国军事情报。有些荒谬的是，斯诺登现在发现自己恰恰处在他曾讲授过的那种敌对环境中——被外国情报机构的特工们重重包围。

斯诺登就此与戈登·汉弗莱进行了通信，后者来自新罕布什尔州，曾

担任该州两任共和党参议员。在致“斯诺登先生”的信件中，汉弗莱写道：“由于你并没有泄露可能会伤害任何情报特工的信息，我认为，你揭露我眼中严重违反美国宪法的行为，是做了件正确的事。”（汉弗莱还称斯诺登为“勇敢的揭露者”，他曝光了“我国政府日益严重的傲慢自大”。）

斯诺登的回复值得全文转载：

汉弗莱先生：

感谢您的仗义执言。我只希望我们有更多的立法者秉持与您相同的原则——这样我就不必采取先前的行动了。

媒体故意歪曲了我的行为和意图，竭力对我进行人身攻击，以转移公众对政府违宪事实的注意力。他们似乎认为，每个现代故事中都必须有一个坏角色。或许是这样。或许在当今时代，热爱祖国就意味着受到政府的憎恨。

如果历史证明确乎如此，我不会回避这份憎恨。我会毫不犹豫地在后半生把那些所谓的犯罪行为视作公民职责，使得那些自己不敢亲为的少数统治者把我当作纠正错误的契机。

我在一开始就说明了自己的意图，就是告知公众那些以他们的名义进行的实质上对他们不利的事情。我依然坚持这一初衷。尽管记者和官员们可能从不会相信，但我并没有提供任何可能会伤害我国人民的信息——不管他们是不是特工——而且我绝没有这样做的念头。

此外，没有哪个情报机构——甚至也包括美国情报机构——有能力获取那些我将继续保护的秘密。虽然媒体并未报道，但我的专长之一就是向国防情报局人员讲授，如何在哪怕是最高威胁性的反情报环境（如中国）中，使此类信息免受威胁。

您可以放心，我不会受胁迫透露那些信息，哪怕身受折磨。

感谢您对我们共同热爱的国家所做的服务。

爱德华·斯诺登

这封信传递出斯诺登的主要宗旨：热爱国家、履行公民职责以及保护宪法的愿望。信件基调高尚，有几处还夸张煽情："如果历史证明确乎如此，我不会回避……"但无疑斯诺登清楚来自于外国敌对情报机构的危险，而且他已经采取非常措施安全地保存手上材料。

《华盛顿邮报》的记者巴顿·格尔曼，是少数几个最早与斯诺登对话的人之一。他说自己相信斯诺登已经把资料保存在别人接触不到的地方。"我认为，当他人在俄罗斯时，自己都打不开这些档案。"格尔曼这样告诉美国广播网国家公共电台。他补充道："他并非不再持有密钥，而是没有什么可以再打开的内容。当他在俄罗斯境内时，他使得加密信息不可能被任何人打开。"

但是，所有这些当然并不能说明克里姆林宫对斯诺登电脑里的内容不感兴趣。俄联邦安全局擅长电子监控。像其前身克格勃一样，它的手段包括窃听、隐形录像和圈套陷阱。与美国国家安全局不同，俄联邦安全局还使用可称作"故意引人猜疑"的监控方法。而对于西方情报机构来说，对目标的监视应该是在其不知情的情况下进行的。相比之下，联邦安全局还从事公然追踪。

俄联邦安全局使用经过20世纪70年代东德秘密警察斯塔西完善的策略，会闯入所谓的敌人家中。一般说来，其闯入对象包括西方外交官和某些外国记者。但联邦安全局也在打压国内异见分子方面一马当先，也针对特定俄罗斯人，包括那些为美国或英国使馆工作的人。特工小组会闯进监控对象的寓所。他们会留下曾经到访的线索——敞开的窗户、切断的中央供暖、神秘的警报、取下的电话听筒、床边放上性爱手册等。

在2004—2008年普京第二个总统任期内，这些心理威慑方法变得更为泛滥，因为克里姆林宫对于支持改革的橙色革命前景的恐惧日增。2009年，时任美国大使约翰·贝耶尔给美国国务院发了一封措辞直白的电文，这是被曼宁泄露的发自俄罗斯的数千份电文之一。文中写道："针对使馆所有人员的骚扰活动在过去几个月内飙升，达到了多年未见的水平。使馆

人员遭受了媒体对个人诽谤性的、虚假的色情诋毁。家庭成员往往收到让人极度惊骇的传闻，称他们身为美国政府雇员的配偶已意外身亡。侵入住宅的行为变得更加泛滥和明目张胆，针对我们当地雇员的活动继续以创记录的速度出现。我们深信这种活动系俄联邦安全局所为。”

这就是俄罗斯联邦安全局。具有讽刺意味的是，这个克里姆林宫的安全机构也针对俄罗斯民众大规模进行美国国家安全局式的监控。

俄罗斯全国远程信息拦截系统称作 SORM。克格勃于 20 世纪 80 年代中期开发了 SORM 的技术基础，并根据快速的技术变化进行了更新。SORM–1 捕获电话及手机通信，SORM–2 拦截互联网数据传输，SORM–3 从所有通信中收集数据，包括内容及录音，并对其进行长期存储。

美国的监督机制可能已经漏洞百出，但在俄罗斯根本不存在监督机制。斯诺登的文件表明，美国国家安全局强迫电话运营商及互联网服务供应商提供客户信息。美国对外情报监视法法庭的秘密庭谕使该过程变得合法。各公司能够——而且也会——在法庭上对这些庭谕提出质疑，并辩称它们应被允许透露更多有关政府机构要求内容的细节信息。

在俄罗斯，联邦安全局官员同样需要庭谕以对目标进行监控。一旦得到命令，他们却无须向任何人出示。电信服务商对此并不知情。据俄罗斯安全部门专家安德烈·索尔达托夫称，联邦安全局无须与互联网服务供应商工作人员进行接触。事实上，该间谍机构直接呼叫位于联邦安全局总部的专用控制器，该控制器通过一条受保护的电缆直接与安装在互联网服务供应商网络上的 SORM 装置进行连接。这一系统覆盖全国：俄罗斯每个城镇都有受保护的地下电缆，它把当地的联邦安全局机构与该地区的所有供应商都连接起来。这样，在不受监督的情况下，联邦安全局能够对反对派人士及其他“敌人”的电子邮件通信进行拦截。

俄罗斯的官僚机构运转缓慢，然而，在斯诺登这件事情上，耽搁的原因却并非官方的惰性。普京一直在仔细权衡向斯诺登提供庇护后极可能会出现的后果。7 月 24 日，库齐利纳称，斯诺登身份问题还没有得到解决。

与此同时，斯诺登还得待在莫斯科的机场。

这位律师表示，斯诺登现在考虑长期在俄罗斯生活并有可能找一份工作：他有意在该国停留并“研究俄罗斯文化”。他明显已经学了几句俄语对话，如“你好”和“你怎么样”。斯诺登甚至还试着吃了 khatchapuri，一种格鲁吉亚奶酪面包。

2013 年 8 月 1 日，在斯诺登飞到莫斯科 39 天后——他走出了机场。俄罗斯向其提供了为期一年的临时庇护。俄罗斯国有电视台罗西亚（Rossiya）第 24 频道播放了一张斯诺登离开时的照片。他露齿而笑，带着一个帆布背包和一只大旅行袋，旁边还跟着满脸笑容的哈里森。走出转机区后，他和库齐利纳在人行道上交谈了几句。随后，斯诺登坐上一辆灰色无标记的汽车。车子开走了，斯诺登消失了踪影。

库齐利纳向记者们出示了一份斯诺登新临时身份证件的复印件，持有它，斯诺登可以进入俄罗斯。上面以大写斯拉夫字母印刷着他的名字：“斯诺登，爱德华·约瑟夫”，此外还有其指纹和新的护照照片。安全官员称斯诺登在当地时间下午 3 点 30 分左右离开了转机区。显然，俄罗斯并没有事先将此告知美国。

库齐利纳称，由于斯诺登是“地球上的头号通缉对象”，他不准备透露有关其去向的任何细节。维基解密的一份声明表示，他和哈里森已前往一个“安全的秘密地点”。该声明引用斯诺登原话称：“在过去 8 周，我们看到奥巴马政府对于国际法或美国国内法没有表示出任何尊重，但最终还是法律取得了胜利。俄罗斯联邦根据其法律和国际义务向我提供庇护，本人特此表示感谢。”

美国对此反应强烈。白宫宣布，奥巴马取消了他与普京原计划在 9 月份 20 国集团峰会期间举行的双边会谈，而这次峰会由俄罗斯在圣彼得堡主办。美国总统发言人杰伊·卡尼表示，白宫“极度失望”。卡尼措辞严厉地谴责斯诺登用美国秘密向对手国家献礼：“单是在安全区域外持有那种高敏感性机密信息，既带来巨大风险也构成违法操作。我们知道，他已经在俄罗斯逗留了数周。把那些信息带离安全区域……存在巨大风险。你不

应该这么做，你也不能这么做，这么做是错误的。”

共和党参议员约翰·麦凯恩把这种反应再升级一步。麦凯恩受斯诺登仰慕，在后者笔下被称作“真正的斗士”。麦凯恩一直批评白宫“重新定位”与莫斯科关系的努力——在他看来，这种妥协政策只会鼓励普京采取更恶劣的行为。麦凯恩发表推特信息称：“斯诺登已留在一个透明和重人权的国家里。俄罗斯，是时候再次按下复位键（恢复正常）了。”[1]

斯诺登去哪儿了呢？赭色高墙和金黄色东正教塔楼，构成了红场和克里姆林宫的整体风貌。在红场尽头，是圣巴索大教堂超现实主义的洋葱式穹顶。

从这里，如果你沿山而上，经过大都会酒店和卡尔·马克思的雕像，就会到达一座宏大、峻伟、造型古典的建筑。这就是卢比扬卡。它曾经是克格勃的总部，现在则是联邦安全局所在地。在这座建筑内当然能找到上述问题的答案。同时，俄罗斯记者们也猜测斯诺登正待在莫斯科附近某处总统疗养地。

这名由黑客转变而成的揭露者最终找到了他的避难所。但是，他在公众视线以外的时间越长，那就越表明他以某种非正式的方式沦为俄联邦安全局的囚犯。

[1] 毫无疑问，麦凯恩在此用一段俏皮的反话表达了自己的嘲弄。——编者

12 狗屎风暴！

东柏林　诺曼大街
斯塔西总部
2013 年 10 月

格鲁比奇：“德莱曼没问题，是吧？”
维斯勒：“我让人盯着他呢。”
——德国电影《窃听风暴》，2006 年

德国人对于“老大哥”式的监控有着本能的反感。在斯诺登曝光美国的监控计划后，德国评论员把美国国家安全局比作盖世太保。

美国国家安全局竟然监听默克尔的电话！默克尔闻讯勃然大怒。在美国国家安全局所做的众多拙劣判断中，对默克尔的监控恐怕算得上是最愚蠢的，简直就是惊世骇俗的荒唐之举。美国同样也在对法国进行大规模监控，而且数字十分惊人。

美国国家安全局……情报搜集行动的目标变得更加直截了当，那就是攫取全球权力。

美国不仅监视着外国政要，也在监视所有平民百姓。

“斯诺登事件”带来的最出人意料的结果是打字机的回归。……打字机、书面笔记以及秘密会面再次时兴起来，信鸽的回归当然只是个时间问题。

大厅里有座人物雕像——他蓄着山羊胡，是“钢铁般的”费利克斯·捷尔任斯基[1]，列宁的秘密警察头子。墙上有一张地图，绘制的是德意志民主共和国（东德）在其 1989 年戏剧性崩溃之前的情形。地图分成若干区域，主要城市以粗体字标识：（东）柏林（共产党时期的首都）、德累斯顿、马格德堡、莱比锡。

这座位于柏林利希滕贝格区的令人生畏的建筑，曾经是德意志民主共和国国家安全部总部所在地，而这个机构有一个更为人所熟知的简称——斯塔西。斯塔西是仿照捷尔任斯基的契卡而设立的。在某种程度上，它属于犯罪调查部门，但同时也是秘密情报机构和秘密政治警察部门。从 1950 年到柏林墙倒塌时为止，在将近 40 年时间里，斯塔西一直针对民主德国的“敌人”开展清洗行动。这些敌人，绝大部分都是内部敌人。斯塔西声称其目标是“知晓一切”。

建筑内第一层是埃里希·米尔克的办公室，从 1957 年到 1989 年，他一直担任斯塔西的负责人，指挥着这场清洗行动。以当今的眼光来看，他的办公室并不起眼。一张舒适的椅子、一套 20 世纪 60 年代的办公家具、一部老式拨号电话机和一台电子打字机。隔壁有一张沙发床，供米尔克小憩。众多壁橱中有一个装有隐蔽式磁带录音机，同一层楼上还有间大会议室。每次和他手下的将军们会面时，米尔克都会把谈话内容录下来。

根据苏联集团的标准，东德是成功的。在较短时间里，它成功地建立起历史上监控最全面的国家。斯塔西特工的数量由 1950 年的 27000 人增

[1] Felix Dzerzhinsky (1877—1926)，苏联党和国家早期的主要领导人之一，曾任联共（布）中央政治局候补委员、全俄肃反委员会（简称“契卡”，克格勃的前身）主席、苏联最高国民经济委员会主席等职。——编者

加到1989年的91000人，另外还有18万人担任非官方线人，但实际数字可能还要高。他们监视朋友、工友、邻居和家人，甚至丈夫监视着妻子。到民主德国终结时为止，每13个公民中就有两个是告密者。

斯塔西喜欢通过窃听控制异见人士，具体手段包括使用窃听器、电话监听、监视等。斯塔西监视着2800个邮寄地址，每天要用蒸汽处理9万封信件。这是十分繁重的工作。搜集到的海量信息绝大多数千篇一律，没什么情报价值。1990年1月15日，像迷宫一样的斯塔西骤然垮台，愤怒的抗议者冲进米尔克位于诺曼大街的办公大楼，抢走了里面的档案。

考虑到德国这种极权主义背景——拥有纳粹的历史——斯诺登的爆料在德国引起众怒就一点也不奇怪了。事实上，有个较新的词被用来表达德国人对于美国监控行为的愤慨："狗屎风暴"（der Shitstorm）。随着国家安全局风波在全球扩散，2013年7月，这一英式表达被录入《杜登德语词典》。"狗屎风暴"指的是在网络上，特别是在社交媒体上人们铺天盖地的强烈愤慨。

盖世太保的阴魂给西德留下了痛苦的烙印，与斯塔西对东德带来的痛苦不相上下。国家监控的文化记忆仍然困扰着统一后的德国。近来，许多非常成功的德国电影和小说，如《窃听风暴》——场景设置在1984年的民主德国、颇能反映当年的真实情况；又如汉斯·法拉达创作的反映纳粹时期生活的小说《孤身在柏林》，都戏剧化地表现了被监控的惨痛经历。

出于这些原因，隐私权在德国宪法中被确定下来。为《卫报》撰文的约翰·兰彻斯特指出，德国的法律史注重突出人权："在欧洲和美国，公民与国家之间的界线基于个人权利这样一个抽象概念，而个人权利又要根据国家的需要来设计和诠释。"（相对来说，英国的普通法[1]有所不同，它并不专注于抽象权利的存在，而在于对具体"非法行径"的改正。）

德国人对于"老大哥"式的监控有着本能的反感，即便今日，德国街头的监控摄像头依然寥寥无几，这与英国的情况大相径庭。2010年谷歌的

[1] common law，是一种以判例法为基本特征的法律体系，也称作"判例法"、"习惯法"或"不成文法"。——编者

“街景”项目在德国遭遇了大规模抵制。在德国地图上点击一下，你会发现大片区域仍然进行了像素化处理。德国 2013 年夏天才公布了两德统一后的第一次人口普查——20 世纪 80 年代进行的多次普查均遭遇了大规模抵制，这是因为人们反感把自己的数据交给国家。

阿道夫（·希特勒）和两个埃里希——东德特务头目埃里希·米尔克和统一社会党头目埃里希·昂纳克[1]——的时代终结了。或者说，绝大多数德国人是这么认为的。“9·11 事件”之后，美国国家安全局的行为使德国宪法看上去像个拙劣的笑话。2013 年，斯诺登披露的文件显示，美国国家安全局对德国展开了密切监视，在很多方面比斯塔西还有过之而无不及。该机构甚至对欧洲最有权力的政治人物、德国总理默克尔的电话进行了长达 10 年的监听。默克尔在东德长大，对在无孔不入的监视状态下生活有着切肤之痛。在美国国家安全局所做的众多拙劣判断中，对默克尔的监控恐怕算得上是最愚蠢的，简直就是惊世骇俗的荒唐之举。

故事是这样开始的。总部位于德国汉堡的新闻杂志《明镜周刊》披露，美国国家安全局定期截获数百万德国人的通信内容。它每月平均搜集大约 5 亿次的通话、电子邮件或短信，一般每天包括 2000 万次通话以及 1000 万份网络交流内容。该杂志称，在 2012 年的平安夜，它搜集了约 1300 万次通话。有时，这些数字还要更高。2013 年 1 月 7 日，美国国家安全局监控了近 6000 万次通信内容。这些监控数据存储在该局位于美国米德堡的总部。

此外，针对外国驻美外交使团，美国国家安全局还开展了复杂的国对国的间谍活动。对中国人和俄罗斯人进行监听可以理解，因为它们与美国是意识形态方面的对手。但是，美国国家安全局也对友好国家的使馆进行监控——根据泄露的一份 2010 年 9 月的文件，这样的对象有 38 个。其监控对象包括欧盟使团和法国、意大利以及希腊等国使馆，还有其他数个美

[1] Erich Honecker（1912—1994），前民主德国统一社会党总书记、国务委员会主席，也是东德最后一位正式领导人。两德统一后，他曾被控告滥用职权和叛国罪，但因患肝癌被释放，1993 年流亡智利，不久后逝世。——编者

国盟友，包括日本、墨西哥、韩国、印度和土耳其。

美国国家安全局采用的监控方法不同寻常。它在电子通信装置中安装窃听器，侵入通信光缆，或使用特制天线采集传输信号。在一项代号为“DROPMIRE”的项目中，国家安全局把窃听器安放在欧盟驻华盛顿办公室的传真机里。它还盯上了欧盟位于比利时首都布鲁塞尔的尤斯图斯·利普修斯[1]大楼，这里是顶级峰会和部长级聚会的举办场所。

德国和法国是美国的亲密盟友，也同是北约成员国。这几国政府拥有共同的价值、利益和战略义务。德国和美国士兵在阿富汗并肩作战、出生入死。然而，对美国国家安全局而言，法国和德国都是可监控的对象。“五只眼”这个英语语系国家间谍俱乐部具有排他性，这两个国家都不是“五只眼”的成员，只是“第三方外国合作伙伴”。美国国家安全局内部一位权威人士直言：“以绝大多数第三方外国合作伙伴的信号为目标，我们能够而且经常这么做。”根据该局的“无国界线人”计划，美国对德国的监控等级与对中国、伊拉克以及沙特阿拉伯一样，同属最高等级。

2013 年 6 月，奥巴马造访柏林，美国国家安全局引发的争吵正使美德关系趋于紧张。在斯诺登曝光美国的监控计划后，德国评论员把美国国家安全局比作盖世太保。这个比方有些过分，但斯诺登披露的情况的的确确在德国引起了不安和忧虑。

在德国总理位于柏林的洗衣机形状的办公室，奥巴马和默克尔举行了新闻发布会。默克尔的办公室与有着福斯特[2]式透明穹顶的德国国会大厦和勃兰登堡大门近在咫尺，在这里举行新闻发布会让人回想起德国的历史和现在。美国国家安全局对德国的监控话题贯穿新闻发布会始终。

奥巴马力求打消人们的疑虑。他称自己不赞同前任的做法。他说，他上任时就“非常怀疑”美国情报界的做法。然而，在经过进一步核查

[1] Justus Lipsius (Joost Lips，1547—1606)，比利时人文主义者和语言学家。新禁欲主义（Neostoicism）的创立者，其最著名的作品是《论不屈不挠》(*On Constancy*)。——编者

[2] 诺尔曼·福斯特（Norman Foster，1935— ），英国著名建筑设计师，曾主持设计伦敦新温布利球场、香港汇丰银行新楼等多个标志性建筑，曾获普利兹克奖（Pritzker Architecture Prize，号称“建筑界的诺贝尔奖”）、美国建筑学院（AIA）金奖等。——编者

后，他觉得美国的监控项目在安全与公民权利间找到了“适度平衡”。美国国家安全局的监控“仅仅只是”针对恐怖主义和大规模杀伤性武器：“我们没有偷阅德国公民、美国公民、法国公民或任何其他人的普通电子邮件。”奥巴马坚持认为，该体系有“严格的限制”。它挽救过许多人的性命，其中包括德国人。

默克尔并没有被说服。她承认，与美国的情报共享曾经帮助德国挫败了2007年邵尔兰特地区一起伊斯兰恐怖图谋。尽管如此，德国人仍心存疑虑：“人们担心的是，可能存在某种不加区别、全面搜集信息的情况。”

在接受《卫报》和其他欧洲报纸的采访时，默克尔使用了严厉的措辞。她称该监控丑闻“非常严重”：“使用窃听器偷听我国使馆内的朋友以及欧盟代表谈话的做法，让人无法接受。冷战已经结束了。当然，与恐怖主义的斗争是非常必要的……但同样毫无疑问的是，做事情必须得把握分寸。”

尽管如此，默克尔似乎还是极力想避免与美国全面对峙，她的为人熟知的务实做派再次占了上风。与此同时，“狗屎风暴”在德国的印刷媒体及网络媒体上风起云涌，而普遍的基调就是恐慌。德国德高望重的汉斯·马格努斯·恩岑斯贝格尔称之为“向后民主社会的过渡”。坚定的保守派人士汉斯·彼特·乌尔说这个丑闻给人们“敲响了警钟”。甚至连右翼的《法兰克福汇报》也表示担忧。它称，如果要自由“在未来继续存在”，就必须公布斯诺登掌握的档案。

在2013年9月德国大选的准备阶段，默克尔还是选择对这一问题进行低调处理。反对党社会民主党则极力想把问题放大，但他们的策略失败了。实际情况显示，该党的前总理施罗德早在2002年就曾批准一项与美国进行广泛情报共享的协议。

普通德国民众跳出来呛声了。几百人冲上街头，挥舞着反监控标语的牌子，还有人在默克尔的选举集会上捣乱，乱吹呜呜祖拉[1]。柏林市内，一群人戴着斯诺登面具在蒂尔加滕集会，旁边就是经典的胜利纪念柱。2008

[1] vuvuzela，南非足球迷常吹奏的一种大喇叭，也有人译作“呼呼塞拉”或“嗡嗡祖拉”。——编者

年，正是在这里，美国总统热门人选奥巴马做了一场令人难忘的外交政策演说。抗议人群高举横幅，上面写着“表巴马”（Nobama，即“不要奥巴马”）、“一九八四来临”和“以安全为名而践踏自由的人，既不会得到安全，也不会得到自由”。一路走下去，在菩提树下大街两侧，挖掘机紧张忙碌，正在重建一座新古典主义宫殿，此处曾为东德共产党政权的共和宫[1]所在地，是共产主义独裁统治的象征。

到了大选期间，人们先前的愤怒大都已经慢慢消失了。默克尔的首席幕僚罗兰德·波法拉称，美国国家安全局事件“结束了”。支持率上升的默克尔轻而易举地连续第三次赢得了选举。新兴反对党海盗党——在地区选举中表现出色，并主打数据保护议题——的投票支持率骤降至 2.2%，结果没能进入议会。《明镜周刊》针对其溃败打出标题：“要冷静而不要狗屎风暴”。

随后，2013 年 10 月，一个非同寻常的新说法又突然传出：美国国家安全局竟然监听默克尔的电话！

《明镜周刊》发现，默克尔的手机号码出现在斯诺登提供的一份国家安全局文件上。她的号码旁边有这样几个字：“德国总理默克尔”。该文件编号 S2C32，出自国家安全局特别信息采集处的“欧洲国家组”，密级为绝密。该文件警告称，如相关监视行动被发现，将导致美国和“外国政府”间关系的“严重破坏”。

该杂志给总理官邸打了电话。德国官方展开调查，结果得出了爆炸性结论：官方结论是，总理非常有可能已经成为美国监听行动的受害者。德国消息人士称，默克尔闻讯勃然大怒。她的发言人斯特芬·赛贝特称，此种行径如果属实，那是“完全不能接受的”，属“严重侵犯”。

颇为可笑的是，默克尔拿起电话给奥巴马打了过去，问他到底怎么回事。美国总统的答复是典型的律师规避问题的方式：奥巴马向她保证，美国现在并没有监听她的电话，而且未来也不会这么做。或者正如白宫发言人卡尼所说：“（美国）总统向德国总理保证，美国当前没有、未来也不会

---

[1] Palace of the Republic，是东德的国会大厦。——编者

监控总理的通信。”

至于过去发生了什么，白宫只字未提，想明白这一点用不着爱因斯坦那样的大脑。事实表明，国家安全局早在 2002 年小布什总统第一个任期内就已经开始监听默克尔的电话。默克尔有一部私人电话、一部官方电话。国家安全局监听的是那部私人电话，她在担任基督教民主党联盟党首时，这部电话用得最多。该监听活动一直持续到奥巴马 2013 年 6 月访问柏林几周前才结束。根据奥巴马国家安全顾问苏珊·赖斯的说法，美国总统对此一直毫不知情。

众所周知，德国总理非常青睐“掌中宝”——德国人对手机的称呼。实际上，默克尔通过掌中宝进行她的统治。手机就是她的控制中心。2008 年，在布鲁塞尔召开的一次欧盟峰会上，她就用手机和法国时任总统萨科齐进行通话，两个人还互发短信。2009 年，默克尔换了一部新的智能加密手机。美国国家安全局似乎找到了破解加密的办法。但是，如果美国总统都对监听活动一无所知，那谁又会知道呢？

这种不光彩的监听活动，过去可能在外交峰会上赋予美国一定优势，使其洞悉敌友各方的想法。但是，随着曝光的情况越来越多，进而在欧洲、墨西哥和巴西引发外交危机，我们有理由问一问，此类做法是否真的物有所值。

可以肯定，它们极大地损害了美国的全球声望。奥巴马在世界舞台上似乎越来越被孤立，但很奇怪，他对盟友的愤怒却视而不见。这个仅仅因为不同于小布什总统而被诺贝尔奖评审委员会青睐的人不再受欢迎。欧洲人不喜欢他。罗伯特·罗斯曼在《南德意志报》撰文写道：“奥巴马并不是诺贝尔和平奖得主。他是个麻烦制造者。”《明星》杂志则在其封面上称奥巴马为“窃密者”。

让奥巴马难以忍受的是，其他诺贝尔奖得主也对他发起攻击。全世界 500 多位重要作家都在声明中警告说，斯诺登所披露的大规模监视，已经破坏了全球的民主和根本人权。该声明称：“所有人——他们的内心世

界、他们的私人环境和通信——都有不受监视和不被骚扰的权利。”它补充道，由各个国家和各种机构实施的监视已经使这一根本权利“受到践踏”。

哎呀！对于既是总统又是知识分子的奥巴马来说，这肯定伤人不浅。这份声明的署名人员构成了文学界的名人大全，其中有5位诺贝尔文学奖得主——君特·格拉斯、奥尔罕·帕慕克、约翰·马克斯韦尔·库切、埃尔弗里德·耶利内克和托马斯·特兰斯特罗默，以及世界各国无数其他知名作家。

对已经近乎孤立的奥巴马政府而言，国家安全局事件正转变为一场外交政策灾难。《卫报》的外交版编辑朱利安·博格写道：“随着每份文件的泄露，美国的软实力蒙受越来越大的损失，而硬实力似乎也在慢慢消退……对于一位外国领袖来说，发现自己视为必要的伙伴和盟友的国家竟然在监听自己的手机，没有什么比这更无礼的了。”

同周，默克尔手机被监听所引发的风暴也蔓延到法国。《世界报》[1]刊文，让国家安全局监听一事有了更令人难堪的发展。德语“狗屎风暴”又有了法语版本“*la tempête de merde*”。该报援引格林沃尔德提供的材料称，美国同样也在对法国进行大规模监控，而且数字十分惊人。从2012年12月10日到2013年1月8日的30天时间内，美国国家安全局截收了7030万次法国电话通话。

根据该报的说法，美国国家安全局每天在法国进行约300万次数据截收，而在2012年12月24日和2013年1月7日每天平均高达700万次。但12月28日至31日之间却没有截收行动。国家安全局的间谍们在过节休息吗？相关文件并没有说明。

国家安全局的行动是如何运作的？关于该问题存在一些有趣的线索。对法国的监视列入代号为US–985D的秘密档案下；对德国的监控行动也有代号，分别是US–987LA和US–987LB。这些项目分为两类，即用于数

[1] *Le Monde*，法国第二大全国性日报，是法国在海外销售量最大的日报，在法语国家地区颇有影响，国际知名度较高。——编者

据收集的DRTBOX，以及用于录音录像的WHITEBOX。还有其他一些秘密缩略语，用于描述对在美法国外交人员的监控。在意大利也存在相同情况。监控默克尔的特别信息采集处，也在罗马和米兰的美国使馆“办公点”对意大利政要进行监视。他们获取的意大利元数据以数百万计。

法国政府对此的反应分两个层面。像其他国家的通常反应一样，法国召见美国驻法大使查尔斯·里夫金，要求对此进行解释。苦撑时局的法国总统弗朗索瓦·奥朗德则致电奥巴马进行抗议，其外交部长洛朗·法比尤斯称该事件“完全不能容忍”。法国内政部长曼努埃尔·瓦尔斯称：“在新兴通信技术问题上，（各国）明显需要制度约束。”

但法国的反应要比德国温和得多，而且“出离了”愤怒。6月份，奥朗德威胁要暂缓跨大西洋贸易对话，但总的来看，他的反应并非出自本意，只是为了做给国内选民看。《巴黎人报》称之为“绅士派”做法。人人都知道，法国自己也进行监控，而且还是工业间谍方面的佼佼者。更重要的是，巴黎明显想要与华盛顿保持良好关系。话虽如此，法国政客们似乎还是真的被美国国家安全局拉网作业的庞大规模吓到了。

到此时，美国还在向全世界焦虑的盟友们做着千篇一律的答复。白宫称，法国以及其他不满的欧洲国家所提出的问题是“正当合理的”，华盛顿正重新评估“我们搜集情报的方式”，由此“合理地平衡”安全与隐私。另一方面，国家安全委员会发言人凯特琳·海登说：“美国在搜集外国情报，所有国家都这么做。”换言之，“我们监视你们，你们也监视我们。兄弟，别纠缠不放了。”

美国国家情报总监詹姆斯·克拉珀——就是误导国会的那家伙——称，《世界报》搞错了情况。克拉珀否认国家安全局录制了7030万次法国电话通话。他并没有提供进一步细节，但似乎在暗示，国家安全局只是获取了元数据。他表示，大量这种欧洲监视行动的背后都存在西方情报机构的影子。

事实上，欧洲人是伪君子。克拉珀的这种说法，对不对呢？

答案在一定程度上是肯定的。西方情报机构也在从事监视行动，只

不过动用的资源要比美国国家安全局少。它们与美国情报界密切合作，都已经几十年了。例如，德国国内情报机构[1]联邦情报局与米德堡共享包括元数据在内的情报信息，甚至还将其两个数字监视系统“米拉 4”（Mira 4）和“韦拉斯”（Veras）的副本转交给了美方。斯诺登本人也明确指出了这些密切联系。他告诉记者兼网络自由活动人士雅各布·阿贝尔鲍姆说，国家安全局和德国以及“其他绝大多数西方国家”都“处在同一个屋檐下”。

这种合作的密切程度可能让人困惑。格林沃尔德向挪威小报《挪威日报》提供的一张关于监控项目“无国界线人”的幻灯片表明，美国国家安全局每天获取 120 万次挪威电话通话。然而，挪威的军事情报部门称，该幻灯被误读了。按照它的说法，挪威每天从阿富汗搜集电话通话，然后再传给米德堡。可是，这一说法很难与美国国家安全局的幻灯片相吻合，后者的副标题为：“使命从未休眠。”它清楚表明，在该项目下元数据的搜集，是以某个国家为目标，而不是由该国提供分享。还有专门针对每个国家的幻灯片，其中包括挪威和阿富汗。

总体情况一目了然，也让人苦恼。不管其他国家是否援手，美国国家安全局都在搜集所有国家的通信内容。法国《世界报》见到的一份文件称，在 2013 年 2 月 8 日到 3 月 8 日之间，美国国家安全局搜集了 1248 亿份电话数据以及 971 亿份电脑数据。这些数字是世界范围的。该报的一篇社论指出，新技术使得“老大哥式”星球的实现成为可能。在小说《一九八四》中，“老大哥”导致了温斯顿·史密斯的悲惨命运，而现在又是哪个国家在扮演“老大哥”的角色呢？答案不言自明。

美国国家安全局的核心任务是维护国家安全，至少其初衷是这样。但到了 2013 年底，似乎该机构情报搜集行动的目标变得更加直截了当，那

[1] 原文如此。联邦情报局（BND）是德国的主要对外情报机构，联邦宪法保卫局（Bundesamt für Verfassungsschutz，简称 BfV）才是德国的对内情报机构（主要负责国内安全情报工作）。——译者

就是攫取全球权力。

情况表明，外国政要中，并非只有默克尔的手机被国家安全局监听。《卫报》刊登的国家安全局的一份2006年备忘录表明，后者至少在对35位世界政要的电话进行监听。美国国家安全局还呼吁其“客户”机构，如白宫、国务院以及五角大楼，与它共享“通讯录”，这样它就能把外国政要的电话号码加入到自己的监控体系中去。有位热心官员提供了200个号码，包括上述35位世界政要。国家安全局立即把他们列为监控对象。

国家安全局后来还盯上其他政要，包括巴西总统迪尔玛·罗塞夫以及墨西哥总统恩里克·佩尼亚·涅托。表面看来，这种监控很是怪异，因为这两个国家都与美国保持着良好关系。罗塞夫的前任、左翼劳工党人路易斯·伊纳西奥·卢拉·达席尔瓦曾邀请伊朗时任总统马哈茂德·艾哈迈迪内贾德访问，如此一来惹恼了华盛顿。然而，在2011年执政后，罗塞夫力图改善与白宫的关系。她疏远了德黑兰，还款待过奥巴马，而后者之前曾经取消过对巴西的访问。

美国国家安全局对这些积极变化并不关注，美国间谍感兴趣的是罗塞夫的个人想法。《明镜周刊》掌握的美国国家安全局的一张幻灯显示，分析人员成功得到了罗塞夫的信息。该杂志报道，米德堡调查了“巴西总统迪尔玛·罗塞夫与其主要顾问的通信方法和联系人”。它还发现了她的权力核心中其他“高价值目标”。

除了监听巴西民选领导人以外，美国国家安全局还秘密盯上了该国最重要的国立公司——巴西石油公司。该公司是全球最大的30家企业之一，其多数股权归国家所有，是巴西政府财政收入的主要来源。该公司正在开发几个大型油田，它们位于大西洋下极深的一片海域。

格林沃尔德给巴西新闻节目《奇妙人间》的文件表明，美国国家安全局使用了一个代号为“黑珍珠”（BLACKPEARL）的秘密项目，成功侵入巴西国家石油公司的虚拟专用网络。“黑珍珠”的其他目标包括全球银行转账使用的SWIFT网络、法国外交部以及谷歌。另外一份标题为“网

络开发”的英国政府通信总部文件表明，英美定期侵入能源公司、金融机构、航空公司以及外国政府的专用网络传输。

毫不奇怪，罗塞夫反对美国国家安全局的监控活动，将其视为对巴西主权令人发指的侵犯。对她的抗议，白宫大而化之，处理方式和对德法两国并无二致。9月份，罗塞夫宣布，她将取消原定于10月23日对华盛顿的正式访问。奥巴马致电罗塞夫，试图说服她改变主意，但没有成功。巴西政府称："在没有及时调查的情况下……这次行程就不具备条件。"

最乐观来看，美国国家安全局在巴西的活动显然不讲友邻情分。而往最坏处想，这些活动可以说是赤裸裸的工业间谍行为，恰恰是美国对中国人或俄罗斯人予以强烈谴责的经济间谍行为。美国国家安全局称，它从事的活动截然不同。它告诉《华盛顿邮报》说："本部门并没有在任何领域从事经济间谍活动，包括网络领域。"在一份略带悲痛论调的声明中，克拉珀坚称，美国并没有从外国企业那里盗取交易秘密，再交给美国公司，从而使美国公司具备竞争优势。

但是，克拉珀对美国国家安全局目标所做的含糊其辞的辩解，并没有让罗塞夫平息怒火。在9月份的联合国发言中，巴西总统措辞严厉，指责目前曝光的美国"全球电子监控网络"已经引起全球公愤。她说，这种"干涉"不仅是对友好国家间关系的冒犯，也是对国际法的践踏。罗塞夫驳斥了美国国家安全局在打击恐怖主义的说辞。她说："巴西知道如何保护自己。"

话分两头。美国南邻墨西哥受到的冒犯更为严重。据《明镜周刊》称，针对墨西哥总统涅托及其亲美前任费利佩·卡尔德龙，美国国家安全局开展了一项极复杂的监控行动。它的一个名曰"获取特定情报行动处"（TAO）的特别部门负责执行这一微妙的任务。

2010年5月，获取特定情报行动处成功侵入管理卡尔德龙总统公共电邮账户的邮件服务器，墨西哥内阁其他成员也使用与总统相同域名的电邮账户。美国国家安全局很是欣慰，现在它可以读取"外交、经济及领导人

通信”，这可以使其“洞察墨西哥政治体系及其内部稳定状态”。该行动被称作“平静液体”（FLATLIQUID）。两年后，美国国家安全局重操旧业。据巴西 Globo 电视台称，在涅托还是总统候选人时，国家安全局就成功读取了他的私人电子邮件。

美国在墨西哥秘密行动的主要目标，是监控该国的毒品团伙。《明镜周刊》见到的一份 2013 年 4 月的文件，从 1 级（高）到 5 级（低）列举了华盛顿的工作重点。墨西哥毒品交易为 1 级，该国的毒品团伙头目、军事实力及外国贸易关系为 3 级，而其反间谍行动则为 4 级。在 2009 年 8 月的一次行动中，美国国家安全局成功侵入了墨西哥公共安全秘书处高级官员的电子邮箱，获取了与毒品团伙及“外交话题”相关的有用信息。

这种监控是如何进行的？情况表明，美国国家安全局是在一项名为“晚间画架”（EVENINGEASEL）的行动下开展对墨西哥手机网络的监控的。国家安全局在德克萨斯州圣安东尼奥的设施牵涉其中，此外还有位于墨西哥城和巴西利亚的美国监听站。该局的资源多得惊人。2012 年初夏，国家安全局惊悉涅托可能会把用于打击毒品集团的资源挪作他用，于是对涅托的手机及其“9 名密切联系人”的电话进行重点监控。《明镜周刊》称，软件筛选出了涅托最重要的联系人，这些人随后也受到了监视。

到 2014 年初，斯诺登泄密所带来的后果很明显要比维基解密大得多。2010 年末，美国全球秘密外交电文被公开，确实产生了一定影响。几位美国大使被迫离任；其他一些人则更换了岗位；电文内容对“阿拉伯之春”推波助澜，引发突尼斯、利比亚和埃及等国民众对腐败政权的痛恨。这里面并非所有后果都是负面的。奇怪的是，美国驻外机构的声誉反而有所上扬。一般说来，美国外交官给人的印象是聪明、有原则而且工作努力，还有一些真的具备文学才华。

然而，斯诺登披露的档案，影响更为深远。人们感到，世界正在慢慢地，并不总那么平稳连贯地重新调整。美国不仅监视着外国政要，也在

监视所有平民百姓，对这一事实人们也感到习以为常。问题在于，美国的欧洲盟友，以及它的对手极权政权，将如何应对？至于拥有共同价值和历史的美国盟友，国家安全局似乎并没有真正把它们当作盟友。在一定程度上，它们是“友敌”，即半友半敌。

目前，存在这样几种趋势。在“掌中宝危机”之后，默克尔呼吁建立新的框架以约束合作伙伴间的监控行为。在“斯诺登事件”早期，美国国家安全局和德国联邦情报局一直试图对事态进行补救。现在默克尔和奥朗德声称，他们想要在2013年底前磋商达成一项新的跨大西洋禁止监控行为协议，英国及其他欧盟国家可以签署该行为准则，这将约束各安全与情报机构的行为。

与此同时，默克尔急切地想得到答复——而奥巴马政府一直不肯这么做。尤其是，她想了解国家安全局对德监视行动的规模。关于她个人面临的情况也还有一些悬而未决的问题：监控是谁批准的？理由是什么？

有关文件表明，美国（国家安全局）及其英国搭档政府通信总部在两国驻外使馆的屋顶设立监听站，以对驻在国开展监控活动。在柏林，这种情况尤其肆无忌惮：位于巴黎广场的美国使馆距离国会大厦和默克尔办公室仅有几百米远。从这里，国家安全局和中情局可以对整个德国政府进行监控。《明镜周刊》把使馆楼顶上竖立的天线称作“老巢”(Das Nest)。

其他地方情况也是如此。2010年，美国国家安全局在全世界设置了80个使馆监控站，其中19个位于欧洲城市，包括巴黎、马德里、罗马、布拉格和日内瓦——斯诺登就曾在日内瓦为中情局效力。美国人还在法兰克福设有一个站点。

其他“五只眼”伙伴也在开展自己的监控活动。澳大利亚版《卫报》和澳大利亚广播公司共同发表的一份斯诺登文件表明，澳大利亚间谍机构已对印度尼西亚总统苏西洛·班邦·尤多约诺和他的妻子安妮以及其高级部长和密友进行监听。该文件是一份绝密幻灯片，出自澳大利亚国防部和国防通信局，时间可追溯至2009年11月。另外一份泄密文件显示，美国国家安全局曾对2010年在多伦多参加二十国峰会的25国领袖进行监视。

这一秘密行动是在位于渥太华的美国使馆进行的。加拿大的间谍机构——加拿大通信安全局也难脱干系。

和其他被监听的国家元首一样，印尼总统对于澳大利亚不友好的行为表示愤慨。他降低了与堪培拉的外交关系级别，并停止两国在诸如人口走私及乘船出逃难民等问题上的合作。澳大利亚总理托尼·阿博特拒绝道歉，也不肯确认究竟有没有发生监听行为。事实上，发生在澳大利亚的争论与英国情况遥相呼应、令人沮丧。一些政客和默多克旗下报纸对泄露消息的媒体大肆攻击。

在欧洲，不悦的政治家们试图对斯诺登泄密案做出回应。该议题主导着在布鲁塞尔召开的一次欧盟高峰会议。默克尔告诉其他欧洲政要，问题焦点不在于她的手机，而在于它的象征意义——“几百万欧洲公民的电话”。德国政治家呼吁中止与美国的一项贸易协议谈判，直至白宫做出完全回应为止。还有人建议从莫斯科的斯诺登那里获取证人证言。也有人提议向他提供庇护，对此默克尔予以回绝。

这次峰会让英国处境尴尬。戴维·卡梅伦发现自己成了不点名批评的对象。他拒绝回答英国政府通信总部是否卷入高级别窃听行动，或他是否看过从默克尔手机上获取的内容。美国国家安全局所搜集的任何信息，极有可能都和英国政府通信总部进行了共享，监听活动甚至还有可能是通过曼威斯山进行的。这里是美国国家安全局位于（英国）北约克郡的欧洲站点。面对指责，卡梅伦仅仅为英国“勇敢的间谍”做了辩护。

欧洲议员们就数据隐私问题进行了投票，提议制订严格的新规定。他们的目的在于阻止由诸如谷歌、雅虎或微软等公司搜集的欧盟数据最终出现在国家安全局的服务器上。该提议明显是针对“棱镜”计划的反制手段，意在限制与非欧盟国家共享欧盟信息。它还建议，欧盟公民有权删除他们在互联网上的数字记录，并提议对违反规定的公司处以巨额罚款。

在美国进行游说以后，上述措施曾从欧盟委员会 2012 年制订的最初提议中消失过。美国声称，这些新规定对贸易不利。硅谷也赞同。但是，对于美国国家安全局监控行为的指控坚定了欧洲阵营的决心，给那些想要

改革的人加油助力。（最后，还是英国帮了美国的忙，卡梅伦说服欧盟国家，在 2015 年之前暂缓制订任何新的规定。）

欧盟的回应只是更广泛的“后斯诺登时代”互联网“去美国化”大势的一部分。2012 年，包括俄罗斯、中国以及中东数国在内的一些国家已经着手对网络空间实施更强的国内控制。现在，欧洲以及拉丁美洲也正朝着同一个方向迈进。巴西和德国开始推动在联合国大会通过决议，限制美国国家安全局的监控行为。

“网络主权”成了新的流行词。心存不满的美国盟友有一个共同目标，那就是使美国国家安全局更难以得到本国数据。这对俄罗斯这样的威权国家还有额外的好处。对互联网实施更强的国家控制，可以更易于监视自己的国民以及打压不同声音。

最为激烈的反应来自于巴西。10 月份，罗塞夫宣布了建造连接南美与欧洲的海底光缆的计划。在理论上，这将把美国排除在外，使美国国家安全局更难以窃取巴西信息。巴西总统还仔细考虑了相关立法，以迫使谷歌和其他美国科技巨头为巴西用户把数据存储在本地的服务器上。同时，数千名联邦雇员还接到命令，被要求采用加密等级更高的电子邮件形式。在“斯诺登事件”曝光后，这项政策得以快速落实。

一些专家质疑巴西反击的效力。他们指出，除非巴西自己有公司可以与谷歌抗衡，否则，国家安全局将仍然能够获取其数据——如有必要，可采用法庭强制命令。不管怎样，斯诺登泄密一事似乎已经引发了谷歌总裁埃里克·施密特所称的网络“巴尔干式割据”。他警告说，互联网本应是一种全球通用工具，现在却面临被分割和“国别化”。

在德国，国家支持的德意志电信公司正实施打造全新国家互联网的计划，其口号为“德国产电子邮件”，暗示客户可以信任他们的电子邮件，就像信任德国产洗碗机一样。德国用户之间的电子邮件将不再经由美国服务器。传输内容基本上将被限制在欧盟申根国家区域内（这有望把英国排除在外）。该宏伟目标旨在拒止好事的英语语系间谍。

或许，“斯诺登事件”带来的最出人意料的结果是打字机的回归。在

发现美国国家安全局对其外交人员进行监控后，印度政府转而使用旧技术。自2013年夏天起，印度驻伦敦高级专员公署又开始使用打字机。高级专员耶摩尼·巴格瓦蒂告诉《印度时报》称，所有绝密文件都不用电子方式存储。外交人员已经习惯了在室外散步："不在使馆建筑内讨论高密级信息。必须到花园里去讨论敏感内容，真是烦人。"

俄罗斯人也得出了相同结论。克里姆林宫绝密的联邦保护处（FSO）——联邦安全局（FSB）的下属单位，有些人认为斯诺登目前就在该处的庇护之下——就下了个打字机的订购大单。

改变了人类交流方式的个人计算机革命戛然而止。那些在意隐私的人重回"前互联网时代"。打字机、书面笔记以及秘密会面再次时兴起来，信鸽的回归当然只是个时间问题。

美国国家安全局拙劣的国际监控行动名噪一时。一份文件披露称，该机构甚至在监视6名习惯观看色情内容的穆斯林"激进人士"，试图败坏他们的名声。这几名激进人士没有一个真正是恐怖分子。这种对个人浏览行为的监控，令人想起那种过去促成丘奇委员会[1]成立的不当监视行径。

人们明显感觉到，历史在重演。一些业内人士表示，美国从事类似活动已经几十年了。

在"斯诺登事件"中，负责德国安全部门监督工作的前副主管克劳斯·阿恩特找到了过去丑闻的影子。阿恩特告诉《明镜周刊》，直至1968年，美国在西德一直扮演着占领者的角色——想监听谁就监听谁。之后，美国人在进行监视时必须征求德国官员的同意。然而，阿恩特说，在西柏林，美国直到1990年"似乎才跟上进度"。他还记得，有位美国少校和女朋友发生争执，于是下令监听她的电话并且偷看她的信件。阿恩特说，他

[1] Church Committee，全称为"美国研究政府机构情报活动的参议院特设委员会"（United States Senate Select Committee to Study Governmental Operations with Respect to Intelligence Activities），成立于1975年，主席为参议员弗兰克·丘奇（Frank Church），故名。委员会的目的是调查中央情报局、国家安全局和联邦调查局的非法行动，它是美国参议院情报特设委员会的前身。——译者

没有选择，只能同意少校的要求。

那么，美国的现代方法又如何呢？阿恩特称，不加筛选的情报搜集效率低下，并且评估海量“数据堆”的工作几乎就是不可能完成的。尽管如此，他说，美国人一直“对信息十分狂热”，在德国仍然算得上是“太上皇”。

他用一句话总结“斯诺登事件”的影响：“理论上我们是主权国家，实际上并不是。”

13 储物间

纽约　第八大道
《纽约时报》办公室
2013 年夏季至冬季

“我知道你经常来这里。#国安局正在监听”

——推特上的一个玩笑

他们把国家安全局的监听行为比作殖民地时期的通用搜捕令。

没有人能想象，国会议员对监听事件的不满会达到如此严重程度。

对另一些人来说，这是关于斯诺登应该被看作英雄还是叛徒之争。

硅谷对白宫发起了猛烈抨击。Facebook、谷歌、微软、苹果、雅虎等公司的高管都说斯诺登的泄密对他们来说简直是一场灾难。斯诺登又披露国家安全局曾经侵入过谷歌和雅虎的数据中心。

国家安全局号称“迷宫”，是一个封闭的机构，一直习惯于为所欲为。现在，监听事件明显变得非常棘手，就像有毒垃圾一样。这时，白宫展示了它最拿手的把戏：置身事外，袖手旁观。

白宫已承诺提高这些项目的透明度，但是似乎不愿意停止大规模监控项目和现代电子版的边沁式全景监狱项目。

奥巴马政府对斯诺登的敌意丝毫不减。想要总统特赦？不可能！针对他的间谍罪刑事起诉仍然有效。根据《间谍法案》的一项条款，他还可能被判死刑。

这是一个充满荣耀的储物间。靠墙堆放着已故的老阿瑟·索尔兹伯格[1]的一些油画，其中一张打印好的图画上有一位新闻记者抽着雪茄，他的上方写着这样一句话："老大哥在看着你。"（一个便条上写着阿瑟"回来后"将要看这些画。他于 2012 年去世。）这间屋子没有窗户，里面有几盏条形灯，一张小桌子，几把椅子。一张金属架子上面，放着几盒淡黄色的信封。这些东西是小阿瑟·索尔兹伯格的，他是老索尔兹伯格的继承人，《纽约时报》的现任掌门人。外面的走廊里挂着报社获过"普利策奖"的记者照片。员工自助餐厅里不时传出睿智的交谈声。

《纽约时报》的办公楼坐落于纽约市中心的第八大道上。没有人会想到，其行政部门的一间文具储物间，会在"斯诺登事件"中发挥着意想不到的作用。正是从这里，《卫报》在其伦敦的报道被迫停止之后，开始与《纽约时报》合作，继续披露美国国家安全局的相关文件。这间储物间虽然空间狭小，却非常安全，有警卫、监控摄影机和其他一些安保措施。人员进出受到极其严格限制。这是在美国国土之上，在这里工作意味着《卫报》的记者们享有他们在伦敦不曾享有的权利：他们的报道将受到美国宪法的保护。

欧洲各种组织、联合国言论自由特别调查员以及世界其他各方，都对《卫报》的硬盘被毁事件进行了普遍谴责。在美国，奥巴马政府与此事件刻意保持着距离。显而易见，白宫对斯诺登的爆料感到极为不快，但他们明白新闻自由受到宪法《第一修正案》的保护。因此，白宫官员表态，像砸毁媒体硬盘这样的事不会发生在美国。

---

[1] Arthur Sulzberger, Sr.（1926—2012），美国著名出版商。1963 年开始成为《纽约时报》出版人和纽约时报公司董事会主席，1992 年其子 Arthur Ochs Sulzberger, Jr. 继承父业，开始掌管《纽约时报》。——编者

在英国政府通信总部技术专家的监视下，拉斯布里杰主动销毁了硬盘。两天后，英国政府采取进一步行动，要求《卫报》指认在美国的媒体合作伙伴。拉斯布里杰告诉他们，《卫报》正在和《纽约时报》和非营利新闻网站 ProPublica 合作。

但是，直到三个半星期之后，英国外交部才以情报问题为由开始与《纽约时报》交涉。8 月 15 日，英国驻美副大使菲利普·巴顿终于致电《纽约时报》执行主编吉尔·阿布拉姆森，提出要与她会面。阿布拉姆森同意了这一要求，因为她刚好原本打算去华盛顿特区。她早就安排好要去拜会已焦头烂额的国家情报总监詹姆斯·克拉珀。她并不是因为斯诺登问题而与克拉珀交涉，而是因为政府正不断向《纽约时报》的记者，尤其是那些报道情报事件的记者施压，其施压的频率让人忧心忡忡。

阿布拉姆森说 ："在报道与国家安全相关的敏感事件方面，我们有几十年的丰富经验。我们认真地与政府高官打交道，从来都没有对国家安全满不在乎，但是，即使要发动反恐战争，民众也需要知道这种战争的规模和程度。"说到经验，在老索尔兹伯格时代，《纽约时报》曾于 1972 年 [1] 刊载了国防部关于越南战争的"五角大楼文件"。

英国副大使邀请阿布拉姆森到英国大使馆面谈。拉斯布里杰反对她去大使馆，因为大使馆内有各种间谍计谋。阿布拉姆森最终同意在大使官邸而不是在大使馆见面，因为在法律意义上，大使馆是英国领土，谁也不知道英国间谍会在那里搞什么鬼把戏。在两人会面时，副大使巴顿先生说，他的政府对与英国相关的泄密感到不安，他要求《纽约时报》要么将斯诺登的文件交还他们，要么将之销毁。阿布拉姆森既没有承认，也没有否认斯诺登的材料在他们报社，她只答应回去后会考虑巴顿的要求。

两天后，阿布拉姆森致电给巴顿，告诉他《纽约时报》决定拒绝他的要求。阿布拉姆森回忆说 ："这次会面后来就不了了之了，他们再也没有找我。"英国外交部似乎只是走一下正规程序而已。拉斯布里杰早前已经申明说那些文件属于多个所有者。正如唐宁街十号所知，ProPublica 网站

[1] 原文如此，其实《纽约时报》刊载此文件的时间是 1971 年，而非 1972 年。——编者

已经与《卫报》在纽约合作了好几个月了。英国政府没打算与他们交涉。

在这个（2013年）夏季和秋季，《卫报》美国分社发表了一些引人瞩目的独家报道。它披露，美国国家安全局早已瓦解了加密技术，一直在监听35位世界领导人，并且与英国政府通信总部联手监控英国公民。两者之间的合作显然是托尼·布莱尔在离任前送给美国的告别礼物。另外，美国国家安全局还背着英国政府通信总部制定了相关工作程序，当美国因国家利益需要监听英国人的时候就可以照章办事。这种做法实在为人所不齿，因为“五只眼”合作协议确定了英美两国之间不应该相互监控。目前，还不清楚美国国家安全局会不会有意或无意地偷听过卡梅伦的电话。虽然卡梅伦本人不在被监听的35位世界领导人名单之列，但是他的一些通话对象却名列其中。

这些独家报道让全世界为之愤怒。格林沃尔德的访谈视频已经创造了《卫报》网站点击观看次数的新记录。接着，斯诺登在藏身香港时又接受了该网站的现场直播采访。该报美国分社的互动节目编辑盖伯瑞尔·丹斯制作了一篇名为《解密美国国家安全局》的互动式图解指南，详细介绍了大规模监听行动。在这篇报道中，他把传统文字描述、图表与嵌入式视频结合在一起，形式非常新颖。“斯诺登事件”表明，在现代网络技术的帮助下，这样的离奇事件可以迅速吸引全世界的目光。

该事件对美国的政治格局产生了转折性的影响，理所当然，这种效果在美国最为明显。当媒体刚刚披露该事件时，国会的反应是消极的。一些议员本能地站在安全部门的立场上，对泄密行为和斯诺登进行了谴责。

尽管如此，从一开始就有一些具有独立见解的人士表达了对斯诺登的支持，其中一人就是斯诺登心目中的英雄罗恩·保罗。他说，斯诺登揭露了政府的不公行为，美国人民应该感谢这个年轻的揭发者。肯塔基州共和党参议员兰德，也就是保罗的儿子，也公开支持斯诺登。他评论说，国家安全局对美国人民的监控行为是“对宪法的无情践踏”。

包括右翼时事评论员格伦·贝克、自由派人士迈克尔·摩尔、《纽约客》杂志的约翰·卡西迪等各派公众人物，都纷纷称赞斯诺登的做法，阿

尔·戈尔也在其推特上发文支持斯诺登。然而，主流媒体却旗帜鲜明地发声谴责，并且对他进行人身攻击。例如，在CNN节目上，法律事务专家杰弗里·图宾指责斯诺登是“一个自以为是的自恋狂，应该把他关进监狱去”。

在公开场合，大多数议员发表了腔调类似的反对斯诺登行为的言论，但私下里，他们的言辞就不那么激烈了。当斯诺登躲在俄罗斯时，参众两院的议员们可能对其泄密行为深恶痛绝，或者甚至不喜欢他本人，但他们中有人对他披露的国家安全局监控的规模有一丝顾虑。当所披露出的监控情况越来越严重时，国会议员的不安情绪也与日俱增。

国会的不安情绪到底有多严重？这个问题的答案在7月底已经显而易见了，此时有关斯诺登和他所披露内容的第一波报道已经过去。贾斯汀·阿曼施，一位当选不久的年轻众议员，针对年度国防部授权案提交了一项修正条款。他的目标看起来相当宏大——制止国家安全局大规模搜集美国人的电话记录。他说，他想要“捍卫宪法《第四修正案》……保护每一个美国人的隐私”。而这时离斯诺登初次爆料已经过去将近两个月时间了。

阿曼施并不是如人们所料的民主党自由派。他是共和党众议员，是第二代阿拉伯裔美国人，具有叙利亚的希腊东正教和巴勒斯坦基督教传统。他来自共和党中的自由意志派，同斯诺登一样，也是罗恩·保罗的支持者。保罗积极倡导建立小政府并捍卫宪法，反对军事冒险主义，时常对政府侵犯个人隐私的做法提出尖锐的批评。阿曼施曾为保罗2008年的总统竞选活动捐资，而斯诺登也同样在2012年为保罗的总统竞选捐过款。

大家都认为阿曼施提出的修正条款不会获得支持，但众议院法规委员会却表决通过了这一提案。这迫使奥巴马政府、各情报机构以及他们在国会中的支持者联起手来，竭尽全力来阻止该提案。在国会大厦地下室召开的一系列冗长的闭门会议上，亚历山大将军（国家安全局局长）警告说该提案如果通过，国家安全将面临严重后果；克拉珀（国家情报总监）则说，国家安全局将痛失一个重要的情报搜集手段。白宫也公开反对这一修

正条款。白宫的这种表态非同寻常。

2013 年 7 月 24 日，在这个周三的傍晚，众议院对这一修正条款进行投票。只有包括《卫报》记者斯宾塞·阿克曼在内的少数几个记者留心观看了这一过程。突然，会场出现了某种不同以往的气氛。自“9·11”以来，美国国家安全部门的势力一直朝着一个方向发展：越来越强大。这次，他们的势力第一次遭到反击。阿克曼报道说：“投票过程紧张到令人窒息，不到最后，谁也无法预测结果。”

一直以来，国会由于两党之间的巨大分歧而分裂重重，而这一次共和党和民主党却走到了一起。从奥巴马刚入主白宫起，两党就一直争斗，水火不容，除了伊朗问题之外，两党无论何事都难以达成共识。在国内问题上，政客们之间的矛盾难以调和，矛盾一触即发。在外界看来，华盛顿派别林立，无所作为。

但在阿曼施的修正案问题上，民主党议员约翰·科尼尔斯支持阿曼施并与他共同发起提案。众议院两党领袖和白宫官员极力反对该提案。与此相对，民主党公民自由派和共和党自由意志派联合，形成了一个支持阿曼施的联盟。这种分歧在国会中不同以往，是华盛顿内部人士和自由意志派之间的分歧。从国家机构层面看，这是监管秘密行动的情报委员会和负责监管法律和宪法公正的司法委员会之间的对立。

本次辩论是多年来最激烈的辩论之一。支持和反对这个提案的发言者均得到各自派别的掌声支持。迈克·罗杰斯带头反对该提案。他是联邦调查局前特工，众议院情报委员会主席，是国家安全局直言不讳的辩护者。他发言时问道：“难道我们忘记‘9·11’了吗？”他模仿网络上支持阿曼施的口号，嘲弄道：“难道是我们如此弱小，每天只能查看我们 Facebook 上为我们点赞的人数吗？”共和党众议员汤姆·科顿也反对该提案。他警告说：“醒醒吧，伙计们，我们正处于战争状态。”

反对非法监控的议员们针锋相对，以殖民地时期的类似历史事件来反击。他们把国家安全局的监听行为比作殖民地时期的通用搜捕令，该法令允许英国海关官员根据搜捕令搜查私人物品和财产。这种类比大概是美国

政客对监控行为提出的最能激起情感反应的批评。（斯诺登父亲的律师布鲁斯·费恩在接受电视采访时也做过同样类比，结果引起人们共鸣。他把监听行为比作英国人的“协助令”[1]。）

让人意想不到的是，这种辩论让原本不相干的政治派别走到了一起。茶党[2]的领袖人物泰德·坡与民主党自由派议员佐伊·罗芙根联合起来，并肩作战，这种场景在华盛顿绝无仅有。但是，民主党领袖议员南希·佩洛西猛烈批评该提案。现场辩论气氛激烈。罗杰斯板着脸，把卷着的文件像警棍一样在另一只手上拍打着，在桌子间走来走去。然而，阿曼施却大笑着，和其他议员开着玩笑。这次投票是他从政生涯的重要时刻。

投票结果让大家为之震惊。提案仅以 217 对 205 的微弱票数优势被否决。没有人能想象，国会议员对监听事件的不满会达到如此严重程度。这个票数也反映了美国人对监控事件的态度呈现两极化趋势，整个美国都参与进了这场辩论。对一些人来说，这是国家安全与个人隐私之间的对决；对另一些人来说，这是关于斯诺登应该被看作英雄还是叛徒之争。有些人认为此事事关重大，有些人则认为不值得大惊小怪。

对白宫、国家安全局以及国家情报总监办公室来说，这次投票让他们体会到了近乎绝望的感觉。他们清楚地看到必须做出改变。正如国家安全局局长亚历山大所说，那种认为斯诺登仅仅是“一个来自夏威夷的叛徒”的简单看法，不足以应付事态发展了。白宫开始暗示他们要做出让步：计划在秋季举行相关的国会听证会；开始有声音呼吁通过修改立法来限制国家安全局的行为；开始酝酿新的法案，等等。

---

[1] writs of assistance，具体指 18 世纪 60 年代英属北美殖民地法庭签发的“海关协助法令”（customs writs of assistance），要求治安官、税务官和其他官员都应忠实地“协助”海关官员履行职责——搜查走私品。这种法令具有通用性，既没有具体时间限制，也无具体内容和地点限制。它是导致北美殖民地发生独立革命的一个重要原因。美国建国后，宪法《第四修正案》针对这种行为特意规定了“禁止无理搜查和扣押”的内容。——编者

[2] Tea Party，是美国的一个政党，发端于 1773 年的美国东北部的波士顿，曾是革命的代名词。2009 年 4 月 15 日是美国纳税日，新生的茶党发动了全国性的游行示威活动。2010 年 1 月底，全美茶党分支有 1134 个，茶党兴起显示出反奥巴马情绪。——译者

8月9日，奥巴马在他夏季休假前的新闻发布会上，首次就监控事件所引发的危机作出了实质性表态。他提出要进一步提高情报机构的透明度，却没有宣布采取任何关键性措施来限制监听行动。他提出新建一个专门小组来审查情报政策，还宣布加强监管对外情报监视法法庭，解密赋予电话监听行动合法性的《爱国者法案》第215款的法律基础。

总统承认美国具有“相当强大的”监控能力，但与其他专制政权不同，美国政府的监控行动是受约束的，美国从来没有“因为公民在电话或网络上说了什么话就将他们关进监狱”。他说，他的改革将确保美国人民信任美国情报机构的工作，并相信这些工作“符合我们的利益和价值观”。

同时，奥巴马为在美国监控法律下显然不享有隐私权或其他权利的非美国人传达了一个信息：“对全世界其他人来说，我要再次申明，美国政府对监控普通民众没有兴趣。”

奥巴马的话听起来合情合理，但对此持怀疑态度的人不能确定他所说的改革，是真正的改革还是“改头换面”。换句话说，在徒有其名的“改革”之下，他可以让国家安全局更大规模、让人触目惊心的监控行动继续恣意妄为。8月底，新组建的专门审查小组的成员名单揭晓。奥巴马曾承诺这个小组由“情报界以外的高级专家”组成，然而，这些所谓的“独立”专家事实上全是与奥巴马政府关系密切的前情报官员。

公民自由派人士对这个专门小组嗤之以鼻。这个小组的主席是奥巴马政府的前中情局副局长迈克尔·莫雷尔，其他两个成员包括克林顿政府和小布什政府时期的前反恐协调官理查德·克拉克，以及克林顿的私人事务主管彼得·斯怀尔。这个专门小组的名字听起来做作而可笑——“国家情报总监情报和通信技术事务审查组”。这些顾问由詹姆斯·克拉珀领导，但在国家情报总监办公室工作场所外上班，将于2013年年底完成报告并提交白宫。从这些信息当中我们可以看出一些端倪。

批评者认为，通过成立这样一个专门小组，来提高情报部门的透明度简直就是掩人耳目，他们戏称其成员为白宫的傀儡。这些批评也许有些过火，不过这也难以判断，因为这个专门小组是秘密召集会议的，无人知晓

其工作细节。9 月份，这个专门小组同包括美国公民自由联盟在内的公民自由派团体进行了一次就职会议。接着，该小组又和因“棱镜”项目曝光而遭受打击的 Facebook 等高科技巨头的代表进行了另一场听证会。

硅谷对白宫发起了猛烈抨击。Facebook、谷歌、微软、苹果、雅虎等公司的高管都说斯诺登的泄密对他们来说简直是一场灾难，他们在以欧洲和亚洲为基础的商业利益明显受到了损害，损失高达数十亿美元。因此，这些高科技巨头要求奥巴马政府尽快采取措施以控制形势。这次谈话之后，斯诺登又披露国家安全局曾经侵入过谷歌和雅虎的数据中心，这实际上是对两个美国公司进行的国家网络袭击行为。

整个夏天，各高科技公司都释放出同样信息：国家安全局以合法手段逼迫他们与之合作，所有数据都不是他们自愿提供的，他们是应一项由法庭批准的强制要求而这样做的。在出席审查小组的听证会的前几天，硅谷高管们在旧金山参加了“高科技公司危机应对会议”。会场弥漫着反抗情绪。雅虎首席执行官玛丽莎·梅耶尔透露，她的公司不得不遵从对外情报监视法法庭的命令，尽管公司讨厌这些命令。她抱怨说：“如果不听从这些命令，那就是叛国。”Facebook 的首席执行官马克·扎克伯格说得更直接，他说：“政府把事情搞砸了。”

然而，在与审查小组会面时，这些高管对限制国家安全局的监控行为却只字不提。相反，一些与会者建议，公司高管的首要目标应该告诉用户一个好听的故事：公司是怎样保护他们的数据的。后来，国家安全局攻击谷歌和雅虎数据中心的消息改变了整个形势。这些高管团结起来，一致要求对美国监视法律进行彻底修改。他们在写给奥巴马和国会的公开信中，呼吁禁止情报机构的大规模数据搜集。

他们在信中写道：“目前，许多国家的政府权力膨胀过头了，个人权利受到了限制或削弱，而后者正是我国宪法所确立的神圣权利。这种形势削弱了我们珍视为生命的自由权利。现在是改变这一局面的时候了。”

这封信的签署人包括苹果、谷歌、Facebook、微软、雅虎、领英网（LinkedIn）、推特、美国在线等。虽然这些公司实际上是为自己公司的经

济利益而行动，但是，他们同时确立了一系列的“改革五原则”。这些原则中的首要一条就是各国政府，包括美国、英国和其他国家，应该终止不分目标的监控行为。他们的重点应该放在“对确定的已知电话使用者进行合法监听”，而不是监听每一个人。

谷歌高管补充说，由于斯诺登的爆料，互联网面临着蜕变为“破裂网”的危险。他们认为：“确保数据能够跨国流动或者获取，这一能力对建立一个强大的、雄霸全球的21世纪的经济体至关重要。”

在目前这个“后斯诺登时代”，国家安全局面临的公共关系危机全面爆发。正如国家安全局的性质一样，它当初是在完全秘密的情况下成立起来的。此后，该机构经历了四个不同的历史阶段。1952年到1978年是它的成立阶段，也是它的第一个历史阶段。在那个年代，情报机构在国内滥用职权，例如联邦调查局对马丁·路德·金进行骚扰，中央情报局将75000名美国人列入监视名单，实施暗杀计划等。为此，以弗兰克·丘奇为首的参议院委员会对这些不可饶恕的行为进行调查，提交了一系列调查报告。最终，丘奇委员会采取了大范围的改革措施，其中包括《对外情报监视法》修正案。该法案规定所有针对美国国内的情报监视活动必须得到法庭批准。

1978年到2001年是国家安全局的第二个历史阶段。在这个时期，该机构的运行处于丘奇委员会控制之下，处处受到制约。“9·11”之后，国家安全局迎来了它的第二个权力膨胀阶段：这10年期间，情报机构受到大力支持，白宫给予的拨款也迅速增加。这一切随着斯诺登的爆料戛然而止。这样，国家安全局迎来了它的第四个尚不明朗的发展阶段。国家安全局现在受到了自20世纪70年代以来最严厉的并且让它感到最不自在的监督。

同时，国家安全局也成了众人嘲笑的对象。

信号情报有一个别名——爱情情报（LOVEINT），那是因为国家安全局的雇员曾利用该机构先进的间谍工具来偷窥自己的伴侣或女友。对此，

国家安全局的官员坚持说这种事情只是偶尔发生，肇事者已经被解雇或者受到了相应的惩罚，而且大多数这类情况都是在内部检查时发现的。参议员黛安·范斯坦——参议院情报委员会主席，国家安全局的长期支持者——辩解说，这种爱情情报事件一年只发生一次而已。

尽管如此，这种丑事还是在推特上遭到戏谑。不到几个小时，“# 国安局正在监听”这样的话题标签迅速流行起来。纽约大学媒体评论员杰伊·罗森把自己的签名改成：“我知道你星期五有空，一起去吃饭吧？”

@sickjew 写道：“我知道你经常来这里。”

@Adonish_P 也用同样的口吻写道：“在我生命里的每一分钟，我都知道你的准确位置。”

这些笑话中，@benwizner 的嘲讽最具想象力。他在推特上写道：“一个国安局特工走进酒吧说道：‘把店里所有的酒都拿出来，我要先仔细看看再决定要哪一种。’”这个玩笑把国家安全局不分对象的大规模搜集情报的蛮横做法刻画得淋漓尽致。

对亚历山大将军来说，这些笑话真让人丢脸。在他掌管这个世界上最大的情报机构的 8 年中，他所积累的权力超过他的所有前任。他的统帅权包括三个强力部门：国家安全局、中央安全局和美国网络战司令部，后者于 2009 年由国防部成立，以引领美国网络战的各项工作。亚历山大职务上的简称是“国安局长”（DirNSA），但是，私下里他的下属们还用“亚历山大皇帝”或者“亚历山大极客”（Alexander the Geek）来称呼他。

亚历山大看起来谨小慎微，还有点口齿不清，甚至有些木讷呆板，似乎只热衷于情报工作的技术性细节问题。但实际上他老于世故，谙熟政治。这位政治投机者善于通过漫不经心却目的明确的亲密交谈来攀关系、施加影响，以获得成功。早在斯诺登还是无名小卒的时候，亚历山大就曾经邀请一些有权有势的众议员参加国家安全局组织的休闲游览。他邀请这些议员到他位于米德堡的指挥中心。这个指挥中心设施现代、豪华，就像《星际迷航》中的“进取号”星舰一样充满科幻色彩，身处其中，就会感觉到这里正是英雄降服恶魔的地方。了解亚历山大的人说他有强烈的历史

责任感，清楚自己肩上的历史责任。

但是，如果亚历山大和他的高层领导希望，在他们身处困境时能够得到白宫的支持，他们肯定会大失所望。奥巴马在2013年8月的讲话中，确确实实曾向“奋战在我们情报战线上的人们”致敬，并称他们是热爱这个国家及其价值观的“爱国者”。但是，他没有去视察米德堡，没有喧闹的仪式，没有在镜头前展示对他们的支持。

没有白宫支持，国家安全局只好自己为自己的监控活动辩护。在民众对他们的厌恶情绪日益蔓延的情况下，它不得不自己来证明其饱受争议的天罗地网式的监控项目确实是合法的。（16000名访问者表示“不喜欢”YouTube上的亚历山大访谈节目。）在斯诺登爆料之后，人们对情报机构的态度第一次自“9·11”之后开始出现转变。7月，一份《华盛顿邮报》和美国广播公司的民意调查显示，39%的受访者认为保护隐私比调查恐怖主义更重要，而这一数字在2002年时仅为18%。

国家安全局号称“迷宫”，是一个封闭的机构，一直习惯于为所欲为。现在，监听事件明显变得非常棘手，就像有毒垃圾一样。这时，白宫展示了它最拿手的把戏：置身事外，袖手旁观。在为自己辩护的同时，国家安全局内部人士对白宫的做法难以置信，牢骚满腹。现任官员不敢声张，但离任职员毫不掩饰他们对白宫的不满，直言不讳地指责白宫背叛了他们，拿他们当替罪羊。

在《外交政策》杂志上，国家安全局前督察长乔尔·布伦纳替米德堡鸣不平。他抱怨说：“国家安全局上上下下都注意到，总统及其幕僚、高级行政官员没有一个人支持他们。”该杂志引用前情报官员的话说，国家安全局内部士气低落。其中特别指出，国家安全局在斯诺登泄密之后受到审查，再加上预算遭到削减，他们的情报人员正在经历着“痛苦”。

白宫刻意与国家安全局保持疏远，这种态度在白宫官方发布的一张照片中体现得淋漓尽致。11月，奥巴马和副总统拜登在白宫内阁会议室接见了军方高级将领。照片上，奥巴马面对镜头，坐在将军们中间，抬起右手做着手势，亚历山大将军无聊地坐在椭圆形办公桌的远端，在两幅油画中

间，离总统最远，有点像身处西伯利亚一样。也许，总统和他在晚宴上有过交谈，但即便如此，白宫没有发布总统与他交谈的照片。

国家安全局得不到政治上的支持，在很大程度上还得要怪它自己。从一开始，亚历山大对斯诺登泄密事件的反应就笨手笨脚，漏洞百出。他起初声称，有争议的针对国内的大规模情报搜集行动已经挫败了 54 起恐怖图谋，并暗示这些行动发生在美国本土。这个数字令人印象深刻。

然而，国家安全局副局长克里斯·英格利斯随后却不得已承认，这些恐怖图谋中只有大约十一二个与美国本土安全相关。然后，他又说，针对美国人的大规模监控行动可能仅仅阻止了其中的一起图谋。（至于这些恐怖图谋是否是真实的“图谋”，他也含糊其辞。而且，他所给出的例子更多与资金往来有关。）

其实，在国会给国家安全局造成最大打击的不是亚历山大，而是全美所有情报机构的总头目——国家情报总监克拉珀。早在 2013 年 3 月，克拉珀在参议院听证会上回答罗恩·怀登参议员的问题时说了谎话。当被问及国家安全局是否搜集了“数百万甚至上亿美国人的各种数据”时，他坚定地、断然地回答：“没有，先生。没有刻意这么干。”

他的回答最终给他带来不利影响。在国会撒谎的后果非常严重。在斯诺登爆料之后，克拉珀巧言为自己辩护，开脱说他在公共听证会上只能给出这么一个“有一点儿不诚实的回答”。但是，他的辩护不起作用，因为怀登的办公室早就提前 24 小时告知了他这个问题，在听证会之后还给了他改正的机会。接着，克拉珀又改口说，他当时只是没想起来搜集国内电话记录这档子事。他的破绽百出的证词激起强烈反应，有人呼吁将他解职或让他辞职。对他的搪塞推诿，舆论嘘声一片。他只好当众给参议员调查小组道歉。值得注意的是，他没有明确地给怀登本人道歉。

国家安全局的其他一些忠诚的支持者，仍然不遗余力地为它辩护。参议院情报委员会主席范斯坦是其中之一，她负责对国家安全局的监督。在斯诺登爆料说自己就是泄密者的当天，她言辞强硬地表示：“我认为这不是什么揭发，而是叛国。他违背了誓言，他违反了法律。”范斯坦说，国

家安全局仅仅搜集了那种可以在电话账单上看到的信息，收集电话记录和网络通信算不上什么监听。

然而，在国家安全局曾侵入默克尔私人手机的消息传出之后，范斯坦的态度来了一个一百八十度的大转弯。她呼吁对所有情报项目进行一次“彻底的审查”，抱怨说她的参议院情报委员会对这些事“不完全知情”，对友好国家和它们的领导人进行间谍活动不在计划之中。她澄清说：“国家安全局针对法国、西班牙、墨西哥和德国等美国盟友的领导人进行情报搜集，对此事我要明确地说：‘我坚决反对。’”

范斯坦的态度让国家安全局的支持者和批评者双方都感到困惑不解。一方面，她强烈反对搜集外国信号情报，而这恰恰是国家安全局一直以来的主要工作之一；另一方面，她又支持该局范围大得离奇的情报搜集项目，正是这个项目促使斯诺登站出来揭发其内幕。所以，她的态度着实让人感到奇怪。

尽管范斯坦态度摇摆不定，但是她对国家安全局的衷心拥护从来都不容置疑。2013 年秋季，她提出了一个对国家安全局进行“改革”的议案。这是通过立法对国家安全局进行改革的几个议案之一，但她的议案对国家安全局最具恻隐之心。该议案建议，在基本保持现状的基础上做一些有限的改变，但是在有些方面居然还扩大了国家安全局早已令人生畏的权力。

她的这种意图起初并不明显。10 月 31 日，参议院情报特别委员会在哈特办公楼二楼召开闭门会议，十多个记者聚在会场外等待结果。人们怀疑范斯坦会通过包装来掩饰其议案的真实目的。因为当她批评国家安全局监听盟国领导人的时候，她的态度变得跟无赖一样快。况且，目前还没有人能看到她所提议案的神秘内容。

会议开始半小时之后，范斯坦的新闻小组宣布她的议案，即《对外情报监视法》改进案（FISA Improvements Act），以 11 比 4 票获得通过。该法案提高了关键情报项目的透明度，禁止了大规模的录音录像情报搜集。但是，仅仅几分钟之后便真相大白。仔细解读之后就会发现，该法案禁止了海量内容的搜集，而实际上国家安全局从一开始就没有这样干过。她的

新闻发布内容误导了人们。她的议案实际上确认了国家安全局的大规模监听权力，甚至是扩大了它的权力。

具体而言，该法案明确规定，国家安全局可以在外国电话和电子邮件中筛选与美国人有关的信息。事后，范斯坦对自己的所作所为毫无悔意，辩解说恐怖袭击的威胁从来都没像现在这样严重，还补充说：“我认为人们完全误解了国家安全局的这个数据库项目，我认为它对保护这个国家极为关键。”

然而，与范斯坦相反，其他议员提出了更严格的制约国家安全局的提议。众议院司法委员会主席吉姆·森森布雷纳是其中之一。为了确保“9·11”之弗兰肯斯坦博士[1]时刻——就像弗兰肯斯坦博士一样，他认识到他的发明并不是他所期盼的美好事物，而是一个无法控制的怪物。

为了纠正这种情况，森森布雷纳和参议员帕特里克·莱希共同提出了《美国自由法案》。该法案设计了一些大的改革方案，其中之一是终止大规模情报搜集项目，并且在对外情报监视法法庭设立一位“特别代言人”，代表公民自由权力并在该法庭对政府的秘密情报请求的合理性提出质疑。森森布雷纳的提案，本质上是回归到以前的确定目标监控模式。他主张：“情报专业人员应该按图索骥，而不是在我们的私人数据中大海捞针。”

同时，参议员怀登和尤德尔两人，为终止不经授权就对美国人进行监控，提出了他们的立法草案。怀登建议，国家安全局新任局长的任命必须

[1] Dr Frankenstein。英国诗人雪莱的妻子玛丽·雪莱在1818年创作小说《弗兰肯斯坦——现代普罗米修斯的故事》，该书被认为是世界第一部真正意义上的科幻小说。主人公弗兰肯斯坦是一位从事人的生命科学研究的学者，他力图用人工创造出生命。他通过无数次的探索，创造了一个面目可憎、奇丑无比的怪物。怪物初时秉性善良，对人充满了善意和感恩之情。但当他处处受到他的创造者和人们的嫌恶、歧视时，他感到非常痛苦。他憎恨一切，想毁灭一切。他杀害了弗兰肯斯坦的弟弟威廉，谋害弗兰肯斯坦的未婚妻伊丽莎白。弗兰肯斯坦怀着满腔怒火追捕他所创造的怪物。最后，在搏斗中，弗兰肯斯坦去世，怪物很懊悔，最后跳海自杀。作者认为，人具有双重性格——善与恶。长期受人嫌恶、歧视和迫害会使人变得邪恶而干出种种坏事，甚至发展到不可收拾的地步。——译者

得到参议院的批准。怀登和尤德尔两人早在“斯诺登事件”之前就对国家安全局持批评态度。

白宫一开始就表态倾向于从情报机构上层来解决问题。这有些像克里姆林宫的做法。四星上将亚历山大确认他将于 2014 年 3 月从国家安全局离职。(《华尔街日报》援引一位高官的话说，亚历山大 2013 年 6 月曾提出辞职，但是被白宫拒绝了。) 其他官员私下里议论说，如果克拉珀也同时辞职就更好了。理论上，克拉珀应该负责政府的情报审查工作。而实际上，由于在国会听证会上说谎，他的形象受到致命打击，目前已经没有什么职权，无所事事。

国家安全局官员反复提及“9 · 11 事件”，不遗余力地提醒国人他们一直在保护美国的安全。批评者反驳说，安吉拉 · 默克尔与基地组织没有任何关联，监听她也是保护美国安全吗？参议员约翰 · 麦凯恩接受《明镜周刊》采访时，呼吁从美国情报机构的高层开始，来一次“全面大扫除”。当被问及美国为什么监听默克尔总理时，他一针见血地回答道 ：“我认为，他们这么干只是因为他们有能力这么干。”

但是，看起来在 2014 年之前，斯诺登所披露的大多数情报项目仍然会换个新名目继续下去。白宫已承诺提高这些项目的透明度，但是似乎不愿意停止大规模监控项目和现代电子版的边沁式全景监狱项目。

据《纽约时报》报道，奥巴马曾不情愿地指出，对元数据的搜集，包括针对美国人的元数据的搜集，还没有可行的替代方案。政府暗示将缩短保存数据的年限，从 5 年缩短到 3 年。但是，这种方案根本就算不上什么让步。

但是，司法部门与政府部门态度迥异。2013 年 12 月，联邦法官理查德 · 利昂裁定国家安全局针对美国人的大规模电话监控可能违宪。这给国家安全局在其合法性上重重一击。他说，在规模上，这些监控项目对社会的严格控制“类似于奥威尔式”。他还说 ：“政府没有提供任何案例，无法证明国家安全局的大规模数据搜集实实在在地挫败过任何一起迫在眉睫的恐怖袭击。”他说，两名原告提起的违宪控告可能会胜诉。不过，这个裁

定允许政府上诉，这对政府来说尚有一丝安慰。

至此，斯诺登已经成功激起了他一直最想要的辩论，但是，从立法改革的角度来说，能不能促进有意义的变化，还为时过早。

同时，奥巴马政府对斯诺登的敌意丝毫不减。国务卿约翰·克里称斯诺登为“国家的叛徒”，奥巴马和克里对他的态度没有任何松动的迹象。想要总统特赦？不可能！针对他的间谍罪刑事起诉仍然有效。该罪名包括未经授权将政府财产交给他人、故意向未经授权者传播机密情报。

如此，假如斯诺登从莫斯科返回美国，他将面临总共30年的牢狱之灾。可能还会追加其他罪名的起诉。根据《间谍法案》的一项条款，他还可能被判死刑。虽然斯诺登不同寻常的揭发行为改变了美国政治历史的进程，但是，他能够安然回到家乡将会是很遥远的未来了。

14 迁怒信使

伦敦　希思罗机场

拘留室

2013年8月18日 星期天

“请不要提及间谍活动，务必确保不让米兰达知道机场口岸检查的原因。”

——英国军情五局的通知

无论走到哪里，拉斯布里杰都在衬衣内口袋里随身装着一小片被销毁电脑的残片。他把它当作中世纪朝圣者珍惜圣者的遗骨一样看待。

从2013年6月5日《卫报》刊出第一份关于美国国家安全局的文章后，全世界展开了一场大争论。

问题在于他们大规模的不分目标的监控，以及他们对民众之间通信不分内容的搜集，而这些正是斯诺登想要揭露的问题。

英国政府的一位高官称斯诺登为“白痴”。官员们怒不可遏，指责斯诺登是自恋狂、叛徒，很可能还是中国的间谍。这些指责站得住脚吗？

《卫报》因披露《太阳报》的电话监听丑闻，而在英国新闻媒体界受到排挤。

那些当初为了公共利益而报道“斯诺登事件”的记者们，面临了他们职业生涯中最惴惴不安的时刻。现在看来，他们被当作了嫌疑犯。

星期天早晨，在英国的一个乡村，两个中年男子正在给充气艇充气，其中一位是《卫报》的总编辑，59岁的艾伦·拉斯布里杰。《纽约客》杂志这样描述他："他戴着方形黑框眼镜，深色的头发随意梳理，盖住了耳朵，很容易被人误认为是一名图书管理员。"另外一位男子是拉斯布里杰的朋友亨利·波特。波特60岁，《名利场》杂志和《观察家报》撰稿人，经常撰写惊悚小说，也是一位民权运动宣扬者。

这两位媒体人正计划完成一个不同寻常的、孩童时期的梦想——划船沿沃里克郡的埃文河逆流而上，享受两岸的静谧风光。他们从埃文河畔的莎士比亚家乡斯特拉特福德出发，期望一路上能遇到雷鸟、野鸭，或许还有田鼠等。他们选择的路线也许直接来自小说《独家新闻》中的描述。英国讽刺作家伊夫林·沃的这本小说以幽默诙谐的文笔描写了荒诞无稽的英国新闻媒体界。

《独家新闻》中的主人公威廉·布特以撰写自然风光专栏为生。他的优美的文字中，那句"一只田鼠四处张望着，轻手轻脚地穿过湿漉漉的沼泽地"，更是脍炙人口，让人难忘。布特被派往遥远的非洲报道一场战争，出发时带了一只充气船。（布特的大致原型是《每日电讯报》传奇式主编比尔·迪兹。1935年，他到达阿比西尼亚[1]报道战争时，携带了250公斤的行李。）

拉斯布里杰周末在河中泛舟，是想从劳累的编辑工作中解脱出来，休息一下。不幸的是，好景不长。当他还在河岸边做准备的时候，电话来了。警方在希思罗机场逮捕了大卫·米兰达！米兰达，28岁，是格伦·格林沃尔德的伴侣。警方以英国的《恐怖主义法案》附件7中的条款逮捕了

[1] 埃塞俄比亚的旧称。——译者

他，并没收了他的背包！

英国于2000年颁布实施的《恐怖主义法案》，是针对极端恐怖分子的。该法案允许警察阻截伊斯兰圣战组织或爱尔兰共和军成员进入英国，以防止他们进行可能的炸弹袭击。该法案严苛至极：警方不需要“可能的原因”或者什么具体怀疑理由。阻截的目的听起来令人敬畏：评估某个人是否可能牵扯到“委托、教唆，或者准备恐怖活动”。

米兰达不是恐怖分子，英国政府对这一点心知肚明。警方逮捕他只是因为他是一个新闻记者的伴侣。他们怀疑他藏有斯诺登私自下载的美国国家安全局和英国政府通信总部的文件，而格林沃尔德正在研究并不断公布这些文件。警方的首要目的，正如事后他们所承认的，只是要拿到这些文件，弄清楚格林沃尔德究竟知道多少。

8月11日，米兰达从他们位于里约热内卢的家中出发，经希思罗机场到柏林。他和格林沃尔德的同事劳拉·珀特阿斯在柏林待了几天。他们讨论过拍电影的计划。他还游览了柏林，在一家宾馆过夜。然后，他又坐飞机途径英国回家。英国和美国间谍早把他置于监控之中——甚至很可能就是监听安吉拉·默克尔的那一伙间谍。

米兰达身上带有重重加密的斯诺登文件，格林沃尔德和珀特阿斯根据这些文件撰写过各种文章。这些文章曾发表在《卫报》和其他国际新闻报纸和杂志上，包括法国的《世界报》、德国的《明镜周刊》、美国的《华盛顿邮报》与《纽约时报》。米兰达身上有一份用特别软件编写的索引文件，供检索英国政府通信总部的文件。这些文件多达58000份，准备供格林沃尔德使用。除此之外，还有一些经过进一步加密的材料。另外，米兰达的钱包里还装着一份潦草记下的索引文件的密码短语。

拉斯布里杰对米兰达的旅行细节一无所知。格林沃尔德已经通过该报社设在纽约的办公室为米兰达预订了机票，这是因为报社一直为他研究斯诺登的文件提供稳定的经济支持。但是，报社与自由撰稿人合作的麻烦之一就是报社不断花钱，却无法对他们发号施令。

拉斯布里杰得知这个坏消息时，神情镇静，不慌不忙，难怪《纽约

客》的肯·奥莱塔把他叫作“镇定自若的人”。奥莱塔是这样描写他的：拉斯布里杰温文尔雅的外表具有欺骗性，他的内心坚强如铁。作为总编辑，他的一个任务就是用冷静的方式来应对各种各样的问题。

“斯诺登事件”无疑是这样的问题之一。拉斯布里杰在他的 iPad 中存有一张杂乱的蜘蛛网状关系图，链接着“斯诺登事件”方方面面的问题，包括法律和编辑问题等，还有安全问题——需要保证相关文件的安全。他需要注意不同领域各种各样的参与者，还要密切关注主流媒体（即“第四等级”）与网络媒体（即“第五等级”）之间摇摆不定的同盟关系。另外，情报机构似乎开始频频监控《卫报》的撰稿人，这使得拉斯布里杰与外界的交流变得非常困难。

拉斯布里杰在《卫报》当了 18 年的总编辑，亲身经历了无数重大事件。他已把《卫报》从一个左倾的英国小报改造成世界知名的数字化媒体。2009 年，《卫报》揭露了鲁伯特·默多克新闻集团猖獗的电话监听丑闻，导致默多克的《世界新闻报》停刊，一系列相关人员也随之相继被捕。2010 年，拉斯布里杰率先刊出了维基解密披露的文件。但是，“斯诺登事件”是所有这些重大事件中最棘手的。

对拉斯布里杰来说，最紧迫的事就是怎样解救米兰达。警方从早上 8 点 05 分开始一直把他关押在希思罗机场。根据《恐怖主义法案》，警方可以关押他 9 个小时。拉斯布里杰打电话给报社的内部法务负责人吉尔·菲利普斯，她此时正在威尔特郡的一个村庄里，离希思罗机场太远，鞭长莫及。随后，菲利普斯打电话给班德曼斯法律事务所。该事务所的律师专长于公民自由案件，律师加文·肯德尔匆匆赶往机场。

随后的 4 个小时里，拉斯布里杰和波特沿埃文河顺流而下。他们从斯特拉特福德出发，泛舟前往彼特福德。据说这个乡村是威廉·莎士比亚参加完一场饮酒比赛后，在海棠树下和衣而睡的地方。拉斯布里杰把他的手机装在一个防水袋中，时不时打开袋子拿手机看看事态的最新进展。

米兰达后来回忆说，他在被拘留时遭受了“令人生畏、充满压力、让人深感恐惧”的痛苦。当乘客们走下英国航空公司的飞机时，警察要求

查看每个人的护照。轮到米兰达的时候，他们一声不吭地把他带到了拘留室。到了之后，警察告诉他，他们要根据反恐法规对他进行搜查。米兰达说："这让我十分害怕，当我听到'恐怖主义'一词时非常吃惊，我告诉他们我与恐怖主义没有任何关系。"

两个检查的官员告诉他，如果他不回答他们的问题，就会被关进监狱。他们匆匆翻了翻他的背包，然后拿走了他的物品——一台三星笔记本电脑，一些个人照片和 DVD 光盘。他们还拿走了两个高度加密的 U 盘和一个硬盘。

米兰达要求打电话给格林沃尔德，请他做自己的律师。然而，警方以格林沃尔德不是在英国注册的律师为由拒绝了他的要求。他们说要替他打电话请一名责任律师，遭到米兰达的拒绝。他不相信陌生人。另外，他没有翻译。最终，警方还是打电话吵醒身处巴西的格林沃尔德，告诉他米兰达被当作恐怖分子拘捕了。当时，伦敦时间是上午 10 点 30 分，里约热内卢时间是上午 6 点 30 分。格林沃尔德后来说："我非常心烦意乱，震惊不已，为他的处境忧心忡忡。"

实际上，两名警察没有问米兰达任何与恐怖活动相关的问题，也没有问他是不是哪个恐怖组织的成员。米兰达回忆说，问的问题"似乎不着边际，没有重点……他们给我的感觉是以审问我来拖时间，好检查我的东西"。

为什么警方事先对米兰达的情况一清二楚，军情五局随后提起的法律诉讼材料说明了一切。早在几天以前，军情五局和美国国家安全局就决定在希思罗机场截住米兰达，没收他的文件。要么是通过电话窃听，要么是通过线人，他们确定他身上带有资料，他们只是急切地想知道斯诺登到底泄露了多少情报。对这些间谍来说，这是个十分难得的好机会。但是，他们行事谨慎，似乎担心米兰达和他的朋友认识到他们被人出卖了。

8 月 15 日，也就是逮捕米兰达之前 3 天，军情五局联系伦敦警察厅反恐司令部，要求侦探詹姆斯 · 斯托克利警司逮捕米兰达。军情五局人员按官方规定填写了所谓的"口岸传阅表"，并在要求填写人确认事件可能涉

及恐怖活动的一栏中写道：“不适用。”

警方可以不需要任何理由就搜查并没收旅客的行李，他们这么做的唯一法律依据就是《恐怖主义法案》附件 7 中的条款。虽然引用该条款要满足一些技术上的要求，只有评估某人是否涉及“恐怖主义行为”时才可以引用，但是人们抱怨该条款经常被滥用，因而饱受争议。

警方指出了军情五局所填表格中的问题，于是他们两次重新填写了“口岸传阅表”。最后一次，军情五局人员写道：“情报显示，米兰达有可能参与间谍活动，这可能会损害英国的国家安全利益……我们经评估认定，米兰达故意携带了一些资料，这些资料一旦公开将会威胁到民众的生命。此外，这些信息的披露或者信息披露的威胁，旨在影响一国政府并挑起政治或意识形态事端。这显然符合恐怖主义的定义，因此，我们要求依据附件 7 的条款检查该对象。”

这个描述读起来感觉有些不对劲。原来，这是仿照着法案中关于“恐怖主义”的定义文字来写的。填表人当然知道米兰达不会恐吓或威胁任何人的生命，更不会达到什么“意识形态的目的”。法案中关于“恐怖主义”的定义，是用来对付威胁要炸掉飞机的疯子的。

军情五局接着解释了他们的焦虑，写道：“请不要提及间谍活动，务必确保不能让米兰达知道机场口岸检查的原因。请尽可能像例行检查一样，而且，不要让对方知道是安全局提请的检查。我们对此不胜感激。”

从表格可以看出，军情五局明知米兰达不是恐怖分子，却援引附件 7 的条款来拘捕他，这是明目张胆地滥用职权。另外，政府把新闻记者等同于恐怖分子，这也是一个让人警觉的先例。这是该条款首次被用来对付一名携带新闻素材的记者，比起 7 月 20 日强迫《卫报》销毁电脑的事件，其性质恶劣程度有过之而无不及。这是对新闻自由的肆意践踏和进攻，令人心寒。

在与《卫报》交涉的整个夏天，唐宁街从未提及该报与恐怖主义有关。拉斯布里杰说：“如果有任何与恐怖活动相关的违法行为，他们早就

会申请禁令。”根据英国1984年《警察与刑事证据法》，新闻工作者的新闻材料是受法律保护的。军情五局本应得到法官的批准才能拘留米兰达。相反，他们想通过使用反恐法规，绕过法庭程序。

下午5点，米兰达最终在未被指控的情况下被释放了。他们让他乘坐另一个航班返回里约热内卢，但他的东西要被扣留。米兰达的律师在他被拘留8个小时之后才见到他，而这种拘留的最长时间不能超过9个小时。（在那些根据附件7条款被拘留的人中，每2000人中只有1人被拘留超过6个小时，米兰达是其中之一。）米兰达被拘留的新闻引起国际舆论一片哗然。巴西政府对此表达了“严重关切”，认为在此事件中使用附件7条款“毫无正当理由”。

在里约热内卢，在新闻媒体的关注之下，格林沃尔德在机场迎接米兰达。格林沃尔德描述伴侣的痛苦遭遇时，写道：“这是他们恫吓手段的失败……显而易见，他们（美国和英国情报机构）这一回针对新闻素材的搜集和新闻工作，进行了变本加厉的攻击。”他按捺不住心中的怒气，用了一个有些过火的比方，说：“就连黑帮也有道德底线，他们不会攻击那些给他们造成威胁的人的家庭成员。”

如同基地组织一样，格林沃尔德和他的同伴被指控挑起“政治或意识形态事端”。这一指控让民权活动家极为愤怒。自由组织人士说，如果真是如此，这种行为是对民主的公然威胁。该事件在布鲁塞尔引起震惊。监管人权事务的欧洲委员会[1]写信给英国内政大臣特丽萨·梅，要求解释米兰达的遭遇是否符合旨在保护言论自由的《欧洲人权公约》第10款。

对此，曾经参与推行《恐怖主义法案》的劳工大臣法康纳勋爵做出了明确的评论。“在此次事件中，政府僭越了它的权限。”他说，“我非常确定，无论从其具体条款还是从其精神来说，该法案不适用于‘米兰达

[1] The Council of Europe，1949年5月5日，由西欧10国在伦敦成立。该委员会的宗旨是保护欧洲人权、议会民主和权利的优先性；成员国必须签署《欧洲人权公约》（European Convention on Human Rights）等。现有46个成员国，以及5个部长委员会观察员国（梵蒂冈、加拿大、美国、日本和墨西哥）和3个议会观察员国（加拿大、墨西哥和以色列）。——编者

事件’。”

然而，内政大臣梅却拒不道歉。副国家安全顾问奥利弗·罗宾斯也同样毫无歉意，他曾迫使《卫报》销毁自己的手提电脑。米兰达的律师在高等法院起诉，要求对拘留米兰达的合法性进行司法审查。罗宾斯在一份措辞严厉的证词中说，斯诺登的泄密给国家安全造成了损害，但是，他没有任何证据，仅仅指责格林沃尔德“不懂得信息安全措施”。

这种指责令人啼笑皆非：是英国政府通信总部丢失了敏感资料，而不是《卫报》。罗宾斯没有提及英国与美国国家安全局之间形同虚设的情报共享协议。很明显，该协议意味着，美国成千上万的官员，包括如匆匆过客般的私人承包商，可能都有机会看到政府通信总部档案中的绝密文件。

两天之后，拉斯布里杰对“米兰达事件”做出回应，第一次披露了《卫报》地下室所发生的事情——他们被迫在高温、杂乱的地下室销毁了《卫报》的硬盘。《卫报》记者西蒙·詹金斯把这个过程描述为“政府对网络时代最离奇的审查行为”，称政府通信总部那两个监督销毁过程的技术专家，是“西班牙宗教法庭派来烧毁书籍的教士”。

无论走到哪里，拉斯布里杰都在衬衣内口袋里随身装着一小片被销毁电脑的残片。他把它当作中世纪朝圣者珍惜圣者的遗骨一样看待。他说：“它是一种纪念品，代表着政府对新闻记者的迫害。”

拉斯布里杰对此事的披露，以及荒诞不经的“米兰达事件”，在英国政客身上产生了电击一样的效应，就像一股电流突然击中了本来安然沉睡的身体。从2013年6月5日《卫报》刊出第一份关于美国国家安全局的文章后，全世界展开了一场大争论。在德国，舆论哗然；在美国，国会开始审查情报监督机制；在英国，……一片死寂。大多数下院议员和报纸置若罔闻。少数几个保守党政客把这些新闻事件当作“谍中谍”故事。唐宁街说：“我们这里没看到什么。”

英国为什么如此安静？直接原因就是：当“斯诺登事件”刚刚开始时，退役皇家空军少将安德鲁·瓦兰斯先生，英国特有的防务咨询通知机

构的秘书长，于6月7日偷偷地替政府通信总部在英国广播公司和新闻报社之间传阅了一封信件，提醒他们要谨慎对待国家安全话题。

他在这封“非公开的、保密的”信件中说：“近来有一些文章披露了英国情报机构从外国获取情报的有关方法和途径……因此，情报机构担心，事态进一步发展或许会危害国家安全，还可能危害英国情报人员。”

这种防务咨询通知是冷战时期老掉牙的做法。通知是为了保护爱国媒体机构，以免他们不小心发布敏感的军事信息。另外，通知是自主行为，媒体可以自愿选择是否寻求政府的建议。由于这些通知提示了可能的安全威胁，它们可以用来平息或者至少缓和舆论。因此，即使那些一开始就关注“斯诺登事件”的媒体，也都是以缓和的方式进行报道，国家资助的英国广播公司更是如此。也就是说，一张防务咨询通知降低了整个英国媒体对此事的关注度。

当然，这里面还有更深层次的文化原因。英国人没有经历过像20世纪的德国，或者被纳粹或苏联占领的国家那种极权统治下的梦魇。英国人想当然地享受着自由，把自由不当回事。自1688年以来，这里就没有发生过什么革命。1688年的光荣革命，没有流血牺牲，算不上真正的革命。再者，在英国流行文化中，间谍总是英雄，例如伊恩·弗莱明笔下经历种种传奇的詹姆斯·邦德，抑或英国广播公司电视剧《间谍》[1]中的具有奉献精神的专业情报人员。

《卫报》撰稿人乔纳森·弗里兰德评论说，英国人“与其他国家，比如美国，对权力的观念不一样”，英国没有《权利法案》或者成文的宪法，没有美国人的“民治”思想；相反，英国的政治体系依旧带有“源自君主政体的印记”，权力由上至下流动；英国人仍然是臣民，而不是国民，所以面对政府对自己权利的干涉，他们无动于衷。

弗里兰德认为：“这里看不到原来那种代表坚忍不拔精神的绷紧的上嘴唇，看到的是表示无能为力的耸肩和习惯性的顺从，这些深深根植于我

[1] *Spooks*，英国电视剧，别名《军情五局》，最早由英国广播公司1台于2002年—2011年间播出，共10季，每季6—10集。spook是“间谍”（spy）的俗称。——编者

们的行为之中，我们几乎意识不到。”

在奥尔德斯·赫胥黎的反乌托邦小说《美丽新世界》中，市民们喜欢咀嚼一种可以给人带来幸福感并让人健忘的药品“索麻”（soma）。在赫胥黎笔下的未来伦敦的市民中，除了少数忧心忡忡的知识分子，比如阿尔法阶层中的伯恩哈德·马克思外，其他人沉溺于玩“障碍高尔夫”、淫乱的性关系，或者观看“情感电影”。对那些撰写斯诺登泄密事件的记者来说，2013 年夏天的英国感觉有点像这部小说中的未来伦敦。

然而，随着更多让人吃惊的细节被披露，政府通信总部大规模搜集数据的行为让一些人警醒。他们开始考虑英国情报机构的监督体系是不是需要改革了。这个体系现在不起作用了。前内阁大臣克里斯·休恩透露，内阁成员并不知道“TEMPORA”监控项目的存在。该项目于 2008 年试运行，2011 年全面运行。休恩是英国国家安全委员会成员，但是，甚至他和其他成员都被蒙在鼓里，那么是谁签署批准该项目的呢？

显然，除了外交大臣威廉·黑格之外，情报机构没有给其他任何高官汇报过他们新近拥有的、咄咄逼人的能力。当时，议会专门委员会正忙于审查政府通信数据议案。他们巧妙地误导了这个委员会。该议案由内政部提出，如果通过，警方、安全机构和其他政府部门可以根据该议案，大规模获取英国所有的元数据和电子邮件，同时，通信公司必须将该数据保存 12 个月以供他们查阅。2013 年春，该法案被自由民主党党魁，戴维·卡梅伦的联合政府搭档尼克·克莱格领导部分议员否决。

该议案被戏称为“间谍宪章”，现在看来，围绕该议案的党派争吵更像是一场蹩脚的欺骗活动。其实，在私下里，政府通信总部正在偷偷摸摸进行着该法案的另外一套方案，并对此保持沉默。军情五局、军情六局和政府通信总部之间签署了联合备忘录，避而不谈大规模数据搜集。当真相大白之后，议员们方知上当受骗。

“我认为，我们应该认识到这件事情的极端重要性。”当戴维·麦克林还是议员时，他的保守党同行布伦卡思拉勋爵说，“有些人非常不愿意告诉我们真相。”

除了个别议员，反对党工党对此事保持沉默，这让人百思不得其解。工党党魁艾德·米利班德没有做出任何实质性回应。当政府通信总部试验运行“TEMPORA”监控项目的时候，工党正在执政。米利班德的哥哥戴维·米利班德，在2007年6月至2010年5月期间，是托尼·布莱尔和戈登·布朗两位首相内阁的外交大臣。资料显示，戴维·米利班德于2009年签署了一些秘密许可证，给政府通信总部进行大规模光纤电缆监听提供了法律掩护。

另外一个监管机构——议会下议院情报和安全委员会——对此事也没有做出明确反应，甚至都没有哼一声。该委员会是议会机构，负责监督英国三大情报机构。在斯诺登爆料之前，连该委员会主席马尔科姆·里夫金德爵士都没有听说过“TEMPORA”这个项目，虽然他说他知道政府通信总部拥有强大的监控能力。当光纤电缆监听被披露后，他对此嗤之以鼻，说从二战以来这种做法就一直存在。

针对下议院情报和安全委员会的问题，里夫金德打了这样一个形象的比喻：这个委员会是政府部门温顺的宠物，对公众却张牙舞爪。里夫金德曾任保守党内阁的外交大臣和国防大臣。当时，军情六局负责给他汇报情况，而现在他正指望军情六局能给他提供便利。首相亲自任命下议院情报和安全委员会的成员，审查并剔除了任何可能不听话的人选。用休恩的话来说，“该委员会的所有议员都是安全机构的付费会员”。

在外界看来，下议院情报和安全委员会太弱势，与政府关系太近，又不愿监督安全机构的官僚。它有9个跨党派成员，还有1个由兼职人员组成的工作小组。它没有什么影响力，不由得让人质疑它怎样进行有效的监督。（三大情报机构拥有20亿英镑的预算，1万多名员工。）里夫金德对这些质疑不予理会。他说，该委员会在2013年初获得新的权力，它要向议会汇报工作，现在有权力迫使情报机构交出他们所需的材料。他同时说，委员会的预算从70万英镑增加到了130万英镑。

下议院情报和安全委员会最大的弱点，无疑是它的成员……怎么说呢，年纪都太大了，大多数到了他们政治事业的暮年。像80高龄的美国

参议院情报委员会主席黛安·范斯坦一样，里夫金德对网络技术所知甚少。作为监督者，他们真有能力破译高度复杂和技术性很强的文件吗？拉斯布里杰举了一个例子。有一位相当高龄的英国内阁成员，稀里糊涂地关注着“斯诺登事件”的报道，他似乎只是在20世纪70年代有过一些主要的情报工作经历。“英国议员们的主要问题是，”这位老资格的政治家坦言，“我们大多数人对网络一知半解。”

斯诺登的文件显示，政府通信总部可以炫耀英国弹性空间很大的监控法律和相对宽松的监管体系，对美国人而言这是一个“卖点”。（根据一份政府通信总部2013年的绝密文件，另外两个优势是英国的“地理环境”和“合作伙伴”。）英国的法律体系不只是解释弹性大，也在于它的法律是在模拟计算机时代起草的，那时技术和大数据爆炸还没有开始。

根据已过时的2000年通过的《调查权监管法案》，能够制约政府通信总部使用搜集到的庞大数据库的唯一法律依据，是一张由在任外交大臣签发的秘密许可证。该许可证上罗列着政府通信总部进行数据库搜索的适用范畴。然而，美国国家安全局使用英国的数据库时，似乎只受两国之间“君子协定”的制约。但众所周知，间谍可不是什么“君子”。

2000年，当《调查权监管法案》颁布的时候，世界各国对电信的大规模监控刚刚开始转向海底光纤电缆。那时，普通民众不可能想到，《调查权监管法案》中晦涩难懂的条款会允许政府通信总部介入飞速发展的互联网。缓存技术，即把全球快速流动的数据流暂时存储起来的技术，在2008年至2009年之前还是不可能的。在那时，“无时无处不监控”的想法看来似乎毫无意义，在线通信和社交媒体也尚处于起步阶段。但当技术迅猛发展的时候，英国的情报法律还一成不变，从而纵容了情报机构。

前刑事检控专员[1]肯·麦克唐纳说，这些“让人头晕目眩的技术变化”，让《调查权监管法案》和其他情报法规变成了“与时代格格不入的古籍孤本”。

[1] The Director of Public Prosecutions（DPP），负责刑事犯罪公诉的检察官，这一称谓主要在英联邦成员国的司法系统中使用。——编者

然而，情报机构却不希望改变情报法规。戴维·卡梅伦、威廉·黑格，还有其他政府阁僚声称，英国拥有全世界最好的监督体系，认为没有什么值得讨论的。这些观点听起来幼稚可笑。虽然他们空口无凭，却认为公众唯一需要做的就是批评背信弃义、助纣为虐的《卫报》。

英国政府的一位高官称斯诺登为“白痴”。在一场文学活动上推销自己的间谍小说时，军情五局前“掌门”斯特拉·里明顿女爵士把斯诺登和朱利安·阿桑奇称作“自私自利的蠢材”。她还认为，斯诺登这么做，并非出于爱国原因。官员们怒不可遏，指责斯诺登是自恋狂、叛徒，很可能还是中国的间谍。一个新保守党议员隐晦地指责他这么做，是出于膨胀的“新生代的权利”感。

2013 年 10 月，军情五局新任局长安德鲁·帕克首次公开露面，他痛斥媒体发布斯诺登泄露的文件。他根本不用指名道姓提到《卫报》，说媒体的披露把政府的情报优势“拱手让给恐怖分子……而我们正面对来自国际范围内的恐怖威胁，政府通信总部给我们提供了许多我们亟需的情报优势。这些披露把政府通信总部的技术能力和弱点公之于众，造成了巨大的损失”。一个情报机构的内部人士闷闷不乐地抱怨，“我们的目标现在都躲进暗处了”。他说：“如果把你自己的信号情报能力公之于众，你就没有信号情报能力了。”

这些指责站得住脚吗？

没有人否认英国和美国有太多敌人，诸如恐怖分子、敌对国家、有组织犯罪、无赖核国家，以及有意偷窃情报或恶作剧的外国黑客，等等。也没有人反对针对个人目标的监控，情报部门也是这样做的。问题在于他们大规模的不分目标的监控，以及他们对民众之间通信不分内容的搜集，而这些正是斯诺登想要揭露的问题。

政府官员提到情报机构的损失时总是闪烁其词。由于他们不给出具体细节，无法证明这些损失是否属实，不过因此别人也就无法反驳他们。

小说家约翰·兰切斯特花了一个星期时间查阅政府通信总部的秘密文件。对揭露情报机构大规模监控能力从而对基地组织有利的说法，他表示

质疑。他说，奥萨马·本·拉登位于阿伯塔巴德[1]的住所没有电话线接入，更不用说电子邮件、电脑或手机。这些恐怖分子明显早就知道电子通信可能会被截获。兰切斯特写到，本·拉登没有任何电子通信痕迹，这本身就是逃避监控的手段，情报机构早就应该认识到有什么事不对劲。

军情六局前副局长奈杰尔·英斯特也得出类似结论。他说："我的感觉是，对那些最关注美国国家安全局和英国政府通信总部的人来说，他们并不能从斯诺登的爆料中得到多少他们尚不知道或者已经推断出来的信息。"

但是，对英国右翼新闻报纸来说，情报机构所宣称的损失是不容置疑的事实，它们趁机对《卫报》肆意攻击。《卫报》因披露《太阳报》的电话监听丑闻，而在英国新闻媒体界受到排挤。由于电话监听丑闻的暴露，政府日益加强了对新闻媒体产业的管理。《太阳报》、《每日邮报》和《每日电讯报》对此极力反对。所以，它们都对"斯诺登事件"不做报道。不过，可以体谅的是，《卫报》是它们的竞争对手，而它们无从得到斯诺登的文件，无法报道这个事件。

帕克的讲话之后，《每日邮报》随后以爱国的名义对《卫报》发起猛烈攻击，诬蔑它"帮助英国的敌人"，犯有"致命的不负责任"之错误。它还说，记者没有能力判断国家安全问题。这种说法让人不禁要问，如果《每日邮报》得到斯诺登文件，它会怎么做？总而言之，它的态度让人百思不得其解。一方面，它坚决主张要坚持独立和新闻自由原则，反对政府加强管理；另一方面，它在这个事件中却否认《卫报》所坚持的新闻原则。

然而，世界其他新闻媒体与这些媒体的观点迥然不同。国际新闻媒体的24位主编为《卫报》呐喊，认为媒体应该发挥其作用，告知公众真相，揪出滥用职权的官员。一些知名媒体，诸如《纽约时报》《华盛顿邮报》《明镜周刊》也对"斯诺登事件"作出了相应的报道。其他媒体如《国土报》（以色列）、《印度教徒报》（印度）、《国家报》（西班牙）虽然

[1] Abbottabad，巴基斯坦北部山城。位于拉瓦尔品第东北，喜马拉雅山麓，海拔1260米。商业发达。公路通克什米尔，铁路可至白沙瓦。美国当地时间2011年5月1日，拉登被杀于此。——译者

没有报道，但是都认可这样一个事实：该事件激起了关于情报机构的作用，以及"监听的合理范围"——如《纽约时报》的吉尔·阿布拉姆森所言——的争论。

对德国人来说，"斯诺登事件"让他们想起1963年的"明镜事件"。当时，《明镜周刊》的传奇人物，主编鲁道夫·奥格斯坦，因公布了国防机密而被捕入狱。这是对战后西德民主的一个关键考验：后来奥格斯坦被释放，主使关押他的国防部长弗朗茨·约瑟夫·斯特劳斯被迫辞职。所以，在德国，《卫报》被迫销毁手提电脑一事是所有媒体的头版新闻。

同时，《印度教徒报》编辑悉达多·瓦拉达拉詹说，新闻报纸披露的监控细节和"反恐行动没有一丁点关系"。

他写道："奥萨马·本·拉登压根就不需要通过斯诺登的爆料来得知美国在监听所有的电子通信：他早就不用电话了，他依靠的是信使。但是，美国、英国、巴西、印度和其他地方数以百万计的人们因不可告人的目的被情报机构监听，包括国家领导人、能源公司和其他公司的高管，他们却意识不到自己的隐私权遭到了肆意践踏。"

所有这些呼吁和观点唐宁街一点也没听到。相反，首相却选择迁怒于信使。他冷森森地暗示说，如果继续发布泄密文件，《卫报》将遭到起诉。卡梅伦在布鲁塞尔的一次演讲中说，对情报部门的工作，他不可能以"装腔作势，不切实际"的态度来对待。这个伊顿公学的老校友使用这种措词是个危险信号。当被问到英国是否和美国串通一气监听默克尔的手机时，他尴尬地回避了这些问题。

一名本来名不见经传的保守党议员朱利安·史密斯威胁说，《卫报》泄露了英国特工的身份，（其实，《卫报》并没有这样做。）"可能因其叛国行为而犯罪"。要不是因为他自己不小心"泄露了特工身份"而出丑，他指责《卫报》的观点会更可信。他曾组织邀请美国国家安全局的工作人员到英国议会大厦参观。这些工作人员来自该局位于英国北约克郡曼威斯山的绝密基地，那里属于史密斯的选区。参观结束后，史密斯与来自斯基普顿及里彭选区的议员，和这些情报人员在哥特式风格的议会大厦前合影留

念。之后，史密斯把这张照片发布到他的个人网站。这样，美国国家安全局和英国政府通信总部这些雇员的身份就被公之于众。史密斯说，他事先是征得他们同意的。

英国政府的策略是在国家安全问题上言辞强硬，对让人狼狈不堪的政府通信总部对朋友和盟国的监控丑闻置若罔闻。到 11 月，事件越闹越大，议会委员会已经束手无策了。消息沿泰晤士河很快传到英国皇家司法院[1]新哥特式风格的大门前。在咖啡馆旁边的第 28 法庭，法官们对此事进行了耗时两天的审查。法庭外，天空飘着伦敦特有的蒙蒙细雨；法庭内，头戴假发的大律师翻阅着手头上的文件。一位王室法律顾问手边放着一本书，书名为《布莱克斯通反恐怖主义立法指南》[2]，其封面上是一座有着护栏的建筑，楼顶上飘扬着一面英国国旗。

英国安全部门在 2013 年夏天援引《恐怖主义法案》附件 7 中的条款，拘留过米兰达。而现在，他的律师们正在对这一做法的合法性提出质疑。法庭外，10 家媒体和自由言论组织联合起来，声援米兰达。案件的原告是巴西人米兰达，被告则是英国内政部和警方。最高法院大法官劳斯带着三位法官正在对这桩案件进行分庭（divisional court）审理。

王室法律顾问马修 · 莱德先陈述事实：米兰达从柏林飞往里约热内卢，途中在希思罗机场转机，遭反恐警察拘留。他身上带有记者的新闻材料。根据这些材料写出的文章揭露了不为人知的美国和英国政府的大规模监控项目，并由此引起“国际争论”。权力部门侵犯了米兰达的言论自由，他们的行为过激，目的不当，与反恐法律格格不入。

但是，那三位法官似乎对莱德的陈述充耳不闻。大法官劳斯屡次打断他的陈述。他彬彬有礼地插话，说明他对这个案件多少有些思考。但很明显，他对互联网知之甚少。其他三位法官都已经是 65 岁上下的年纪了。

---

[1] Royal Courts of Justice，位于伦敦，里面包括高等法院和英格兰及威尔士上诉法院。—— 编者

[2] *Blackstone's Guide to the Anti-terrorism Legislation*，因威廉 · 布莱克斯通爵士（Sir William Blackstone，1723—1780）得名，英国知名法学家，代表作《英国法释义》。英国后世有很多法律以其命名。—— 编者

当米兰达的律师提到美国国家安全局的“棱镜”项目时，劳斯突然插话说：“这正好说明他们（安全部门）没法阅读恐怖分子的电子邮件呀！”

同时，劳斯对新闻记者的追踪调查颇有成见。“我真不知道应该怎样理解‘有责任心的记者’这种说法。”他一度若有所思地说，“记者不一定对国家安全问题了如指掌……这真的只是一种说辞而已。”

该法庭其他法官对斯诺登和他的处境毫无恻隐之心。法官乌斯利先生插嘴说：“斯诺登能待在俄罗斯，肯定有什么交易，不用想都是。”

奥彭肖法官说：“为什么俄罗斯允许斯诺登留下来呢？他带着加密文件待在那里，难道他就没动脑筋想一想，俄国人可能会把文件解密吗？”

要给这些法官说清本案的关键意义，看来比登天还难。格林沃尔德曾在一份声明中说：“报纸发表了以国家安全材料为基础而写成的文章，而被告所犯的最拙劣和最值得质疑的错误是，他们把这种新闻报道等同于恐怖活动。”

权力部门否认了所有这些指控。内政部说，他们是从维护国家安全利益的角度出发的。他们本想知道“在斯诺登的关系网中，米兰达先生是什么样的角色”。他们认为，新闻记者涉入其中是出于“挑起政治或意识形态事端”的目的，而不是为了公众利益。

结束案件审查的当天，该议题又重新回到议会，由一个专门委员会来处理。劳斯和他的法官同事将在休庭期间继续考虑他们的判决。2013 年詹姆斯·邦德系列电影《大破天幕杀机》的剧情中有这样一个场景：军情六局局长 M 女士（朱迪·丹奇饰）在一场公开听证会上作证。下议院情报和安全委员会的一群议员给她提了一些不友善的问题。（因为军情六局弄丢了一个存有秘密特工的名单……他们对此非常不满。）

M 女士越来越激烈地被当众拷问。但此时，情况突变。影片中的坏人是军情六局的一个变节军官拉乌尔·席尔瓦（贾维尔·巴登饰）。他心理变态，假扮警察，闯入会场，开枪射击。在紧急关头，邦德（丹尼尔·克雷格饰）赶来营救他的上司。下议院情报和安全委员会主席，葛瑞·马洛里（英国男演员拉尔夫·费因斯饰）挺身而出，在敌我双方相持不下的时候

拔枪打死几个坏人。

现实版的下议院情报和安全委员会的第一次公开听证会，却一点也不刺激，让人昏昏欲睡。2013 年 11 月 7 日，马尔科姆·里夫金德爵士和 9 个议员，还有其他同僚围坐在马蹄形桌子后面。会场没有邦德电影中的坏人。只见戴着金链子身穿制服的仆役打开门：委员会的 3 个证人如明星般出场了——军情五局、军情六局和政府通信总部的三大“掌门人”走进会场，坐成一排。他们依次是安德鲁·帕克、约翰·索沃斯爵士、伊恩·洛班爵士。他们身后坐着暮气沉沉的英国政府官员（和一个体型硕大的保镖，不用问，他身上带着一支钢笔炸弹）。

在此之前，下议院情报和安全委员会与情报部门负责人都是私下会晤。这一次会晤却是电视直播——或者说近乎直播。因为电视传回时有两分钟的延迟，以免有人不小心泄露秘密。在为时 90 分钟的会议开始之前，马尔科姆爵士欢呼说，这次听证会“是我们的情报部门提高透明度的重大进步，意义非凡”。但他省略了一点，那就是这些“掌门人”已经提前私下拿到了要被问到的问题。接着，记者们不可避免地硬着头皮听着令人乏味的一一介绍。间谍们就这样一一曝光了！

如果你期待从洛班和他的同伴口里透露些“斯诺登事件”的内幕，那你肯定要失望了。这些情报头子泛泛而谈，为他们自己辩护，包括监控的合法性、适当性、目标和方法。在听证会大部分时间里，没人提及斯诺登，似乎没有这回事一样。当被问及一个“小雇员”怎么会侵入政府通信总部弄走机密时，帕克回答说，英国情报部门有着“严格的安全措施”。

里夫金德问：“似乎成百万的人可以弄到你们的信息，我们是否可以认为，你一直在和你的美国同行讨论此事？”

帕克回答说：“我们三个都在与他们讨论此事。”

是否有人因政府通信总部的灾难性泄密而被解雇，人们不得而知。也没有人解释，美国国家安全局怎么会让西方情报史上最大的泄密事件就这样发生了。

里夫金德又问了一个问题，就像在排球场上，一位队友把球高高垫

起，好让另一位队友来一记扣杀。他问："你为什么认为有必要搜集多数公众的信息，从而来保护我们免受来自潜在的少数坏人的攻击？"

对此问题，洛班用他最钟爱的"草堆"来打比方。他说："我们不把时间浪费在监听大众的电话或阅读他们的电子邮件上。"相反，政府通信总部主要从事"侦探工作"。他们需要能够进入"一个大草堆"——互联网上的通信——以便"从中找到那些针"。这位政府通信总部老大同时为他的工作人员辩护，说他们是爱国的，他们以发现恐怖分子和严重犯罪分子为己任。

"如果要求他们去管其他闲事，我可没有多余的人手。"洛班说，"而且，他们还得离开办公大楼才行。"

洛班还说，今后，政府通信总部对重点目标的监控会慢慢地、不可避免地越来越难。过去的5个月中，潜在的恐怖分子几乎每天都在谈论怎样改进他们的通信方法。（可见，政府通信总部仍然在进行监听。）

现实中的索沃斯是电影中M女士的角色，对眼下的作恶者——全球的媒体——发起攻击。他温文尔雅、从容淡定地说，斯诺登的爆料已经"造成非常严重的损失……使我们的行动处于危险之中。可以确定，我们的敌人正欣喜地搓着双手开心大笑。基地组织对此是求之不得呀。"但是，他没有提供任何细节支持自己的说法。

不过，确实也有个别下议院情报和安全委员会委员温和地向三大"掌门"施压。前内阁大臣巴特勒勋爵问，考虑到从2000年至今，情报机构的能力已经有了"巨大的发展"，当时通过的法案是否"适合现代社会的要求"？索沃斯和洛班回答说，他们随时准备接受法律体系的变化，但是，法律方面的改变应该是政治家的事情。

总的来说，听证会的气氛十分惬意、和谐。

如果美国人和欧洲其他国家的人来旁听，他会看出委员会回避了一些关键问题，为如此充满合作精神的听证会感到吃惊。他们几乎没有触及因"斯诺登事件"而引起的实质性问题，对本应重点质疑的大规模监控、公民自由权的侵犯和隐私权等问题蜻蜓点水，一带而过。被披露的政府通

信总部在谷歌的数据服务器中窃听英国数据流，监听德国总理默克尔和世界其他友好国家领导人电话，以及依靠电信公司合作伙伴并逼迫他们提供“完全超出”他们义务范围之外的协助等等，委员们对这些问题一概不闻不问，视而不见。

在此前一周，互联网的发明者，蒂姆·伯纳斯·李爵士，批评英国和美国密谋削弱互联网数据加密系统的企图是“骇人听闻、愚昧无知”的行为。对此，同样没有人提出问题。

最后，只好由拉斯布里杰来为他的批评者指出再也明白不过的问题。他说，斯诺登没有把他的资料交给其他人，而是交给了记者，这是不幸中的万幸。在与政府和情报部门协商之后，这些记者负责任地仅仅公开了那些资料的一小部分。因此，实际情况与批评者的观点相悖，正是新闻媒体挽救了情报部门，避免了一场可能更糟糕的大灾难。

拉斯布里杰强调，如果政府和情报部门负责人想要对新闻媒体恩将仇报，那是他们的权利，但是他们要考虑这样的风险：下一个像斯诺登这样的泄密者，由于他或她找不到具有专业精神的新闻记者这样的爆料渠道，可能只好把所有的材料在互联网上一股脑地抖搂出来。这位总编警告说：“美好愿望往往会适得其反。”

公开听证会结束了，但对《卫报》的指责却没有就此结束。2013 年 12 月初，英国议会又有了新动作。由工党议员基斯·瓦斯为主席的内政部特别委员会，传唤拉斯布里杰去说明原委。这种传唤本身就不合理：在成熟的民主国家里，报纸编辑一般不会给立法者解释自己的编辑工作，这正是新闻自由的体现。

然而，瓦斯拿腔拿调地向拉斯布里杰发问：“你爱国吗？”他问该问题的目的，也许是出于好意而并非恶意，却明显地带有麦卡锡主义的腔调。对此，拉斯布里杰做出了肯定的回答，并表示“没想到会被问到这个问题”，然后接着说：“是的，我们都爱国，但是，我们爱国的原因之一就是我们的国家有民主，有新闻自由。”

拉斯布里杰语气平静地讲述了过去6个月来《卫报》的新闻报道过程——他们是怎样负责任地处理斯诺登的文件，怎样与政府相关部门进行过一百多次的协商，怎样从公众利益的角度考虑发表的策略。然而，委员会中的保守党议员却暗藏着一个发泄私恨的议题：想办法把拉斯布里杰关进监狱。

保守党议员迈克尔·埃利斯提出了一个最为匪夷所思的问题。政府通信总部有一些工作人员，是倡导同性恋自豪感团体“石墙”的成员，而且，这些信息在“石墙”网站可以看到。《卫报》在报道斯诺登材料的时候也披露了这些信息。对此，埃利斯显然怒不可遏，他责怪拉斯布里杰传播了偷窃来的资料，从而泄露了政府通信总部工作人员的“性取向”。

拉斯布里杰反击道：“你彻底把我搞糊涂了，埃利斯先生。政府通信总部里有同性恋，这有什么奇怪的吗？”埃利斯回答说：“拉斯布里杰先生，这问题很严肃，一点也不好笑。”他莫名其妙地指责说，《卫报》报道政府通信总部的人员和他们的家人到巴黎迪斯尼游乐园游玩，这泄露了更多的秘密。

《卫报》政敌的这类指责可能有些极端，有些荒诞不经，但是，英国政府针对“斯诺登事件”展开的刑事调查却正在实打实地进行着。在接受上述特别委员会询问时，伦敦苏格兰场助理总监克雷西达·迪克证实，刑事警察正在调查“某些人”是否违反了法律，特别是《恐怖主义法案》的第58a条款。该条款规定，交流任何“很可能被恐怖分子利用”的关于情报人员的信息是违法行为。这些信息不仅仅是指秘密，还包括情报人员的所有信息：他们的照片、住址，甚至宠物的名字。

迪克说：“我们需要确定他们（某些人）有没有做过此类事情。这需要大量的取证调查。”

如此一来，那些当初为了公共利益而报道“斯诺登事件”的记者们，面临了他们职业生涯中最惴惴不安的时刻。现在看来，他们被当作了嫌疑犯。

尾声
流　亡

俄罗斯

莫斯科附近某地

2014 年—？

“即使在西伯利亚，也会有幸福。”

——安东·契诃夫

《流亡日记》

斯诺登就这样留在了莫斯科。不管他喜不喜欢，他现在是俄罗斯联邦的客人，或在某种意义上说，是俄罗斯联邦的俘虏。没有人知道，他的流亡生活会持续多久。几个月？几年？还是几十年？

9 个星期以来，大多数时间，人们都见不着爱德华·斯诺登。有一张奇怪的照片，上面是一位年轻人，推着购物车横穿在莫斯科的街头。（真的不是冒牌货吗？那人看上去一点都不像他！）另一张不胫而走的照片更让人信服。照片中的斯诺登坐在一条观光船上，在莫斯科河上游玩。照片显示的时间是夏天。他戴着一顶帽子，留着络腮胡子。远处是一座桥和救世主大教堂的金色圆顶，那是一座曾被斯大林炸毁又在叶利钦时代得以重修的建筑。照片的边上是克里姆林宫的高墙。

这些故意透露给俄罗斯媒体的消息，旨在给人留下一个印象：斯诺登在过着“正常”的生活。但考虑到他的处境，那是不可能的事情。一些线索刚好指向了相反的方向。那家刊载斯诺登照片的新闻社 Lifenews.ru，以其跟俄罗斯安全部门的密切关系而闻名。与此同时，斯诺登的律师阿纳托利·库齐利纳说，他的委托人正在慢慢安顿下来，正在学习俄语，已经在一家大型互联网公司找到了新工作。但是，俄罗斯类似 Facebook 的社交媒体 VKontakte，以及其他一些媒体，却认为事实并非如此。

斯诺登明确的重新现身时间，是在 10 月份。四位美国人来到莫斯科，跟他见了面。他们全都是揭发者，都曾在美国国家安全和情报机构就过职。他们分别是前国家安全局高管、其检举案曾受斯诺登关注的托马斯·德雷克，前中央情报局情报分析员雷伊·麦克高文，前美国司法部雇员杰西琳·拉达克，以及前联邦调查局的雇员科琳·罗利。

这是一趟不同寻常的旅行。从华盛顿特区动身前，四人聘请了一名律师，担心万一回国时会碰到麻烦。他们还把电子设备全部留在了家里。正如拉达克所说，美国有可能会通过手机或手提电脑，定位他们的行踪，尔后找到斯诺登的藏身地。当局可能会在他们返回时，搜查并没收他们的设备。

在莫斯科，四人乘坐一辆深色玻璃窗的面包车，来到了一个秘密所在。

斯诺登就在那里。维基解密就此发布了一段视频。背景里的油画、吊灯以及彩粉装饰，表明那是在一家高档酒店，而这样的酒店在莫斯科数不胜数。但也有可能是一家政府招待所。美国人看到，斯诺登身体健康，精神放松，情绪幽默。而且，正如麦克高文后来所说，斯诺登对自己的曝光决定感觉心安理得。他严肃地说，他不可能是俄罗斯的间谍，因为俄罗斯对待自己的特工会更好，不可能让他们困在机场中转区，长达一个多月。

一行人给斯诺登颁发了“山姆·亚当斯情报事业诚信奖”[1]。他们还给他带来了消息说，相对于美国官方的刻薄批评，美国国内有很多人，包括一些情报界人士，都热情支持他的正义行动。按拉达克的原话说，斯诺登是个聪明而谦逊的人，他倒是不怎么担心自己，而是对格林沃尔德、珀特阿斯以及年轻的维基解密活动家莎拉·哈里森的处境表示担忧，这些人从香港开始就跟他联系在了一起。

斯诺登一直在跟踪事态的发展。晚饭期间，他解释了他干这番事的原因。他告诉客人说，在美国，治人者与治于人者的矛盾“日益突出，跟我们期待的自由民主社会自相矛盾”。他把自己说真话的命运跟克拉珀的情况进行了对比，他的命运是流亡和遭到中伤，而克拉珀却根本没有受到任何惩罚。

随后，斯诺登又回到主题——他所揭露的国家安全局大规模监控计划，“不会让我们感觉安全”。用他的话来说：“他们伤害了我们的经济。他们伤害了我们的国家。他们限制了我们说话、思考、生活和创新的能力，限制了我们自由结谊和联系的能力……合法的项目、合法的监听以及合法的执法，那是有目标的，是以合理的、个人化的嫌疑和授权行为为基础的。那种拖网式的大规模监控，将所有的人都放在了眼皮底下，即使毫无必要时也无孔不入地监视他们的一切。这两种类型的监控有着天壤之别。”

同时，斯诺登的父亲朗尼也飞到了莫斯科。父子俩团聚在了一起。

三星期后，另一位公众人物访问了斯诺登。这一次是汉斯·克里斯

[1] Sam Adams Award for Integrity in Intelligence，由一群退休的中情局官员发起，每年授予那些采取了诚信和道德立场的情报业人士。它是以中情局在越南战争期间的举报人山姆·A. 亚当斯的名字命名。——编者

琴·斯特罗贝里，他是德国议会中一位引人注目的绿党党员，一位激进派律师，现年 74 岁。在德国政坛，默克尔遭监听的事件引起了轩然大波。斯特罗贝里发出邀请，请斯诺登前往德国，在德国联邦议会一个正着手调查美国监听事件的委员会作证。斯特罗贝里跟斯诺登和哈里森一起围坐在餐桌周围。他们有说有笑，还拍了合影。

斯诺登给斯特罗贝里提供了一封打印好的信件，让他转交给默克尔和德国国会。在信中，他说，在目击“我国政府的系统性违法行为”之后，他感觉自己“有采取行动的道德义务”。由于他的举报行为，他面临“严厉而持续的迫害运动”。斯诺登同时写道，他称之为“我的政治表达行为”的东西，已经在全世界范围内引起了令人振奋的反响，包括出台了“很多新法律”，社会觉悟也有提高。

在斯诺登看来，白宫追究其刑事责任、给他扣上各种重罪的帽子，这种做法是非正义的。如果美国国会允许，他准备当面对他们说，“说出这件事的真相并不是犯罪”。

这份信中有一个段落很引人注目。尽管说法并不明确，但斯诺登希望将来能够离开俄罗斯。他在结尾处写道：

> 我期待有一天事态得以解决时，能够在你的国家同你一起交谈。感谢你伸张国际法的努力，这保护了我们。
>
> 此致
>
> 敬礼
>
> 爱德华·斯诺登

几天后，哈里森告别了斯诺登，飞往了柏林。她跟斯诺登在莫斯科一起度过了四个月。当有人提供司法建议要她回英国的时候，她表示了拒绝。德国首都，尤其是东柏林地区，现在成了越来越多斯诺登之类的流亡人士聚居的地方，其中包括珀特阿斯、雅各布·阿贝尔鲍姆以及哈里森。凡有点历史感的人都会感觉，这一情况极有讽刺意味。这片曾以监视和迫

害而臭名昭著的前东德秘密警察（斯塔西）管辖区，现在俨然成了媒体自由的天堂岛。

与此同时，格林沃尔德宣布辞去《卫报》的职务，加入一家由 eBay 老板亿万富翁皮埃尔·欧米迪亚投资的新媒体企业。

离开莫斯科前往西欧开始新生活，斯诺登这一愿望的前景会如何呢？左倾政客、知识分子和作家们呼吁，德国政府应给斯诺登提供政治避难。在德国，人们甚至发起一个运动，要求将柏林美国驻德使馆附近的一条街道改名为“斯诺登街”。一位艺术家在街头树立了新的路牌，并把有关视频发送到了 Facebook 网站。但是，德美两国的战略关系远比单一个体的命运更为重大，至少对于第三次担任德国总理的默克尔来说，她很有可能会如此认为。

斯诺登就这样留在了莫斯科。库齐利纳律师温和地提醒世人，如果斯诺登试图离开，那就等同于放弃避难身份。不管他喜不喜欢，他现在是俄罗斯联邦的客人，或在某种意义上说，是俄罗斯联邦的俘虏。没有人知道，他的流亡生活会持续多久。几个月？几年？还是几十年？

致谢

在此，我要向以下人士致以谢意：

Spencer Ackerman, Richard Adams, James Ball,
Douglas Birch, Jane Birch, David Blishen,
Julian Borger, Rory Carroll, Sarah Churchwell,
Kate Connolly, Nick Davies, Lindsay Davies,
Martin Dewhirst, Miriam Elder, Peter Finn,
Sheila Fitzsimons, Nora FitzGerald, Kemlin Furley,
Janine Gibson, Glenn Greenwald, Laura Hassan,
Bernhard Haubold, Henning Hoff, Nick Hopkins,
Paul Johnson, Jeff Larson, David Leigh, Paul Lewis,
Ewen MacAskill, Justin McCurry, Stuart Millar,
Sara Montgomery, Richard Norton-Taylor,
Philip Oltermann, Anna Pallai, Gill Phillips,
Laura Poitras, Mark Rice-Oxley, Alan Rusbridger,
Phoebe Taplin and Jon Watts

英汉对照表

Alan Rusbridger 艾伦·拉斯布里杰

Aldous Huxley 奥尔德斯·赫胥黎

American Civil Liberties Union（ACLU）美国公民自由联盟

American Department of Homeland Security 美国国土安全部

Anatoly Kucherena 阿纳托利·库齐利纳

Anton Chekhov 安东·契诃夫

BfV 德国联邦宪法保卫局

Big Data 大数据

Bill of Rights 权利法案

Bletchley Park 布莱奇利庄园

BND 德国联邦情报局

Booz Allen Hamilton 博思艾伦公司

BOUNDLESS INFORMANT“无国界线人”

Chelsea Manning 切尔西·曼宁

Commons Intelligence And Security Committee（ISC）（英国）下议院情报和安全委员会

Communications Security Establishment Canada（CSEC）加拿大通信安全局

contact chaining 联系链环
Council on American Islamic Relations（CAIR）美国伊斯兰关系委员会

David Cameron 戴维 · 卡梅伦
Defence Signals Directorate（澳大利亚）国防通信局
Defense Intelligence Agency（DIA）（美国）国防情报局
Der Spiegel《明镜周刊》
Dick Cheney 迪克 · 切尼
Director of National Intelligence（DNI）国家情报总监

Edgewood Arsenal 埃基伍德兵工厂
Edward Snowden 爱德华 · 斯诺登
Espionage Act（美国）《间谍法案》
Ewen MacAskill 埃文 · 马卡斯基尔

Federal Security Service（FSB）（俄罗斯）联邦安全局
FISA Amendments Act（FAA）《对外情报监视法》修正案
Five Eyes“五只眼”
Foreign Intelligence Surveillance Act（FISA）（美国）《对外情报监视法》
Fort Benning 本宁堡
Fort Meade 米德堡
Frank Church 弗兰克 · 丘奇
Fyodor Dostoyevsky 费奥多尔 · 陀思妥耶夫斯基

George Orwell 乔治 · 奥威尔
Glenn Greenwald 格伦 · 格林沃尔德
Government Communications Headquarters（GCHQ）（英国）政府通信总部
Guardian《卫报》

Guardian US《卫报》美国分社

Henry David Thoreau 亨利 · 戴维 · 梭罗
House Intelligence Committee（美国）众议院情报委员会
House Rules Committee（美国）众议院法规委员会
Human Rights Watch（HRW）人权观察组织

Iain Lobban 伊恩 · 洛班

James Clapper 詹姆斯 · 克拉珀
James Risen 詹姆斯 · 莱森
Janine Gibson 珍妮 · 吉布森
Jeremy Bentham 杰里米 · 边沁
Jill Abramson 吉尔 · 阿布拉姆森
Jim Sensenbrenner 吉姆 · 森森布雷纳
Julian Assange 朱利安 · 阿桑奇

Keith Alexander 基斯 · 亚历山大
KGB 克格勃
Kim Philby 金 · 菲尔比

Laura Poitras 劳拉 · 珀特阿斯

Malcolm Rifkind 马尔科姆 · 里夫金德
metadata 元数据
MI5（英国）军情五局
MI6（英国）军情六局
Michael Hayden 迈克尔 · 海登

Mike Rogers 迈克 · 罗杰斯
Mission Creep 任务蠕变

National Security Agency（NSA）（美国）国家安全局
National Security Council（NSC）（美国）国家安全委员会
National Security Letter（NSL）国家安全信函
New Yorker《纽约客》
New York Times《纽约时报》
NSA's Regional Cryptologic Center 国家安全局地区密码破译中心

Observer《观察家报》
Office of the Director of National Intelligence（ODNI）国家情报总监办公室
Official Secrets Act（英国）《官方保密法》
Oliver Robbins 奥利弗 · 罗宾斯
Osama bin Laden 奥萨马 · 本 · 拉登

panopticon 全景监狱
Patriot Act《爱国者法案》
Presidential Policy Directive 总统政策指令
PRISM "棱镜"

Ralph Waldo Emerson 拉尔夫 · 瓦尔多 · 爱默生
Regulation of Investigatory Powers Act（RIPA）（英国）《调查权监管法案》
Royal Courts of Justice 英国皇家司法院

Sarah Harrison 莎拉 · 哈里森
Scotland Yard 苏格兰场
secret FISA court 对外情报监视法秘密法庭

Senate Appropriations Committee（美国）参议院拨款委员会
Senate Intelligence Committee（美国）参议院情报委员会
signal intelligence（SIGINT）信号情报
social graph 社交图谱
SoHo 苏豪区
South China Morning Post《南华早报》
Spencer Ackerman 斯宾塞 · 阿克曼
Stasi 斯塔西
STELLAR WIND“星风”
Stuart Millar 斯图尔特 · 米拉

Thomas Drake 托马斯 · 德雷克
Tim Berners-Lee 蒂姆 · 伯纳斯 · 李

Universal Declaration of Human Rights《世界人权宣言》
US Cryptological System Group 美国密码破译系统小组

Verizon 威瑞森电话公司

Washington Post《华盛顿邮报》
WikiLeaks 维基解密